纳西语字词典研究

张立娟　著

重庆大学出版社

图书在版编目(CIP)数据

纳西语字词典研究／张立娟著. -- 重庆:重庆大
学出版社,2023.1
ISBN 978-7-5689-3611-8

Ⅰ.①纳…　Ⅱ.①张…　Ⅲ.①纳西语—词典—研究
Ⅳ.①H257.6

中国版本图书馆 CIP 数据核字(2022)第 231236 号

纳西语字词典研究
NAXIYU ZICIDIAN YANJIU

张立娟　著

责任编辑:张慧梓　　版式设计:张慧梓
责任校对:关德强　　责任印制:张　策

*

重庆大学出版社出版发行
出版人:饶帮华
社址:重庆市沙坪坝区大学城西路 21 号
邮编:401331
电话:(023) 88617190　88617185(中小学)
传真:(023) 88617186　88617166
网址:http://www.cqup.com.cn
邮箱:fxk@ cqup.com.cn(营销中心)
全国新华书店经销
重庆升光电力印务有限公司印刷

*

开本:720mm×1020mm　1/16　印张:31.25　字数:433 千
2023 年 1 月第 1 版　　2023 年 1 月第 1 次印刷
ISBN 978-7-5689-3611-8　定价:98.00 元

个人简介

张立娟(1979—),女,海南师范大学汉语言文字学专业博士研究生,长江师范学院教师。主要研究方向是纳西东巴文、比较文字学、汉语言文字学。已主持并完成市厅级项目 3 项、校级项目 3 项。主持在研市厅级项目 1 项。参与完成市厅级、校级项目多项。在中文核心等各级学术期刊发表论文多篇。本书也是作者承担的重庆教委研究项目"纳西语副词用字的选用原则研究"(21SKGH248)的成果。

摘　要

　　纳西语字词典是纳西东巴文化的重要载体,是学习和研究纳西语言文字的重要参照。字词典编纂得是否科学合理影响着使用者的查检效率,决定着使用者对信息的采集以及对纳西语言文字的学习和研究成效,为了保证字词典的效度和信度,有必要对字词典的编纂进行研究。目前已经出版的纳西语字词典数量较少,编纂体例还没有统一,相关的研究成果也不是很多,因此有必要对现有的字词典进行系统而全面的研究,从中获取更加准确的语言文字信息,探索出更加科学合理的编纂方式。全书主要分为七部分,具体内容如下:

　　绪论部分主要介绍了纳西语字词典的编纂历史、相关研究以及本书开展对字词典研究的原因和目的;对《么些象形文字 标音文字字典》《纳西象形文字谱》《纳西语英语汉语词汇》《纳西英汉词典》《纳西象形文字》《纳西语常用词汇》等的内容、体例等方面进行简要说明。

　　第一部分对纳西象形文字字典进行了分析。对字典的收字范围、收字类别以及字典中东巴文的归类原则进行了比较,得出字词典中收录的东巴文数量不同,对东巴文归类的影响也有差别。归部相同的东巴文多为单义词,主要集中在天体类、天象类、五官类、民族类、称呼类、植物类、动物类、用具类、数字类、时令类、神明类、祭祀类,意义归类明确,不会产生分歧。东巴文的造字方式不同、收字范围不同以及编纂者归部原则不同是造成字词典收字差异的原因。

第二部分对纳西象形文字字典的条目内容进行了研究。条头的设定方面，由于东巴文没有规范、异体字较多、字源难以考释等，不同的字典设定的条头并不完全相同；注音方面，由于方言土语的差异以及注音方式的不同，同一东巴文的注音也会存在差异；释义方面，编纂者的释义方式、释义术语的不同会影响释义的内容；字形方面，条目对有些东巴文的构形、异体字、古今字、繁简字等有所说明。

第三部分对字词典的查检方式进行了研究。现有字词典的查检方式有优点也有不足，为了拓宽检索渠道，使检索更便利，本章从检字法的角度切入，探索了部首检字法，通过验证可知该检字法的设定是可行的，但也存在不方便检索之处，为弥补不足，字词典可以收录多种检索方式，提高检索效率。

第四部分对标音文字的收录情况进行了分析。对字词典的标音系统进行了归纳，分析了记录相同音节的标音文字和记录不同音节的标音文字。由于字词典的标音方式、收字范围不同，所以字词典收录的相同的标音文字并不是很多；记录同一音节的标音文字的数量是不同的；标音文字与声调的对应关系还没有完全固定；标音文字的写法不统一；不同音节对应的标音文字的数量也不同，有些音节对应的标音文字数量较多，有些音节没有对应的标音文字。

第五部分对纳西语词典进行了分析。词典收录的词语的数量不同，释义方式和释义内容也不完全相同。词典释义的差异体现了纳西语言的多样性，也体现出编纂者对编纂方式和语言的选择。

第六部分对字词典编纂的统一性、编纂规则进行了探索。字词典的编纂无论是体例还是内容都需要前后一致，所以应对收录范围、条目内容以及排序方式进行合理规划，增加字词典的准确性，提高字词典的使用效率。

目　录

绪　论

第一节　纳西语字词典简介

　　纳西族主要生活在我国云南省的丽江地区,还有一部分生活在云南其他县市以及四川盐源、盐边、木里和西藏自治区芒康县的白盐井等地。纳西族拥有自己的语言和文字,他们的语言是纳西语,他们的文字有东巴文、哥巴文、玛丽玛萨文和阮可文,其中常用的是东巴文和哥巴文。

　　"纳西语属于汉藏语系藏彝语族彝语支,是一种单一的民族语言","纳西语分为东、西两个方言","以西部方言为基础方言"①。语言中重要的要素是词,"词是把人的思维概念用语音固定下来的物质,是构成语言的重要材料。从语法的角度看,也可以说词是最小的、能够自由运用的语言单位。研究词汇之所以重要,是因为它是语言的建筑材料;同语音和语法相比,它反映社会发展最敏感;通过词汇研究,找出其发展规律,加以规范,可以促进语言的丰富发展;并且通过词汇的研究,还可以帮助历史学和民族学解决不少疑难问题。"②目前关于纳西语词汇的介绍主要集中在一些著作和论文中。如方国瑜指出"词汇,以单音节为多,借词较丰富"③,和即仁、姜竹仪对词汇

---

① 方国瑜编撰、和志武参订:《纳西象形文字谱》,昆明:云南人民出版社,2005 年,"绪论",第 80-81 页。
② 和志武:《纳西语基础语法》,昆明:云南民族出版社,1987 年,第 17 页。
③ 方国瑜编撰、和志武参订:《纳西象形文字谱》,昆明:云南人民出版社,2005 年,"绪论",第 80 页。

的分类、汉语借词进行了说明并从语法角度分析了词类①,和志武介绍了词汇的来源、词意、隐语、禁忌语、汉语借词,从语法角度分析了词的分类和构词法等②,在《纳西族东巴经语言试析》中对东巴经中的单词、借词、构词、词义变化和修词等方面进行了介绍③。以上研究虽然对纳西语词汇的结构、来源等进行了简单介绍,但是对于纳西语词汇的总量、方言土语中词汇的差异、词源、词性、词的发展变化等都缺乏系统全面的统计和分析,而纳西语词典的编纂在很大程度上弥补了该研究的缺憾。

关于东巴文和哥巴文的产生时间,学界目前尚无定论,能够肯定的是"至少在 11 世纪北宋中期到 13 世纪初的南宋末期,纳西东巴象形文已用来书写东巴经了"④,东巴文的产生时间不会晚于东巴经的书写时间;哥巴文至少在明代已经流行使用了⑤。这两种文字书写了大量的文献典籍,据不完全统计有几万册⑥,这些文献典籍是纳西族智慧的结晶,也是纳西族文化的体现,通过对文献典籍的研读可以加深对纳西族的了解。要读懂纳西东巴文献并不容易,造成这种结果的原因是多方面的:首先,文献中文字记录语言的方式多样,并不都是对语言逐词记录,一个文字可以对应一个词、一个短语或者一句话,字序和语序的关系也比较复杂,文字排列不是以线型方式呈现,这些都是导致纳西东巴文献阅读困难的原因;其次,纳西东巴文献由不

---

① 和即仁、姜竹仪:《纳西语简志》,北京:民族出版社,1985 年,第 19—87 页。

② 和志武:《纳西语基础语法》,昆明:云南民族出版社,1987 年,第 17—98 页。

③ 和志武:《纳西族东巴经语言试析》,载郭大烈、杨世光主编《东巴文化论集》,昆明:云南人民出版社,1985 年,第 76—90 页。

④ 和志武:《纳西东巴文化》,长春:吉林教育出版社,1989 年,第 71 页。

⑤ 和志武:《纳西东巴文化》,长春:吉林教育出版社,1989 年,第 76 页。

⑥ 关于纳西文献的数量,杰克逊认为"现在世界纳西族经书的总数不少于一万册"(郭大烈、杨世光主编:《东巴文化论》,昆明:云南人民出版社,1999 年,第 625 页),和志武认为"国内外东巴经藏书量为 2 万多册"(和志武:《纳西东巴文化》,长春:吉林教育出版社,1989 年,第 92 页),杨世光认为有近 3 万册(东巴文化研究所:《纳西东巴古籍译注全集》卷 100,昆明:云南人民出版社,2000 年,第 337 页)。

同地域、不同时期的东巴书写而成,字形、字用存在着地域、时间、个人书写风格的差异,所以除了经验丰富的东巴之外,别人很难读懂。为了帮助人们读懂东巴文献,李霖灿等学者在对经文的注解中采用了"四对照"的译注方式,即把文献原文用国际音标记音,并给出汉译及注释,这种方法给读者的阅读带来很大的便利,后来出版的《纳西东巴古籍译注全集》就采用了这种注释体例。但是"四对照"的注释体例注重对经文意义的解释,是对每一小节所代表的经文进行的注音和释义,至于每个字的读音和意义并没有给出相关说明,因此通过"四对照"的体例,人们是无法弄清楚每个字所代表的语言单位的,虽然有些学者在"四对照"的注释后增加了对每个字的解释,比如,傅懋勣的《白蝙蝠取经记》,但是这种情况很少。因为绝大多数"四对照"的注释中并没有增加字释这一环节,所以要了解每个字的意义和用法就需借助字典,字典的重要性不言而喻。

　　早期的东巴文注释出现在著作中时,专门的字词典还没有出版。最早在著作中对东巴文进行分析的是法国人巴克,他分别于1907年和1909年深入丽江纳西族地区进行田野调查,在此基础上撰写了《么些研究》并出版,"有法人巴古氏(J Bacot)于所著么些一书(les mo-so)中,附有字典,以法文译义之字母为序,书刊于民国二年(1913)"[1],《么些研究》"收录有300多个象形文字和若干标音文字","虽然《么些研究》的内容及体例不完全符合辞书的规格,但它毕竟是对纳西象形文字做了初步的梳理、编排",木仕华认为这是纳西族语言文字学史上第一本辞书[2]。对于哪本是最早的字典辞书,学者们的观点并不统一,董作宾认为是杨仲鸿编纂的《么些文多巴字及哥巴字汉译字典》,"国人于么些文字成一有系统之作,当首推杨氏,虽然他的字典

---

① 董作宾:《么些象形文字字典序》,载李霖灿编著、张琨标音、和才读字《么些象形文字 标音文字字典》,台北:文史哲出版社,1972年,第一页。

② 木仕华:《纳西东巴象形文字辞典说略》,《辞书研究》1997年第4期,第117–118页。

采录编纂未能业备,而他的创始之功,是不可埋没的"①,这本字典共收录了1800 个字②,但是该字典没有出版,"从他的自序中,知道字典是作于民国二十年","杨先生这本字典分么些文为十八类,数、天文、地理、时令、鸟、兽、昆虫、植物、人、身体、服饰、用具、水文、杂、佛、鬼、怪、龙。每字三列,左多巴字,中哥巴字,右汉译,以汉字注音并释义"③。傅懋勣的《白蝙蝠取经记》对东巴文进行了注释,内容包括字音、字形分析、字义以及字的使用情况。作者的目的是帮助人们阅读,通过东巴文的讲解,读者对经文内容有更深入的认识。虽然《白蝙蝠取经记》不是字典,但是这种随文释义的方式可以帮助人们学习东巴文,也为东巴文的注释提供了方法和途径。1944 年,和泗泉木刻《音字形字对照表》④,收录象形字 477 个、标音字 427 个,这个对照表没有说明是否出版,目前没有人见到。

目前能够看到的字词典是 20 世纪 40 年代之后陆续出版的,如《么些象形文字 标音文字字典》《纳西象形文字谱》《纳西语英语汉语语汇》《纳西汉英词典》等。木琛的《纳西象形文字》虽然属于东巴文化普及教材,但是书中对文字的收录较为全面,字形分析详细且别具一格,具有字典的功能,所以本书也将此书列入研究范畴。习煜华的《东巴象形文异写字汇编》收录了东巴经中的异体字,方便读者了解符号体态的多样化,但是没有注明异体字的出处,也没有对异体字进行说明,所以本书不对其作详细研究。《东巴象形文常用字词译注》《纳西象形文字实用注解》《纳西象形文实用字词注释》虽然对东巴文进行了解释说明,但其编纂的初衷是为了方便游客了解东巴文,所以本书仅对这三本字词典进行简单的介绍,不纳入研究范围。

---

① 董作宾:《么些象形文字字典序》,载李霖灿编著、张琨标音、和才读字《么些象形文字 标音文字字典》,台北:文史哲出版社,1972 年,第一页。
② 郭大烈、杨世光主编:《东巴文化论》,昆明:云南人民出版社,1999 年,第 672 页。
③ 董作宾:《么些象形文字字典序》,载李霖灿编著、张琨标音、和才读字《么些象形文字 标音文字字典》,台北:文史哲出版社,1972 年,第一页。
④ 郭大烈、杨世光主编:《东巴文化论》,昆明:云南人民出版社,1999 年,第 672 页。

一、《么些象形文字 标音文字字典》

《么些象形文字 标音文字字典》由李霖灿编著,张琨标音,和才读字,于1944年出版。李霖灿于1913年11月28日生于河南辉县,年轻时先在河南第一师范学校读书,后深造于杭州艺术专科学校。1939年6月,他到丽江作边地艺术考察,对有浓厚图画意味的纳西族象形文字产生了兴趣。同年8月他返回昆明,11月又来丽江,一边以卖画为生,一边开始致力于《东巴经》的翻译工作。1940年9月,他得到教育部对"么些文字研究"的补助费,1941年他受中央博物院筹备处的聘任,专门从事搜集、调查和研究《东巴经》的工作。李霖灿在纳西族地区搜集到了东巴经书1231册,之后进入了刻苦的研究阶段。在和才和语言学家张琨帮助下,他于1944年编印出版了《么些(纳西)象形文字字典》,次年又出版《么些标音文字字典》[①],目前我们看到的是文史哲出版社1972年的版本。2001年,该字典由云南民族出版社再版,书名改为《纳西族象形标音文字字典》。

1.《么些标音文字字典》

《么些标音文字字典》的内容包括序言、凡例、字典本文、音字索引和音字简表。

序言部分主要介绍了音字的名称、分布地域、创始人、产生时间、字形、字音、字调、字的装饰符号、音字经典及其与形字经典的关系等内容。

凡例部分指出音字的排列依据的是国际音标声母韵母的次序,具体是按照声母次序排列,如p、pʰ、b等,同一声母下按照韵母顺序将声母和韵母进行组合排列,如开头声母为p的音节(没有声调)的顺序为pa、pæ、pɛ等。每一个声母和韵母的组合中先列出音字,再在音字下按照高平调、中平调和

---

① 李霖灿编著、张琨标音、和才读字:《纳西族象形标音文字字典》,昆明:云南民族出版社,2001年,"出版缘起",第2页。

低声调的顺序依次排列出标音文字所记录的语言单位。

字典本文部分依次呈现出音字及其记录的语言单位。例如,在以 P 开头的音节中,条目 pɯ 的相关内容如下。

pɯ 圭乑、孚孚乑、孚、匀、甘、户、自乑、乙、乙、圭①

┐ 生出来　麻木　钉子　果品种子

mjʌ ┼── 命尽 命绝

kæ ┼── 木名

sɛ ↓ tʰo ┼── 松子

tʰu ┤ lɛ ┼──ku ┤ 出处来历

┤ 艾蒿　故事　水冲

──pa ┤ bɛ ┤ 变化　化育

↓ 根须　年龄上的班辈

──do ┤ dy ┘ 地狱之一层

ta ┼──ŋgu ┐ sɯ ┤ 九兄弟名

──lɯ ┤ ʂo ┐ mo ↓ 典型规模

音字索引部分设立的目的是让读者可以通过字形来查检音字,李霖灿将字形分为十五类,每一类按照笔画的多少排列音字,如果一个音字可以归入不同的类,要将其归入显明注目的义类,每个字分别列出字形、页码和读音。音字简表是将最常见最常用的音字集合在一起,把每一个音字放在其声母和韵母的交叉格中。此外,《么些标音文字字典》中还有补遗和勘误,使字典内容更加严谨全面。

───────────

① 李霖灿编著、张琨标音、和才读字:《么些象形文字 标音文字字典》,台北:文史哲出版社,1972 年,"标音文字字典",第 2 页。

2.《么些象形文字字典》

字典包括么些象形文字标音文字字典总序、李济之序、董作宾序、自序、引言、字典本文、汉文索引、音标索引、英文提要等内容。

字典总序主要介绍了字典出版和创作的过程。李济之序对李霖灿编纂字典的过程、编纂字典的意义、出版的原因进行了介绍。董作宾序对纳西文字产生的时代、作用等进行了分析。

自序中李霖灿论述了三方面:么些族之概况、么些族之文字、本字典之体例。么些族之概况的内容包括名称、历史、地理;么些族之文字的内容包括论形字和音字、形字与音字之先后、形字与音字发生之时间及地点以及么些文字之演变;本字典之体例中注明了一些字的地域性,说明字的分类和排列顺序,条目内容,所用国际音标,收录范围及索引种类。字典体例如图 1 所示。

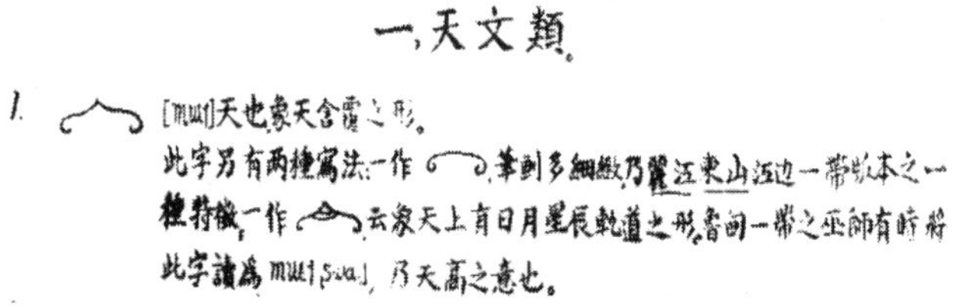
一、天文類。

1. [mɯ]天也,象天含雲之形。
此字另有兩種寫法:一作 ,筆劃多細微,乃麗江東山江边一帶此本之一種特徵;一作 ,云象天上有日月星辰軌道之形。魯甸一帶之巫師有時將此字讀為 mɯ[ʂua],乃天高之意也。

图 1 《么些象形文字字典》第 1 页

字典正文部分共收录了东巴字 2120 个,这些字分为十八类,分别是天文类,地理类,人文类,人体类,鸟类,兽类,植物类,用具类,饮食类,衣饰类,武器类,建筑、数目、动作等类,若喀字类,古宗音字类,宗教类,鬼怪类,多巴龙王类以及神类。

当然字典中也有些错误,比如标号错误,条目少了 41 号。

3.《纳西族象形标音文字字典》

《纳西族象形标音文字字典》的内容和《么些象形文字标音文字字典》基本相同,但是它作了一些技术性编辑处理,主要有以下几方面。

（1）对民族旧称（如麼些、西番、古宗、栗粟、民家、罗罗等）改用现在称呼。

（2）"多巴"改用东巴，有的常见专用名词则加注汉语，如居那若罗山、美令达吉湖等。

（3）有些名称改用通行称呼，如膵脏改为胰腺。

（4）个别错别字勘正，如毛牛改为牦牛、赶毡改为擀毡等。

（5）对有些提法适当斟酌用词，如"汉化程度"，根据词义改称"汉语影响"，高山草场之"场"改为"坪"，与今天云杉坪、牦牛坪等称呼一致。

（6）在前后同一的技术上，作了一系列的编辑处理。

（7）声调˥、˧、˩、˩˧改为55、33、31、13 等①。

除上述不同外，2001 年版和1972 年版相比还有以下不同。

（1）象形文字部分：一是页面以及条目格式发生了改变，在每一页的页眉处标注这一页的第一个字，将条头和注释内容用竖虚线隔开，左边为条头，右边为解释，条目之间用短虚线隔开；二是将繁体字改为简体字；三是字的写法有差别，有些条头以及条目内的字写法不同，比如 1972 年版条目 33 写为 ，2001 年版条目 32 写为 ，两字都表示"太阳惊抖起来"，表示"惊抖"的线的写法不同，再如"地震""月"等的写法两书也不同；四是条目的内容有些差别，比如 1972 年版的条目 17 中，人名下有下划线，如

，而 2001 年的字典中没有下划线；五是字的数量不同，比如 2001 版条目 60 是 ，这个字在 1994 年版中却没有收录。

《纳西族象形标音文字字典》体例如图 2 所示。

---

① 李霖灿编著、张琨标音、和才读字：《纳西族象形标音文字字典》，昆明：云南民族出版社，2001 年，"出版缘起"，第 8 页。

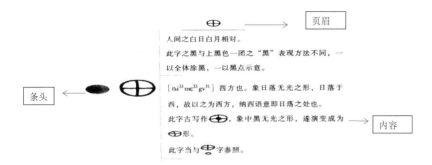

图2　《纳西族象形标音文字字典》第7页

2001年版中也有一些小错误,比如参考文献、索引等的页眉处沿用前文的内容,没有标出相应的内容。

(2)标音文字部分和《么些标音文字字典》也存在着不同:凡例部分,1972年版有八条,2001年版只写了七条;数字的标注方法不同,比如序言最后一句的时间,1994年版用的是中文数字,2001年版用的是阿拉伯数字;将繁体字改为简体字;缺少目次;补充了内容,比如P下第一个音节在1944年的版本中不清晰,2001版中列出音节pa;有些拼音不同,比如1994年版的mɯ在2001版中的注音为mu。

虽然两个版本存在着差异,但2001版的字迹更清晰,不过在行文中仍然以1994年版为主,必要时参考2001版。

二、《纳西象形文字谱》

《纳西象形文字谱》由方国瑜编撰、和志武参订,于1981年由云南人民出版社出版。

全书包括弁言、章太炎序、郭沫若同志的信、纳西象形文字谱绪论、纳西象形文字简谱、纳西标音文字简谱、纳西文字应用举例、附东巴经书简目等内容。

弁言主要对《纳西象形文字谱》的成书过程进行了说明。章太炎序对纳西族进行了介绍,简明评价了《纳西象形文字谱》的编纂作用。

纳西象形文字谱绪论分为四部分:纳西族的渊源、迁徙和分布,纳西象形文字的创始(附说标音文字的创始),纳西象形文字的构造(附说标音文字的构造)以及纳西语的音标说明。纳西族的渊源、迁徙和分布包括古羌人支系,牦牛道的越嶲羌,定莋的摩沙族和西洱河的越析诏,昆川、西爨地么些人,丽江、永宁地区的纳西族,公元 11 世纪以来的历史发展等内容;纳西象形文字的创始主要对纳西文字的发展过程进行了分析;纳西象形文字的构造根据造字的用意将象形文字分为十类,分别是依类象形、显著特征、变易本形、标识事态、附益他文、比类合意、一字数义、一义数字、形声相益、依声托事;附说标音文字的构造中说明标音文字的三种情况:第一种情况说明标音文字有来源于象形字的、来源于汉字的、也有独创的;第二种情况说明标音文字有的是在原有音字的基础上派生的、有的是变更字形的、有的是同一音用数字的、也有的是近音字通用的;第三种情况指出有少部分标音文字在使用时加文饰,笔画简单的象形字加文饰符号构成标音文字,加一些符号区别同音不同调的字。纳西语的音标说明包括纳西语概况、音标符号、符号说明和拼音等内容。

纳西象形文字简谱部分主要对东巴文进行说明,这一部分收录了东巴文字头 1340 个,加上各字条后列的异体字和附收字,共有 1840 字。这些字按义类分类分别是:天象、地理、植物、飞禽、走兽、虫鱼、人称、人事、形体、服饰、饮食、居住、器用、行止、形状、数名、宗教以及传说古人名号。每个条目先列字形,再列读音,之后列出意义以及字形分析,例如:

341 [11] sɿ ˧或 y ˅ sɿ ˧。羊毛也,象羊毛成团。又作 。

"标音文字简谱"中收录了 2000 多个词,正文之前对编排体例进行了说明"文字编排次序,以读音为主,先声母,后韵母;各音之下所举词汇,附记象形文字简谱号码,以供对照参考""每一声母之下的音读,以韵母为次""每一音读之下,分列语调,以低降'˅'、中平'˧'、高平'˦'、低升'˧'为次,同音同调的词录在一起,至于词语的次序没有一定"①,如图3所示。

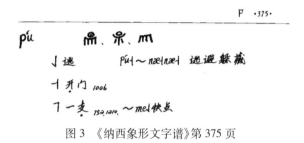

图3 《纳西象形文字谱》第375页

"标音文字简谱"部分还收录了很多没有对应东巴文的词语,比如 y ┐中写出词语"~si^{33}be^{33}非常地"。

纳西文字应用举例中包括前言、象形文应用举例、哥巴文应用举例、应用文举例四部分。前言部分介绍了东巴经文字记录的开端以及象形文记录东巴经的方法,总结了象形文书写东巴经的情况。象形文记录东巴经的方法有八种,分别是,一个字读一个音,表示一个单词;数字组成一个会意字,读一个音,表示一个单词;数字组成一个会意字,读几个音,表示一个词组;数字组成一个会意字,读几个音,并表示一个短语;数字组成一个会意字,读几个音,并表示一个单句;几个字合写在一起,近似图形,读很多音,并表示几个句子;有些字只会意,不读音;凡象形字,除本意的职能外,均可作同音和近音假借,代表词、语。象形文书写东巴经的情况有三种:以字记忆,启发音读;以字代句,帮助音读;以字代词,逐词标音。象形文应用举例中分别举出象形文书写东巴经的三种情况的相关例证。哥巴文应用举例中,通过哥巴文文献,说明哥巴文的书写方式、字和音对应关系、用字情况。应用文举例分别列举了书信译例、锦旗。

附东巴经书简目中共列出十六类三百九十四种经书,由方国瑜于1934年春天在丽江考察时与周汝诚、杨品超一起收集、记录,由丽江坝本吕村(今祥云)东巴和忠道先生讲述和抄写。据和忠道经书讲,此目录只作为举例,

---

① 方国瑜编撰、和志武参订:《纳西象形文字谱》,昆明:云南人民出版社,2005年,第367-368页。

并不完全①。

三、《纳西语英语汉语语汇》

《纳西语英语汉语语汇》是洛克的代表作。洛克是美籍奥地利植物学家,他 1921—1949 年在丽江生活,起初采集植物标本,后被东巴文化吸引并开始研究。基于多年居住在云南所翻译的象形文本资料,编纂了辞书。该书于 1932 年 6 月 30 日开始编纂,英文书名为 $A^1 Na -^2 khi - English Encyclopedic Dictionary$,有人将其翻译为《纳西语-英语百科辞典》,也有人将其翻译为《纳西语-英语百科语汇》。意大利罗马东方艺术研究所所长、著名藏学专家图齐教授将此书作为罗马东方系列丛书之一出版,第一卷于 1963 年出版,第二卷于 1972 年出版②。其中,第一卷在 2004 年由云南教育出版社推出了中英文对照本,书名为《纳西语英语汉语语汇》,由和匠宇译,郭大烈、和力民校。《纳西语英语汉语语汇》共包括 3414 个东巴字符,为方便读者查阅原文,译者在保留纳西语和英语原文的基础上加上汉语译文。此书中包括出版说明、前言、序、引言、纳西语洛克音标与国际语音协会(IPA)音标对照表,纳西语复合音,纳西与相邻民族的部分口语词汇比较、书名缩写参考、保存有纳西经书地区的地名缩写、语汇部分、插图等。

出版说明中译者介绍了洛克对纳西学的贡献,说明了《纳西语英语汉语语汇》的由来以及翻译内容中的一些情况。

前言是由卢瑟佩·图齐书写的。他在文章中赞扬了洛克及其著作对纳西文化的贡献。

洛克的序中介绍了辞书书写的地点和过程。书中,除收录了纳西词汇外,还收录了神名、各种仪式以及仪式施行期间所要吟唱的经典和这些经典

---

① 方国瑜编撰、和志武参订:《纳西象形文字谱》,昆明:云南人民出版社,2005 年,第 594 页。

② 洛克编著:《纳西语英语汉语语汇》(第一卷),和匠宇译,郭大烈、和力民校,昆明:云南教育出版社,2004 年,出版说明。

的摘要,列出了部分名称的出处,并对在本书出版过程中给予过帮助的人予以感谢。

引言部分介绍了纳西象形字符的来源、纳西象形文字、纳西哥巴文标音符号、标音符号的发音、纳西语言的分类、纳西象形文本的发现等内容。

纳西语洛克音标与国际语音协会(IPA)音标对照表中,分别列出和洛克音标对应的 IPA 的读音,并对纳西语声调进行了说明。纳西语的声调列出 4 个,字母前上标 1 表示"第一声低降",上标 2 表示"第二声平声",上标 3 表示"第三声高短",上标 4 表示"第四声由低转到高"。

纳西语复合音部分中以英文字母为序,在每个字母下列出了首字母相同的复合音,并说明所有的复合音都可发 4 种声调。

纳西与相邻民族的部分口语词汇比较中,列出了英语、汉语、纳西语、(木里的)普米语、彝语、摩梭语中相同词汇的不同写法,并注明摩梭语取自永宁,纳西语取自丽江,普米语取自木里,而彝语为四川彝族的方言。

"语汇部分"按照英文字母的顺序将词汇进行排列,每一个英文字母下收录了首字母相同的词汇,首字母相同的词汇依次比较各字母的顺序,按照先后顺序进行排列。词汇的注音采用的是洛克音标,即洛克自创的注音方式。每一个条目中先列出字形,之后列出读音,之后是英语释义,然后列出用例出处,最后是汉译,如图 4、图 5 和图 6 所示。

'dʑ˥. To come. 来.
'dʑ˥. Wet; drenched. 顺湿, 浸湿.
'dʑ˥. A mite; a pinch; an infinitesimal amount.
NNCRC, p. 436. This symbol is also read 'pʼɿ —
shoulder blade, its original meaning. 极少的数量, 细量. 见 NNCRC. 第 436 页. 这个符号也读做 'pʼi. 原意为肩胛骨.
'dʑ˥. Result; a case; an affair. 结果. 一种情况, 一桩事.

图 4 《纳西语英语汉语词汇》第 95 页

ꒌ ²bbŭ phonetic. 标音符.

图 5 《纳西语英语汉语词汇》第 24 页

"A-¹mbbŭ ²gkv ³la ³ts'u, ¹dꜱ'i-¹gko ¹la ¹p'u-³dtü,
³ssaw-¹ssu ¹ndo ³lä ¹dtaw. This is a compound symbol
which represents three types of horoscope, the burning
of chicken bones, the shoulder blade and the rolling of
the ³ssaw-¹ssu; the literal meaning is: to carry the ¹⁴a-¹mbbŭ on the
head, the shoulder blade inside the hand, and the ³ssaw-¹ssu behind
hide. See *NNCRC*, p. 200, note 305. 这是一个复合符号，表示三种类型的
占卜，烧鸡骨、胛骨和滚动 ³ssaw-¹ssu 字面意思为：把¹⁴a-¹mbbŭ戴在头上，胛
骨拿在手中，³ssaw-¹ssu 藏在身后。见*NNCRC*，第200页，注305。

图 6　《纳西语英语汉语词汇》第 5 页

图 4 是对东巴文所记录的词语进行的解释，图 5 是对标音符的解释，图 6 是对复合符号的解释。这说明《纳西语英语汉语语汇》收录的对象不仅为词汇，还有词组和句子，《纳西语英语汉语语汇》不仅收录了东巴文，也收录了标音文字。"这是第一本包含象形文字和标音文字的纳西语-英语词汇，实际上也是一部通过纳西文字表述纳西文化的百科全书"①。"除了大量纳西词汇之外，其中还包括了许多大神（222 个）、神（89 个）、女神（91 个）、半人半神（295 个）、东巴（232 个）、纳加王（123 个）、纳加（Nāgarājas185 个）、纳加（Nāgas183 个）、纳吉（22 个）、优麻（66 个）、德古（50 个）、山神（150个）、魔鬼（522 个）及地理名称（343 个），同时列出了它们的纳西文符号及相对应的汉语。书中还列出了各种仪式，并简要地描述了这些仪式施行期间所要吟唱的经典和这些经典的简短摘要——这类经典将近有 1000 种"②，所以不能简单地将此书归为词典。

书中还列出了一些例证，如洛克所述"在可能的情况下，书中还给出了一部分名称（尤其是那些神的随从名称等）的出处，如其在经书中的位置、标

---

① 洛克编著：《纳西语英语汉语语汇》（第一卷），和匠宇译，郭大烈、和力民校，昆明：云南教育出版社，2004 年，"序"，第 8 页。

② 洛克编著：《纳西语英语汉语语汇》（第一卷），和匠宇译，郭大烈、和力民校，昆明：云南教育出版社，2004 年，"序"，第 8 页。

题、页码、画幅以及可参考的文献"①。

书中收录了不同时期的词语,"出现在书中的词属于一种古老的语言,它包含有许多古语。然而,与其含义相同的口语也常常出现。许多祖先和人的名字通常也能在书中找到"②。

序中对条目的设立也进行了说明,"语汇的第一卷中实际上包含了3414个条目。其中的每个符号除了具有表意符或象形符的含义外,当用于标音时还有不止10种的含义,当然,语汇中是没有必要把它们各自的出处一一给出的。也有许多词由于没有象形字的存在而被省略了。所以,书中出现的书面语复合音的数目要比口语中少得多"③。

四、《纳西汉英词典》

《纳西汉英词典》是由美国人孙堂茂编著,云南民族出版社于2012年出版的,据笔者统计,全书共收录了4407个词条。

孙堂茂是美国人,其妻子在书中介绍了他们的职业以及在丽江的工作生活,"我和我的丈夫都是世界少数民族语文研究院的语言学者,我们与居住在丽江的少数民族——纳西族一起生活了8年,学习他们的语言,了解他们的文化。1995年,我们一家来到位于丽江市区北面的丽江教育学院,开始学习纳西语。1999年秋我们搬到丽江坝的一个小村子,在这里安了家。"④

词典包括凡例、纳西语拼音文字方案、简称表、纳西-汉-英词典、汉-纳

---

① 洛克编著:《纳西语英语汉语语汇》(第一卷),和匠宇译,郭大烈、和力民校,昆明:云南教育出版社,2004年,"序",第8页。
② 洛克编著:《纳西语英语汉语语汇》(第一卷),和匠宇译,郭大烈、和力民校,昆明:云南教育出版社,2004年,"序",第8页。
③ 洛克编著:《纳西语英语汉语语汇》(第一卷),和匠宇译,郭大烈、和力民校,昆明:云南教育出版社,2004年,"序",第8-9页。
④ 孙佳琪:《玉龙山下的村庄——一个美国家庭亲历的纳西生活》,赵庆莲、和丽峰译,昆明:云南民族出版社,2006年,"自序",第5页。

西索引、英-纳西索引等内容①。

凡例部分介绍了词典正文、汉语索引和英语索引的内容。

纳西语拼音文字方案部分将纳西语的声母、韵母、声调和汉语拼音方案中的声母、韵母和声调进行了比较,总结了纳西语语音的特点。

简称表部分包括词类简称表、互见条目简称表、土语名简称表。

在纳西-汉-英词典部分,作者按照英文字母的顺序排列词条,每个字母中收录了首字母相同的音节,音节按照各字母的顺序进行排列。每一页分为两栏,词语从左到右排列。凡例中,说明词典的词条"每个词条包含一个词头,后面是注音、代表词头所属的方言区缩写、用中英文标注的词类、汉语对应语或释义、英语对应语或释义,最后是表示参照其他词条的箭头以及所参照的词条"。具体内容如图 7 所示。

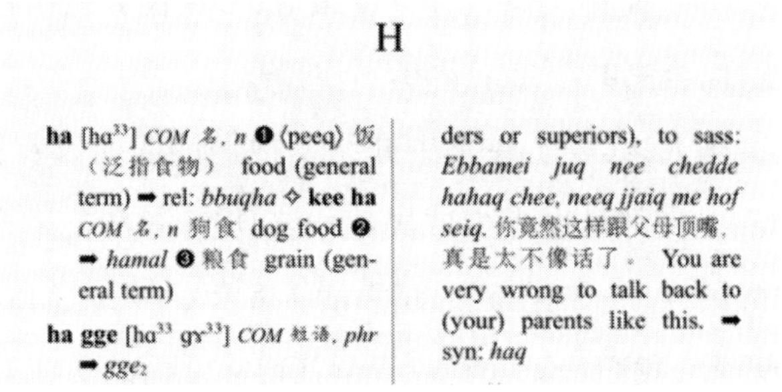

H

ha [ha³³] *COM* 名, *n* ❶ (peeq) 饭(泛指食物) food (general term) ➔ rel: *bbuqha* ◇ **kee ha** *COM* 名, *n* 狗食 dog food ❷ ➔ *hamal* ❸ 粮食 grain (general term)

ha gge [ha³³ gv³³] *COM* 短语, *phr* ➔ *gge₂*

ders or superiors), to sass: *Ebbamei juq nee chedde hahaq chee, neeq jjaiq me hof seiq.* 你竟然这样跟父母顶嘴,真是太不像话了. You are very wrong to talk back to (your) parents like this. ➔ syn: *haq*

图 7 《纳西汉英辞典》第 165 页

凡例中介绍汉-纳西索引的目的是方便读者找到想要的纳西语词,而不是给出确切的纳西语意思;为了方便读者找到想要的纳西语词,在索引中给出多个索引条目;条头用黑体字排印,并按照《现代汉语词典》的标准排列,即按照汉语拼音字母的顺序排列,同音字按汉字的笔画和声调排列,条头后是纳西语词类、纳西语对应语,如果索引词条给出的纳西语单词或词组在词典正文当中是以子词条的形式出现的,就用弯笔箭头表示这个纳西语词或

---

① 孙堂茂:《纳西汉英词典》,昆明:云南民族出版社,2012 年,"凡例",第 9-16 页。

词组会在箭头后的那个词条里找到,箭头后给出的词用斜体字印刷。一些斜体字后面的下角有用小字号印出的阿拉伯数字,小数点前面的数字表示词头在几个同音词当中所处的编号,小数点后面的数字表示在那个词条当中这个词所处的义项编号,如图 8 所示。

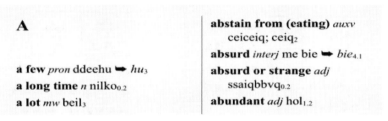

难以相处 *形* sseeq jjeq ➡ *sseeq*$_{4.2}$

图 8　《纳西汉英辞典》第 485 页

英-纳西索引和汉-纳西索引的目的处理方式基本相同,索引按照英文字母排列,如图 9 所示。

A

a few *pron* ddeehu ➡ *hu*$_3$
a long time *n* nilko$_{0.2}$
a lot *mw* beil$_3$

abstain from (eating) *auxv* ceiceiq; ceiq$_2$
absurd *interj* me bie ➡ *bie*$_{4.1}$
absurd or strange *adj* ssaiqbbvq$_{0.2}$
abundant *adj* hol$_{1.2}$

图 9　《纳西汉英辞典》第 541 页

五、《纳西象形文字》

《纳西象形文字》是丽江东巴文化学校教材的第一册,由木琛编写,云南人民出版社于 2003 年出版。严格意义上来说,该书不能算是字典,但是书中列出了 1000 多个纳西象形文字常用字,并介绍了这些字的意义和一般用法,对于研究和学习纳西象形文字非常有帮助,所以论文也将其作为研究对象。

《纳西象形文字》包含三部分:纳西象形文字概说、纳西象形文字的书写、纳西象形文字常用字。

纳西象形文字部分按照字形简单到复杂、常用到较常用的顺序排列。字的形体依据东巴经典。纳西象形文字具有一定的地域差异性,对于写法略有不同的列出具有代表性的字形,对于"结构上差异显著的字形予分别列出,见于丽江坝区及附近、鲁甸、塔城等区域的字在右下角注'1',见于丽江宝山、大具、鸣音、大东及中甸三坝、木里俄亚等地的字在右下角注'2'。此外,各地通用的同字异写的常见字形亦予介绍。解释字义时以介绍字的用法为主,除本义外,列出东巴经书里常见的假借义,并例举由本字组成的常用词语和短语"①。这些象形文字分为16部分,每一部分用序号1-16标出,每一页分为两栏,按照从左到右的顺序排列文字,具体内容如图10所示。

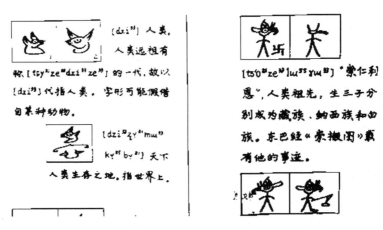

图10 《纳西象形文字》第108页

六、《纳西语常用词汇》

《纳西语常用词汇》由和即仁、赵庆莲、和洁珍编著,于2011年出版。该书包括前言、凡例、目录、词汇正文、汉纳索引、附录等内容。

前言部分介绍了资料来源,搜集者和书写者。

凡例中介绍了词汇的收录范围、条目的排列方式、词语的书写方式、条目的内容安排、注音方式、词典的内容说明等。

---

① 丽江东巴文化学校编、木琛编写:《纳西象形文字》,昆明:云南人民出版社,2003年,第55页。

　　词汇正文按照拼音字母的顺序排列,每一个字母下收录了首字母与之相同的词语,并按照拼音字母的顺序依次比较各字母的前后顺序并进行排列。每个条目按照纳西拼音、国际音标、汉语释意的顺序排列,如图 11 所示。

A - a

adia　/$a^{33}tia^{33}$/　好脏（口头词）
afwu₁　/$a^{13}u^{33}$/　野兽（儿语）
afwu₂　/$a^{13}u^{33}$/　咬（儿语）

图 11　《纳西语常用词汇》第 1 页

　　汉纳索引中,按照汉语拼音方案的顺序,将首字母相同的汉语词排列在一起,按照拼音字母的顺序依次比较并排列。每一页分为两栏,每一栏中分为两列,左边一列是汉语词汇,右边一列是对应的纳西语词汇,如图 12 所示。

翱翔,飘	ddaq₃
鳌	ceelsi nabvq
傲慢	jerddeeq

A - a

阿	e₁
阿	we₄
阿	el₂
阿婆	epof
哎嘞	aiflei

B - b

| 八 | hol₁ |
| 八哥鸟 | bafger |

图 12　《纳西语常用词汇》第 363 页

　　附录部分包括纳西童话故事选、纳西经文选、纳西拼音与国际音标对照表、略论翻译的原则及其他等内容。

七、《东巴象形文异写字汇编》

　　《东巴象形文异写字汇编》由习煜华编著,由云南美术出版社于 2003 年 12 月出版。这是第一部专收异写字的书,为异体字字典的编纂、异体字的整

理和研究提供了材料,也为辞书条目的设定提供了参照,收字基本原则、数量、来源以及排列方式如下:

(1)在所有东巴字中,只选有异样写法的单字,而不是收录东巴象形文字的全部。所收入的字表其纳西音、汉语意、英语意。

(2)所收象形文字数量约460字,以异写字计约1800字。资料来源为《纳西东巴古籍译注全集》(云南人民出版社1999年,东巴文化研究所编)。

(3)编排顺序大体上按天文地理、植物动物、人体形态、生活用具、宗教法器等,因为此汇编之目的不是解词释义,所以没有明确分类以标识其顺序[①]。

图13能够更直观地反映编纂情况。

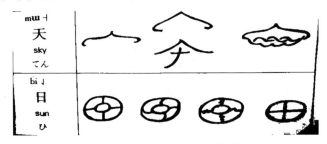

图13 《东巴象形文异写字汇编》第19页

书中没有注明异写字的析出文献,也没有详细说明异写字的类型,所以距离字典的标准还有一定的距离。

八、《东巴象形文常用字词译注》

《东巴象形文常用字词译注》由赵净修撰写,由云南人民出版社于2011年出版。

全书包括前言、序、正文等。前言中编者对创作目的和创新之处进行了分析。杨世光的序对作者的编书过程和著作的作用进行了说明。正文部分

---

① 习煜华:《东巴象形文字异写汇编》,昆明:云南美术出版社,2003年,"概述",第5页。

收录了 1000 个东巴文①，其中 45 个字词是新收录的②。正文部分分为人文部、肢体五官部、动作部、形容部、房舍部、用具武器部、谷蔬草木部、禽兽鸟兽部、鱼虫部、饮食服饰部、数字时令部、天地部和祭祀部。条目之间用短横线隔开，每个条目先列出字形，之后是注音和汉语译文，再之后为英语译文，如图 14 所示。

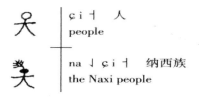

图 14 《东巴象形文常用字词译注》第 1 页

九、《纳西象形文字实用注解》

《纳西象形文字实用注解》由和宝林书写，由云南人民出版社于 2007 年出版。书中包括前言、凡例和纳西文汉语拼音国际音标对照表。

前言部分对于纳西族的象形文字产生时间、来源、特点进行了说明。

"凡例"部分对收录对象、条目内容进行了说明。指出"本书收集了一些常用的象形文字。因为象形文字并非完全是一字一音的符号，因此，本书只能因词为单位。而且，为了便于人们学习纳西语，还收了部分单句"，"本书正页首先写纳西象形文字，然后用汉文释义，括弧中用新纳西文注纳西语音，再说字源"③。正文内容共分为二十一类，分别是：天上、时令、地上、方位、动物、植物、形态、体貌、称谓、人称、动作、劳作、器具、饮食、房舍、服饰、文娱（兵器）、鬼神、宗教、地名、数名，如图 15 所示。

---

① 赵净修：《东巴象形文常用字词译注》，李茂春译，昆明：云南人民出版社，2011 年，"序"，第 2 页。
② 赵净修：《东巴象形文常用字词译注》，李茂春译，昆明：云南人民出版社，2011 年，"前言"，第 1 页。
③ 和宝林：《纳西象形文字实用注解》，昆明：云南人民出版社，2007 年，"凡例"，第 1 页。

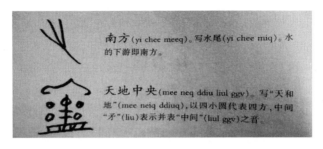

图 15　《纳西象形文字实用注解》第 42 页

十、《纳西象形文实用字词注释》

《纳西象形文实用字词注释》由赵净修撰写,由云南民族出版社于 2002 年出版。全书收录了 1640 条纳西象形东巴文字词条目,分别列入人文部、肢体五官部、动作部、形容部、房舍部、用具部、武器部、衣饰部、饮食部、谷蔬部、草木部、家畜部、兽禽部、虫鱼部、天文部、地理部、地名部、双声叠韵词部、数字时序部、祭祀等部。每一条目分别列出字形、读音和释义、异读等内容,如图 16 所示。

| 68 | | lv˧bv˧ | 孙子 |
| 69 | | mi˥zy˥ | 女孩,又作孙女解,又读"lv˧me˧" |

图 16　《纳西象形文实用字词注释》第 6 页

以上各书的编纂各有千秋,编纂体例和内容设置也各具特色,主要体现在名称和收录范围并不完全相同,比如《纳西象形文字谱》的名称虽然以"象形文字"为限定语,但是在书中不仅对象形文字进行说明还对哥巴文进行了说明;字词典的注音系统不同,有些用国际音标注音,也有些用自创的注音方式注音;大部分没有例证,只有《纳西语英语汉语语汇》《纳西汉英词典》等有些条目中有例证。

第二节　研究综述

字词典是人们学习和研究纳西东巴文化的重要参照，所以在出版之后就受到广泛关注，相关的研究也陆续展开。

一、对字词典的综合研究

研究主要包括两方面：一方面是对现有字词典的分析，另一方面是对字词典编纂的建议。

1.对现有字词典的分析

（1）木仕华的《纳西东巴象形文字辞典说略》对字典辞书的编纂历程以及编纂内容进行了说明。木仕华先生认为巴克的《么些研究》是纳西族语言文字学史上第一本辞书，这本书是巴克1907—1909年在丽江纳西族地区作田野调查的成果，全书收录了300多个象形文字和若干标音文字；对杨仲鸿的《么些文多巴字及哥巴字汉译字典》的创作过程和内容进行了说明，指出杨仲鸿是本民族学者中研究纳西象形文的先声；对方国瑜的《纳西象形文字谱》的创作过程、书写内容进行了介绍，对《纳西象形文字谱》的突破点进行了概括，指出这本工具书开创了纳西文化和纳西文字研究的新局面；对李霖灿编纂的《么些象形文字字典》《么些标音文字字典》的创作过程、收录内容进行了介绍。

（2）喻遂生的《〈纳西东巴象形文字辞典说略〉补正》[①]对木仕华的《纳西东巴象形文字辞典说略》中的七处论述进行了补正，内容涉及文字的命名，词语的分类，书写用字和时间错误等方面。

---

① 喻遂生：《〈纳西东巴象形文字辞典说略〉补正》，《辞书研究》1999年第4期，第77-80页。

（3）邓章应的《东巴文研究的新趋势》①对现有字典的编纂方式进行了反思，提出字典编纂取材不是直接来自经典，编纂时对文字单位拆分以及单字意义做了人为归纳；认为现有字典缺漏严重。

（4）李晓亮在《洛克、方国瑜、李霖灿纳西东巴文比较研究》②一文中对洛克、方国瑜、李霖灿编写的字典进行了简单的比较，比较内容包括收字数量、编排方式等并指出三本字典对同一字形的释义可能不同，同一词义也可能有不同的字形。

（5）王娟的《纳西东巴文字典研究述评》③对纳西族东巴文的字典研究现状进行综合分析，指出目前东巴文字字典研究的不足之处在于研究的侧重点、研究的标准、字典的使用频率和字典的内容及编纂体例不一致，为今后东巴文字典的编纂提供了借鉴。

2.对字词典编纂的建议

（1）喻遂生的《〈纳西东巴文大字典〉编纂的几个问题》④指出，随着东巴文献材料刊布的增多，研究的深入，技术手段的更新，编纂一部代表新时代研究水平的东巴文大字典的条件渐趋成熟，并从字典定位、材料、字形、标音、释义、出处和书证、编排和检索、基础工作等八方面，对《纳西东巴文大字典》的编纂提出了看法和建议。

（2）甘露的《建立东巴文象形文字字典语料库的构想》⑤对建立语料库的必要性和可行性进行了分析，提出建立语料库的前提是选取标准字形、扩充东巴文字字库、建立输入法，语料库的内容应该包括统一的字号、字形、读音、释义、字与词的界定、造字法、分类、词例、出处等。

---

① 邓章应：《东巴文研究的新趋势》，《兰州学刊》2011 年第 12 期，第 131-135 页。

② 李晓亮：《洛克、方国瑜、李霖灿纳西东巴文比较研究》，《西南学刊》2012 年第 2 期，第 252-261 页。

③ 王娟：《纳西东巴文字典研究述评》，《名作欣赏》2016 年第 20 期，第 165-166 页。

④ 喻遂生：《〈纳西东巴文大字典〉编纂的几个问题》，《辞书研究》2020 年第 5 期，第 58-70 页。

⑤ 甘露：《建立东巴文象形字典语料库的构想》，《中国文字研究》2003 年，第 234-239 页。

（3）李晓亮的《对东巴文字词典注音的几点建议》①对《纳西象形文字谱》《么些象形文字字典》《么些文多巴字及哥巴字汉译字典》《纳西语英语百科词典》的注音问题进行了研究。注音方式建议采用国际音标但要注意审音；异读字注音，提出具有方言差异的读音，如果读音相同或者差别不大仅注一音，如果差别较大要分别注音，对于古今异读不用分立字头，只要在一个字头下分立音项并简单说明；异体字注音，对于全同异体字不注音，放在正体之后，对于不全同异体字要全部注音并说明原因和出处；声调采用五度标音并统一调值。

3.既对现有字词典进行总结又提出编纂建议

王娟的学术研究，建树颇多。例如，她在《纳西东巴文字典编纂研究》②一文中对《纳西象形文字谱》和《么些象形文字字典》在收字、释义和编纂体例的特点进行了考察，收字方面指出两本工具书收字的来源、地域、时代不同，释义方面说明两书释义的内容、方式、规范性原则不同，编纂体例方面提出两书的编排方式、检索方法不同。对东巴文字典的编纂提出构想。

在论文《东巴文通行字典的疏失与理想字典的编纂构想》③中，王娟对李霖灿的《么些象形文字字典》和方国瑜的《纳西象形文字谱》的编纂进行了分析，先对现有字典的收字、释义和体例的不足之处进行了分析，之后提出了编纂构想，指出字典编纂时要运用新材料和新手段，借鉴汉字字典的成果，并从收字、释义、编纂体例及理想字典的样本等方面提出了理论建议。

《纳西东巴文辞书研究——方国瑜、李霖灿、洛克字词典的比较》是王娟在其博士论文的基础上完成的专著，这是目前对纳西东巴文辞书最全面系

---

① 李晓亮：《对东巴文字词典注音的几点建议》，《学行堂语言文字论丛》2012年，第357-367页。
② 王娟：《纳西东巴文字典编纂研究》，《太原师范学院学报》（社会科学版）2016年第4期，第90-92页。
③ 王娟：《东巴文通行字典的疏失与理想字典的编纂构想》，《中国文字研究》2016年第1期，第200-206页。

统的研究。书中对三部辞书的收字、注音、体例进行了分析并提出"理想的东巴文字典"的编纂方式:该专著在收字方面分析了字和字组的区别,对三部辞书的收字情况进行了归纳比较,分析了异体字收录的不足,并对收字问题提出建议;该专著在注音部分比较了三部辞书的注音系统,对异读问题进行了讨论;该专著在释义研究部分对三部辞书探求、系连引申义和说明假借义等方面进行了分析比较,找出了不足和规律;该专著在体例研究部分对三部辞书的编纂体例进行了比较,分析了义类编排方法的不足并重新对义类进行了划分。

在论文《东巴文字典异体字的整理与编纂规范》①中,王娟对东巴文的异体字进行了界定并对《纳西象形文字谱》和《么些象形文字字典》中异体字的收录情况进行了分析,提出异体字收录的建议。

二、对《纳西象形文字谱》的研究

对《纳西象形文字谱》的研究,主要集中在评述该书的整体以及分析其编纂的不足之处等方面。

王元鹿在《〈纳西象形文字谱〉评介》②对《纳西象形文字谱》的特色、成就及不足进行了评述。论文对《纳西象形文字谱》的内容进行了说明,对《纳西象形文字谱》存在的一些问题进行了讨论,内容包括纳西东巴文字的性质和名称,"十书"的分类、界说、例字和名称以及个别字的造字方法的分类和说解。

郭大烈的《评〈纳西象形文字谱〉》③对《纳西象形文字谱》的创作过程和特点进行了说明和总结。总结的特点有:编纂参订、珠联璧合;体例完善、内

---

① 王娟:《东巴文字典异体字的整理与编纂规范》,《中北大学学报》(社会科学版)2022 年第 1 期,第 81 –86 页。

② 王元鹿:《〈纳西象形文字谱〉评介》,《辞书研究》1987 年第 4 期,第 121–129 页。

③ 郭大烈:《评〈纳西象形文字谱〉》,《思想战线》1982 年第 3 期,第 33–37 页。

容丰富;释义简明,准确可靠;把握整体,探索文字;抓住本质,分析文字。

喻遂生的《〈纳西象形文字谱·常用词汇〉订补》①对1982年7月出版的《纳西象形文字谱》的"常用词汇"部分的错伪遗漏进行了补正。主要对页码、音义和与正文不符的情况进行说明,并指出这些错误主要是由誊抄时的笔误造成的。

黄思贤的《〈纳西象形文字谱〉质疑》②采用了本校和他校的方法对《字谱》的字形结构、异体字的收录标准、字义和翻译上存在的一些问题进行了分析。黄思贤先生指出《纳西象形文字谱》在字形结构的分析中没有把握一定的标准,从而导致一些字形分析得不正确,表述上存在一些不清晰之处;异体字的收录存在缺乏标准、异体不确、解释不清以及收入不全等问题;在汉语释义时,有些语义把握不准,忽略了词义的一些细微差别,一些地方的阐述过于简单,还有一些问题没有解释清楚。黄思贤先生指出要对《字谱》有正确的认识并期待它得到进一步完善。

杨林军的《修铸一书五十载 彰显大师治学魂——记〈纳西象形文字谱〉成书始末》③中对方国瑜书写《纳西象形文字谱》的缘起,及其五易其稿到成书出版过程作了梳理,并对该书对东巴文化传播的影响做了简评。

王娟的《〈纳西象形文字谱〉 ![字]（秤）系字订补》④对 ![字]字系的 ![字]、![字]、![字]进行了分析,指出 ![字]字条误释字义、误解字条,![字]、![字]两字条误释声符 ![字]之义,并根据分析结果对条目进行订补。

---

① 喻遂生:《纳西东巴文研究丛稿》,成都:巴蜀书社,2003年,第337—346页。

② 黄思贤:《〈纳西象形文字谱〉质疑》,《中央民族大学学报》(哲学社会科学版)2007年第5期,第69—73页。

③ 杨林军:《修铸一书五十载 彰显大师治学魂——记〈纳西象形文字谱〉成书始末》,《保山师专学报》2009年第1期,第45—48页。

④ 王娟:《〈纳西象形文字谱〉 ![字]（秤）系字订补》,《中国文字研究》2021年第2期,第208—212页。

三、对《么些象形文字 标音文字字典》的研究

闻宥的《评〈么些象形文字字典〉》[1]对李霖灿的《么些象形文字字典》中收录字数、分类进行了介绍,并对字典中归类不合理、释义不完备的地方进行说明。《评〈么些象形文字字典〉》指出《么些象形文字字典》中有两个不足之处:其一,"每类下所收之字,恒与其标目不符";其二,"每一字下之诠释,大体虽类详备,然亦尚有可补苴者"。

马文丽的《李霖灿的东巴文化研究》对[2]李霖灿的《么些象形文字字典》《么些标音文字字典》进行了研究。《么些象形文字字典》的内容主要涉及单字和字组的研究、与《纳西象形文字谱》的比较研究并对两个字的字源进行了考证。《么些标音文字字典》的研究内容主要涉及版本、体例、收字等方面。

四、对《纳西语英语百科辞典》的研究

魏治臻的《一部研究纳西族文字的词典》[3]中对洛克的《纳西—英语百科辞典》的成书历程和内容进行了介绍。

李晓亮的《洛克〈纳西语英语百科辞典〉研究》[4]从辞书学、文字学以及与其他字典的比较方面对《纳西语英语百科辞典》进行了研究。辞书学角度:论文对编排方法和词目安排、注音和释义进行了分析。编排方法方面:论文指出《纳西语英语百科辞典》的编排方式是音序法,是按拉丁字符的顺序编排的,有的同音词放在一起,有的却没有,所以《纳西语英语百科辞典》

---

[1] 闻宥:《评〈么些象形文字字典〉》,载郭大烈、杨世光主编《东巴文化论集》,昆明:云南人民出版社,1985 年,第 480-481 页。

[2] 马文丽:《李霖灿的东巴文化研究》,西南大学硕士论文,2013 年。

[3] 魏治臻:《一部研究纳西族文字的词典》,《辞书研究》1980 年第 1 期,第 185-186 页。

[4] 李晓亮:《洛克〈纳西语英语百科辞典〉研究》,西南大学硕士论文,2011 年。

中的词查检起来不方便,认为东巴文字典可以按类排列,但分类要合理,并且加上音标索引;纳西语词典应采用音序法排列,并在末尾加上分类索引。词目安排方面:论文指出立目时要处理好同音词、同形词的分合,异体字、异读字的分合,词性和词目的分合,多义词和同音词的分合。注音方面:洛克采用自己创制的音标注音,指出编纂字词典之前要选择一种方言作为标准音,充分归纳音位,用一套记音符号标音。释义方面:论文对释义体例、方法和术语、义项的划分和排列、例证进行了分析。文字学角度:论文对字和字组进行了区分,对哥巴文进行了研究,对哥巴文的字数和字源进行了分析。论文还将《纳西语英语百科辞典》和其他字典进行了同字比较和同义比较。

第三节　研究的原因和目的

字词典是"民族的和人类的知识的载体、文化的载体"①,对学习和研究纳西族的文化知识起着非常重要的作用,但是目前纳西语字词典还存在一些不足之处,所以需要对现有的字词典进行研究,查找不足的原因,探索更合理的编纂方式。

一、字词典的功用

(一)字词典是学习和研究纳西族语言文字的重要工具

纳西语存在着方言土语的差异,不仅读音有别而且词汇也不尽相同,而词汇是语言的三要素之一,要学习纳西语就必然要学习词汇。纳西语词典收录了大量的词语,可以提高词汇学习的效率,为词汇的研究提供帮助。

东巴文和哥巴文还没有规范,不同时期、地域以及书写人书写的文字形体不完全相同,所以要想全面系统地了解纳西文字比较困难。字典收录了

---

① 许嘉璐:《辞书编纂工作的意义及其面临的问题》,《民主》2007年第7期,第34页。

大量的纳西文字,比如《纳西象形文字谱》中收录了 1000 多个条目,其中绝大多数都是单字,有些字典介绍了文字所属地域,比如《纳西象形文字》,还有些字典介绍了文字的历时变化,如《么些象形文字字典》,此外,字典还对字的意义和形体结构进行了说明,为学习纳西族文字提供了资料。

(二)字词典是阅读纳西东巴文献的重要参照

纳西文字产生之后,常被用来记录东巴经及应用文献,其中东巴经的记录方式比较复杂,有些是逐词记录,还有很多经书采用了以字代词的记录方式,此外,记录用字的选用也存在着用专用字和用假借字的情况,所以文献中字和词的对应关系比较复杂,要阅读文献,首先要判定字所记录的语言单位,而字典对字的释义是判定的重要依据。词是语言中能够独立运用的最小的语言单位,东巴经和应用文献也是由词组成的,要读懂文献需要读懂词语的意义,词典对词语的读音、释义、词性等进行说明,对于理解词义有很大的帮助。所以纳西语字词典是阅读纳西东巴文献的重要参照。

(三)字词典是学习和研究纳西族文化的重要参考

文献是文化的载体,通过文献可以了解纳西族的历史、风俗习惯和文化传承,从而加强对纳西族的认识。此外,纳西文字、词汇也蕴含了大量的文化信息。字词典虽然是对文字词语的解释,但是可以通过对字词的了解去探索文字、词语、文献所传递的文化信息。

二、字词典的不足

字词典对于学习和研究纳西族的语言、文字、文化,阅读文献有着非常重要的作用,所以字词典编纂得是否科学合理、使用效率的高低直接影响着使用者对纳西语言文字的学习和掌握情况。目前已经出版的字词典在很大程度上体现了纳西语词汇文字的情况,能够为学习和研究纳西语和纳西族文化提供一定的佐证,但是仍然存在一些不足之处。

(一)字词典的种类和数量少

目前出版的字词典的数量不多,只有十来本,相对于丰富的语言文字材料来说,字词典的数量相对较少。内容主要涉及纳西文字的解释说明以及常用词的解释,种类较少。比如纳西文献中使用了大量的假借字,而现有的字典对假借字的说明较少。再如文献中运用了大量的虚词,但是在词典中对虚词的说明很少。纳西族具有悠久的历史,积累了丰富的文化,然而有些文化由于太过久远或者缺少记录、传承而使人对其逐渐生疏,而文化类词典又比较匮乏。因此,为了更好地学习和研究纳西族语言文字,研究纳西族文化,就需要编纂更多的、种类更加丰富的字词典。

(二)编纂规则不统一

现有字词典的编纂规则不统一,比如字的排序方式不统一,有的字词典按照义类排序,有的字词典按照字母的顺序排列,有的字词典既使用义类检字法又列出了音序排列表;不同字词典中条目的数量不同;字的归类有差别;条目的内容也不统一。

字词典的数量少造成了很多内容无法查找或查到的信息不全面,编纂规则的不统一造成检字效率不高,所以为了提高字词典的科学性和有效性需要加大字词典的编纂力度,规范字词典的编纂规则。喻遂生就曾指出:"字典和词典是学习研究的工具,也是文化的宝库。现有的李霖灿、方国瑜和洛克的字典各有所长,自有其崇高的历史地位,但也各有其一定的局限。现在可以以《纳西东巴古籍译注全集》为材料,在前人的基础上,编一部收字更齐全,体例更完备的字典。字形方面,应有正体、异体、适当的字源说明和方域差异辨析。语音方面,应有正读、异读和适当的方音辨析。释义方面,应当有本义、引申义、假借义和适当的词源辩证。此外,还应标明出处,见于《全集》某页某行,使读者可以覆按。语言和文字相辅相成,研究东巴文和东巴文化,不了解纳西语不行,但现在没有纳西语词典,这是一个很大的缺陷。

据说木仕华先生编的纳西语词典很快就要出版,但一本还不行,还应有大词典、虚词词典、成语词典等。这项文化建设工程项目迟做不如早做,做出来对纳西文化发展的影响将是巨大而深远的"①。

　　纳西语字词典的编纂是重要的,编纂规则的统一,内容设置的合理也是人们迫切需要的。因此,需要对现有字词典进行研究,了解其不足,探寻解决方法,使字词典的编纂更科学合理。

第四节　相关说明

一、字词典简称

《么些象形文字字典》简称《么象》。

《么些标音文字字典》简称《么标》。

《纳西族象形标音文字字典》简称《字典》。

《纳西象形文字谱》简称《谱》。

《纳西语英语汉语语汇》简称《纳英汉》。

《纳西汉英词典》简称《词典》。

《纳西象形文字》简称《纳象》。

《纳西语常用词汇》简称《词汇》。

《纳西东巴古籍译注全集》简称《全集》。

二、注音方式

文中采用国际音标注音,送气符号为ʰ。

---

① 喻遂生:《纳西东巴文研究丛稿》,成都:巴蜀书社,2003 年,第 7 页。

第一章
纳西象形文字字词典研究

纳西族拥有悠久的历史和灿烂的文化,许多宝贵的财富蕴含于纳西东巴文献中,所以要了解纳西族历史文化,阅读文献必不可少。目前国内外的东巴文献大约有几万册,其中绝大部分使用东巴文书写,所以要阅读文献先要学习东巴文。此外,东巴文本身也具有文化内涵,在东巴文化的传承上具有重要作用,因而学习东巴文十分重要。目前学习东巴文的最重要的辅助工具是字典,东巴文字典不仅具有工具性也兼具学习性,所以东巴文字典在编纂时,不仅收字要尽可能全面,而且释义要尽量准确详细,分析字形也要准确。

目前常用的字典有《纳西象形文字谱》和《么些象形文字字典》,此外《纳西语英语汉语语汇》虽然属于词典,但是收录了许多东巴文,也常用来参照,《纳西象形文字》收录了纳西象形文字的常用字,并且列出了具有地域差异性的字,是学习东巴文的绝好材料,这四本书兼具工具性和学习性,在很大程度上满足了东巴文的查检需求,但仍存在不足之处,所以下文将围绕这四本书展开研究。

第一节　字词典的收字研究

纳西语字典的数量较少,对于学习和研究纳西文化来说远远不够,不仅没有收录历时东巴文的字典,也缺少介绍地域性文字的字典,而且现有的字词典对东巴文的收录和归类也不统一,所以需要对现有字词典进行比较分析,从中吸取经验,查找不足。

"字典这个名称是清代《康熙字典》最初使用的。以往解释文字的构成和字音字义的书通称字书"①,即字典的作用是解释字形、字音和字义,所以编纂字典的首要任务是确定收录的对象。确定收录对象之前,先要明确所要编纂字典的类型和作用。如果编纂详解字典,那么收录的范围应该尽可能广泛,如果编纂特种字典,那么分类要准确,材料也需要详备。作为研究对象的纳西语字词典都属于详解字典,只是它们收录的对象不同:《么象》《纳英汉》收录的对象是东巴经书,《谱》收录的对象是"不同教派的三位东巴教徒"②书写的单字卡片,《纳象》收录的是"常用的单字",因为收录对象不同,所以得出的东巴文的数量也不相同。《么象》中的条目数量是 2120 个,《谱》中有编号的条目数量是 1340 个,加上条目下以及附录中没有编号的字共 1582 个,《纳英汉》中的条目数量是 3414 个,《纳象》的单字有 1000 余个,但这些数字并不代表各字词典所收的东巴文的数量,王娟对前三本纳西语字词典的收字情况进行过分析,认为非单字(字组、非表义字符)、异体字、重收字、假借字和义借字不宜计入收字数,因此统计出《么象》的收字数量是 1453 个,《谱》的收字数量是 1291 个,《纳英汉》的收字数量是 1140 个③。四本辞书都收录了 1000 多个东巴文,说明东巴文的数量有 1000 多个。四部辞书不仅收录的东巴文的数量不同,而且收录的东巴文也不相同,随着文献资料的增加,东巴文的数量可能会有变化,因此在目前这个阶段,确定东巴文的确切数量还比较困难。所以,在编纂东巴文字典时不必过于纠结东巴文的数量,主要任务是确定收字范围和收字类型。

---

① 钱剑夫:《中国古代字典辞典概论》,北京:商务印书馆,1986 年,第 1 页。
② 方国瑜编撰、和志武参订:《纳西象形文字谱》,昆明:云南人民出版社,2005 年,"弁言",第 3 页。
③ 王娟:《纳西东巴文辞书研究——方国瑜、李霖灿、洛克字词典的比较》,北京:民族出版社,2018 年,第 92-97 页。

一、收字范围

喻遂生认为"东巴文大字典"的编纂"从理论上讲,所有的东巴文献都应纳入东巴文大字典的取材范围,但事实上做不到。一是有很多文献没有公开,没有刊布,不可能用。二是东巴经若未经东巴帮助释读翻译,也无法使用",所以资料来源可以包括《全集》,田野调查收集的不同地区的经书和应用文献,《么象》《辞典》《文字谱》中所收的字,各地东巴的补充材料①。除此之外,东巴文字典的编纂还可以将碑刻、题壁等资料纳入其中。近年来,有些学者已经关注了这些资料并对一些石刻进行了校注,比如喻遂生先生对白地阿明灵洞的李霖灿题词进行了考释②,杨亦花、喻遂生对纳西东巴石刻进行了搜集整理③,邓章应对国立丽江师范学校校舍奠基纪念碑上的民族文字进行了考释④,这些文献成果增加了资料的可信度,为文字的收录提供了保障。

二、收字类型

作为收字范围的文献、碑刻、题壁等资料包含了不同类型的东巴文。资料书写于不同时期、收集于不同地域、由不同的书写者书写,所以东巴文具有时间差异、地域差别以及个人特色。不同时期的东巴文不仅数量不同而且字形有差别;由于时间差异和地域差别,很多东巴文都存在异体,在编纂字典时要考虑不同时期的东巴文以及异体字的收录。此外,由于东巴文的数量不满足记录的条件或者为了避免重复等,记录的过程中常用到假借字,

---

① 喻遂生:《〈纳西东巴文大字典〉编纂的几个问题》,《辞书研究》2020 年第 5 期,第 61 页,其中的《辞典》即《纳英汉》。喻遂生所指《文字谱》即《纳西象形文字谱》,书中简称《谱》。
② 喻遂生:《白地阿明灵洞李霖灿题词考释》,《华西语文学刊》2016 年第 2 期,第 66-71+414 页。
③ 杨亦花、喻遂生:《纳西东巴文石刻述略》,《云南社会科学》2013 年第 2 期,第 53-57 页。
④ 邓章应、杨四梅:《国立丽江师范学校校舍奠基纪念碑民族文字考释》,《中国文字研究》2018 年第 2 期,第 173-180 页。

资料中假借字的种类多、数量大,严格来说假借字属于用字的范畴,是否纳入字典的收录范围需要进一步判定。

东巴文的收录还要考虑东巴文的书写特点。有些文献资料中保留了图画表义的记录方式,所以存在合文和字组等特殊的记录方式,收录时要注意区分。

1.不同时期的东巴文

东巴文出现的时间较早,学者们对东巴文产生的时间持不同观点,如徐中舒认为在殷商之前,和发源认为在公元 3 世纪以前,李霖灿认为在明成化以前,方国瑜认为在 11 世纪中叶,和志武认为在 11 世纪北宋中期到 13 世纪的南宋末期①,王元鹿认为东巴文的产生时间早于宋代,并且认同林向萧"至迟也应该在公元三世纪至七世纪之间,甚至还可能在此之前"的观点②,所以东巴文至迟在明成化时期就出现了。不同时期东巴文的数量会有变化,有新字产生也有一些字退出使用,这些字是否要归入收录范围?

字典的目的是对东巴文的形、音、义进行说明,是帮助读者阅读东巴文献,因此无论什么时期的东巴文,只要在文献中出现就应该收录其中。条目中要尽可能地对东巴文所属时期进行说明,《么象》的有些条目就进行了标注,比如条目 149 中写道:"在古本经典中有作 ▲ 者,其下有台基三级,示此山为修筑而成,经典中有'修神山记' $zwa^{55}rwa^{33}tsʰɯ^{55}$,云古时,天地动摇,故修此神山以定天地,颇与'炼石补天'故事有相仿佛处。今日么些巫师摆神座时,中央立犁头一块,云以之代表神山,观古本之作 ▲ 与犁头 ▲ 甚相形似,故知今日之写作 ▲ 者,乃演变之结果,未必为其原形也"③。说明 ▲ 是

---

① 和志武:《纳西东巴文化》,长春:吉林教育出版社,1989 年,第 69—71 页。

② 王元鹿:《汉古文字和纳西东巴文字比较研究》,上海:华东师范大学出版社,1988 年,第 4 页。

③ 李霖灿编著、张琨标音、和才读字:《么些象形文字 标音文字字典》,台北:文史哲出版社,1972 年,"象形文字字典",第 15 页。

较早时期的字,只是字形发生了演变。

2.异体字的收录

东巴文中的异体字数量多,形成原因较为复杂。周斌曾经对异体字的形成原因进行了探讨,认为东巴文自身的原因如记意以及意音表词法、符号化水平低下以及形体不规则,外部因素如造字者居住的地域差异,观察视角的不同,时代的差异,学识、能力、书写风格及审美标准的差异等都会导致异体字的产生①,所以异体字对于了解东巴文的结构方式、历时变化、地域差异、个人书写风格有重要的作用,所以喻遂生认为东巴文大字典应"适当地多收异体"②。异体字应该都归入一个条目。

异体字有广义和狭义之分,狭义的异体字指读音、意义完全相同而形体不同的一组字,广义异体字指读音、意义完全或部分相同,形体不同的一组字。对东巴文而言,采用广义的概念可能更适用。首先,纳西语存在方言土语的区别,作为记录纳西语的东巴文的读音也会存在地域差异,比如 ,《字典》的注音是 mba^{31},《谱》的注音是 ba^{21},声母和声调都不相同,所以难以达到读音完全相同;其次,释义原则和方法没有规范,同一东巴文不同编纂者可能会有不同的释义,比如 149 ,《么象》的注释为"此么些经典中之神圣之山"③,《谱》(111 条)的注释为"'居那什罗'山也,传说之大神山"④,所以要达到意义完全相同存在困难。此外,在判定东巴文异体字时还要对"形体不同"进行限定,东巴文的书写没有规范,字的部件的位置不固定,笔画的写法也存在差别,东巴文的类型没有发生变化,不属于异体字的范畴。

---

① 周斌:《东巴文异体字形成原因初探》,《西北民族大学学报》(哲学社会科学版),2005 年第 5 期,第 153–156 页。

② 喻遂生:《〈纳西东巴文大字典〉编纂的几个问题》,《辞书研究》2020 年第 5 期,第 62 页。

③ 李霖灿编著、张琨标音、和才读字:《么些象形文字 标音文字字典》,台北:文史哲出版社,1972 年,"么些象形文字字典",第 15 页。

④ 方国瑜编撰、和志武参订:《纳西象形文字谱》,昆明:云南人民出版社,2005 年,第 127 页。

另外,有些异体字可能仅在一段时间内存在,但是因为东巴文断代非常严重,演变脉络难以梳理,只能从广义的角度判定这些字是异体字。因此,从广义出发判定现有字词典中的异体字可能更适合东巴文的性质特点。

3.假借字的收录

假借字可分为本有其字的假借和本无其字的假借。本无其字的假借主要为了弥补东巴文数量的不足,本有其字的假借主要为了"别音义、避重复、求新奇、不规范、仿古"①。本有其字的假借属于用字范畴,没有产生新字,在编纂字典时不应列为新的条目。本无其字的假借借用的是已有的东巴文,所以东巴文的数量也没有增加,而且假借字和语言单位的关系并没有全部固定,不同的书写者可能会采用不同的假借字,不同时期采用的假借字也会存在差异,假借字还存在着地域差异,甘露在《纳西东巴经中假借字的地域研究——以白地、丽江、鲁甸为例》②中对假借字的地域差异进行过分析,指出从书写风格来看,白地、丽江、鲁甸三地的经书形成了由疏渐密的大致趋势,假借字的数量与字的疏密程度成正比;三地相同内容的经书,所用东巴文的数量、字词对应关系、假借字数量和所用被借字等方面均有一定差异。所以,本无其字的假借字也不宜作为单独条目,但是对于和语言单位关系固定的假借字可以在相关条目中予以说明。

4.字组的处理方式

东巴文"是一种比上述各种文字处于更为原始的阶段上的文字"③,在记录时经常会将几个字合写在一起,傅懋勣先生对此进行过说明"利用几个

---

① 喻遂生:《纳西东巴文本有其字假借原因初探》,《中央民族大学学报》(哲学社会科学版)2002 年第 1 期,第 123 页。
② 甘露:《纳西东巴经中假借字的地域研究——以白地、丽江、鲁甸为例》,《昆明学院学报》2009 年第 5 期,第 117–121 页。
③ 王元鹿:《汉古文字和纳西东巴文字比较研究》,上海:华东师范大学出版社,1988 年,第 3 页。

形象合成字组,这种字组内部各部分之间一般有互相依赖的关系——这种字组有一些是以一个形体为主,附加上其他成分,可称单字字组。另有一些是两个字组单的连合,可称复合字组"①。文献中经常出现字组,有时很难和单字区分,所以在编纂东巴文字典的过程中难免会将字组列为条目。

喻遂生也对"字组"进行了界定"'字组'指几个独立的字在记录语言(词、词组、语句)时构成的组合,这种组合在汉古文字研究中称作合文"②。实际操作中字和字组很难区分,喻遂生先生指出"字组和合体字的区别在于,合体字的音义,不等于构成这个字的各偏旁的音义的简单相加,而字组的音义则由构成这个字组的各个字的音义加合而成",并提出了六个划分字和字组的标准③,王娟指出,应该以东巴文所对应的语言单位是否为词或语素为标准来区别字和字组④。学者们的研究使划分字和字组更加有据可循,但完全区分仍然存在难度。

5.标志符号

东巴经的开头常有 、、、 等标志符号,《么标》中将这种标志符号作为单独的条目列出,但是这些符号不表意义,不属于东巴文,不应作为字典的条目。

三、字词典的收字范围及类型

1.《么象》的收录情况

《么象》收录的东巴文类型如下。

①　傅懋勣:《纳西族图画文字和象形文字的区别》,载郭大烈、杨世光主编《东巴文化论集》,昆明:云南民族出版社,1985 年,第 107 页。
②　喻遂生:《纳西东巴文研究丛稿》,成都:巴蜀书社,2003 年,第 25 页。
③　喻遂生:《纳西东巴文研究丛稿》,成都:巴蜀书社,2003 年,第 25-30 页。
④　王娟:《从东巴文字典所收字条音义看单字与非单字的划分标准》,中央民族大学学报(哲学社会科学版)2017 年第 1 期,第 135-139 期。

（1）古今字。比如条目 28 中注明"此字古写作 ，象中黑无光之形，遂演变成为 形"。

（2）异体字。比如条目 1 的注释中列出了另外两种写法，一种是 ，并说明是"丽江东山江边一带版本之一种特征"，另一种是 。第一个异体字笔画的写法发生了变化，第二个异体字构字部件发生了变化。

再如条目 266 ，注释为"[gɯ³³]饱也，象人腹中充满食物之形。此字有写作 及 者，唯后一形须注意使勿与 之一字相混"。

（3）字组。比如条目 142 （山脚），注释为"[ndʐo³¹ kʰɯ³³]山脚也。上画一山，下有一脚 字，合而作山脚解，或写作 及 "。说明条头是由 和 组成的字组。

再如条目 243 ，注释为"[ro³¹ tɯ³³]么些一部经典之名也。此字由 神与 字合成，么些人常用此种手法以省笔画，此为么些经典中主要之一部，大小法仪，皆须先诵此部经典也。"根据条目解释，此条头为 和 的组合。

（4）假借字。比如条目 95 说明"常借此字之音作'下来'解"。

再如条目 255 ，条目内容为"[za³¹]下也，象人下降之形。有时以 字代替本字，因其音相同也"。

（5）地域字。《么象》中有一类为"若喀字类"，收录的是若喀地区特有的东巴文。此外，《么象》还收录了其他地域的东巴文，比如条目 303 ，注释说明"此种写法见之于鲁甸一带"。再如条目 318 ，注释说明"此字仅见于<u>丽江</u>一带"。

条目还列出地域字的区别特征,比如条目 360 的注释写道"有人以视线长者为'见' ,短者为'看' ,此种区分法见于<u>丽江</u>一带。有人以视线像及物者为'见',写作 ,不及物者为'看',写作 ,而不论其视线之长短,此种区分法见于<u>鲁甸</u>一带"。

(6)音字类。藏语音字类。《么象》专门将藏语音字列为一类,"此类字皆于经咒中作音符用,未有意义,故此类字只有形、音,而无释义"。此外,在宗教类中也收录了藏语音字,如条目 1804 ,注释为"'六字真言'也(唵、嘛、呢、叭、咪、吽)。纳西经中亦有之"。

哥巴文。例如条目 1616 ,注释为"说也。此音字之一,然常见于经典中,坿记于此"。

(7)字头。条目 1711 的注释为"'字头'也。在写文字之先,必须先写此一符号。当地人称之曰'字头'。纳西经典之开头,例有此字,每新起一段时,亦常用之。此字不读音,只作一经文开始之符号,其字源颇似由藏文'字头' 演变而来,在纳西经典中有 各种写法。近日曾见以 等符号写于经文之末者,盖倒 字头为'字尾'之用也"①。

(8)资料中出现的其他东巴文,如常用词的东巴文和专有名词的东巴文等。

有些条目的设立仍需斟酌,主要表现为以下内容。

① 李霖灿编著、张琨标音、和才读字:《么些象形文字 标音文字字典》,台北:文史哲出版社,1972 年,"么些象形文字字典"第 131 页。

异体字的条目设立标准不同一。有些异体字被归入一个条目,比如条目 361 (见),注释说明"或略人而只做"。但是有些异体字却被列入不同的条目,比如条目 28 和条目 39 都表示"西方",并且在注释中说明了这两字为异体字,应该归入一个条目。

归类不彻底。比如若喀字类收录的是若喀地区的文字,所有若喀地区的东巴文都应该归入这一类,但是在其他类中也收录了若喀地区的东巴文,比如若喀字不仅出现在"若喀字"类中,在其他类中也出现了,比如条目 26 ,注释为"黑道日也,不吉之日也。见于占卜经中,永宁埒近之若喀字中亦有之⋯⋯"

2.《谱》的收录情况

(1)异体字。例如条目 101 的注释为"烧山也,从坡起烟火。又作、,火烟熳山也。"说明和是的异体字。再比如条目 614 的注释为"be^{33}。做也,从人锄地。又作、、,省人",说明和、、为一组异体字。条目 841 的注释为"be^{33}。做也,工作也,从锄挖地。又作、",说明和和为异体字。两个条目中的几个字虽然互为异体字,但是分立了条目。

(2)字组。例如条目 99 (山脚),注释为"[dʑy^{31} kʰɯ^{33}]山麓也"。

(3)资料中出现的其他东巴文,如常用词的东巴文和专有名词的东巴文等。

《谱》的收字范围和《么象》不同,比如一些古字没有收录,比如、等。另外,对东巴文所属地域没有说明。条目的设立中异体字的处理方式不同,有些被分别立目,有些被列为一个条目。

3.《纳英汉》的收录情况

《纳英汉》的收录范围广泛，条目中既有东巴文也有字组和语句，所以需要对东巴文条目进行甄别，李晓亮对《纳英汉》的收字情况进行过统计，单字的数量是 1128 个，字组的数量是 139 个[1]。下文将对《纳英汉》中的收录情况进行说明。

（1）异体字。比如 7[2] 和 7 ，的注音为 ^{2}ān-^{1}ho 或 ^{2}ā-^{1}ho，释义为"一种悬钩子属植物（拉丁名 Rubus spp.）。"的注音为 ^{2}ān-^{1}ho，释义为"一种悬钩子属植物（拉丁名 Rubus spp.）。"两个字的读音相同，释义相同，字形不同，属于异体字，被列为了不同的条目。

再如 28 和 29 ，的注音是 ^{1}bbŭe-^{2}liü，释义为"起源"，的注音和释义与相同，所以和是异体字关系，两者的声符不同。

（2）字组。例如 369 ，注释为 ^{2}mùan ^{2}t^{h}u ^{1}dü ^{2}k^{h}u 开天辟地，是由 、 、 组合而成的。

（3）假借字。条目中没有专门指明"假借字"，但是可以根据释义内容进行推断。例如 27 ，几个义项分别是"^{2}bbŭe. Artemisia 艾蒿""^{3}bbŭe. Come forth 出现，显现""^{3}bbŭe. To migrate；wander. 移居；游荡""^{3}bbŭe. Kernel of a seed. 一个果实的核""^{2}bbŭe. To change；transform. 改变；变形""^{1}bbŭe. To send；as a message. *See RKMGMG*，P.25. 送，如送信。见 *RKMGMG*，第 25 页"。 是"艾蒿"的象形，第一个义项是本义，其他几个义项的读音相同或相近，与本义没有联系。这些义项都可以用来记录，说明可以作为假借字记录除本义之外的义项。

---

① 李晓亮:《洛克〈纳西语英语百科辞典〉研究》，西南大学硕士论文，2011 年，第 46、138 页。
② 《纳英汉》中条目没有标号，文字前面的标号指的是页数，下同。

(4)同形字。这里指"假借字"之外的同形字。例如 16 🐇 的释义为"一朵花""任何放入碗中的菜肴；如果放入盘中则称为^{1}dze"；"绽放（如花朵)"，这几个义项代表不同的词，🐇是表示不同的词的形体相同的字。

(5)资料中出现的其他东巴文,如常用词的东巴文、专有名词的东巴文等。

东巴文条目中列出了出处,但是没有说明文献的书写时间和收集地域,所以东巴文的时间、地域信息没有明确。异体字被分为了不同的条目,对假借字没有明确说明。

4.《纳象》的收字情况

(1)字头。条目的开头列出最常见的字,如图 1.1 所示。

图 1.1　第 56 页

并在下方注明"在书写纳西象形文字之前先,一般应写一个装饰性的字头,示意一段文字的开始,不读音。字头的图案可繁可简,以上是常见的写法。"

(2)地域字。没有单独立目,只是在每个条目中列出"具有代表性的字

形",将"结构上差异显著的字形予以分别列出",并在字的右下角标注数字
以区别字的地域归属,如图 1.2 所示。

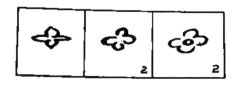

图 1.2　第 87 页

后两个字的右下角标注"2",说明这两个字见于丽江宝山、大具、鸣音、
大东及中甸三坝、木里俄亚等地。

(3)假借字。没有单独立目,而是将假借义置于东巴文的注释中,虽然
没有明确标明"假借字",但是通过注释可以判定这些字可以作为假借字用
于记录文献,如图 1.3 所示。

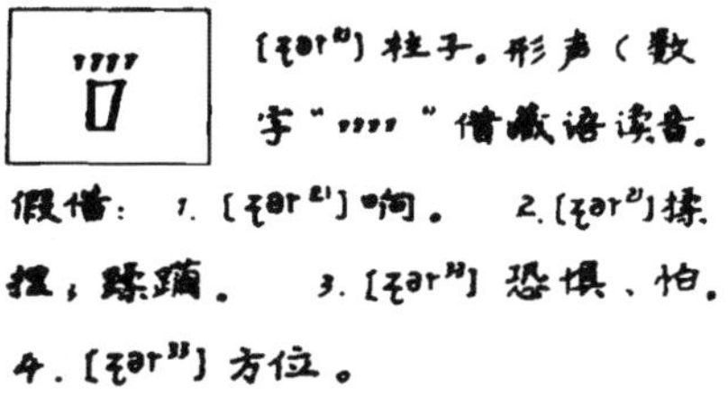

图 1.3　第 93 页

通过注释可以得出,𝖀 可以作为"响""揉捏;蹂躏""恐惧、怕""方位"
的假借字,其中前两项属于同音假借,后两项属于近音假借。

(4)异体字。如图 1.4 所示。

图 1.4　第 84 页

ᘔ和ᘕ是异体字,虽然两者都是象形字,但是字素的数量不同。

(5)义借字。没有单独立目,如图 1.5 所示。

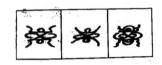

图 1.5　第 85 页

注释中第一个义项是"[hæ²¹]金子。象物(金制首饰)",第二个义项是"[ʂ̩²¹]黄色,象意"。"黄色"的东巴文和"金子"的东巴文相同,是义借字,因为没有产生新字,所以仅将"黄色"的义项列于"金子"的东巴文下。

(6)其他东巴文。《纳象》以东巴文为条目,对地域字进行了说明,并且将异体字收录到一个条目中,喻遂生评价道"木琛(2003)《纳西象形文字·字表》略具字典的雏形,该字表较多地采用了以单字带字组的方式,字组退格排列,眉目清楚,可以借鉴"①。

除《纳象》外,《么象》《谱》《纳英汉》中的异体字都存在分别立目的情况,《纳英汉》中的异体字容易辨识,因为此书中东巴文是按音序排列的,异体字的读音相同或部分相同,异体字一般排列在一起。《么象》和《谱》中有些异体字也分别立目,并且相隔较远,这样设立的原因可能是还考虑到了字形的因素。

第二节　字典中东巴文的分类

四本辞书都将收录的东巴文进行了排列,其中《么象》和《谱》按义类对东巴文进行排列,《纳英汉》按照字母的顺序对东巴文进行了排列,《纳象》将东巴文分为了 16 部分,每一部分用序号标出。《么象》和《谱》的义类都有

_____

① 　喻遂生:《〈纳西东巴文大字典〉编纂的几个问题》,《辞书研究》2020 年第 5 期,第 59 页。

名称,可以比较系统地了解这两本字典中东巴文的归部情况,《纳英汉》中东
巴文的排列情况比较清晰,但《纳象》中东巴文的分类情况不太明确,所以下
文先对《纳象》各类的东巴文收录情况进行统计,再分析其他字词典中东巴
文的分类情况。

一、《纳象》各类收字统计

"1"中收录的是数字类(13 个)。文尾列出"东巴经中常见的数字表示
方法举例"。

"2"中收录的是天象类(6 个)、动作类(1 个)、地理类(11 个)、时令类
(4 个)、植物类(4 个)、神山类(1 个)、神树类(1 个)、神石类(1 个)、神海类
(1 个)、燃烧类(2 个)、颜色类(1 个)、人名类(2 个)、神名类(2 个)、宗教类
(3 个)、鬼神类(1 个)、建筑类(3 个)、餐具类(1 个)、食物类(1 个)。

"3"中收录的是副词类(1 个)、语气词类(2 个)、助词类(1 个)、动作类
(12 个)、方向类(1 个)、形态类(7 个)、人称类(3 个)、飞禽类(3 个)、人体
类(2 个)、地理类(2 个)、走兽身体类(2 个)、人体类(4 个)、植物类(3 个)、
食物类(3 个)、建筑类(3 个)、生活用具类(7 个)、武器类(1 个)、宗教类(1
个)、颜色类(2 个)、走兽类(5 个)、昆虫类(1 个)。

"4"中收录的是动作类(15 个)、形状类(5 个,P90 颤抖)、人称类(4
个)、长度类(1 个)、人称类(9 个)、民族类(3 个)、神名类(5 个)、职位类(3
个)、宗教类(1 个)、鬼类(6 个)。

"5"中收录的是金属宝石类(6 个)、颜色类(2 个)、宗教类(3 个,魂
魄)、形状类(6 个)、神名类(1 个)、生活用具类(5 个)、存现类(1 个)、服饰
类(1 个)、书写类(1 个)、乐器类(1 个)、武器类(1 个)、制衣工具类(1 个)、
农具类(5 个)、建筑类(2 个)、人体类(10 个)、走兽身体类(11 个)、量词类
(1 个)、植物类(2 个)、动作类(3 个)。

"6"中收录的是生活用具类(2 个)、动作类(15 个)、生活用具类(1
个)、金属宝石类(2 个)、生活用具类(1 个)、武器类(1 个)、农具类(1 个)、
量词类(2 个)、形状类(5 个)、颜色类(1 个)、动物身体类(1 个)、服饰材质
类(1 个)、餐具类(3 个)、食物类(1 个)、神名类(5 个)、制衣工具类(1 个)、
建筑类(1 个)。

"7"中收录的是地理类(12 个)、植物类(25 个)、时令类(1 个)、形状类
(1 个)、医药类(3 个)、动作类(1 个)。

"8"中收录的是人称类(1 个)、走兽类(25 个)、动作类(1 个)、形状类
(1 个)、飞禽类(10 个)、水中生物类(6 个)。文尾列出"农历月份的称谓"
"季节的称谓""十二支属""方位名称"。

"9"中收录的是生活用具类(18 个)、食物类(3 个)、餐具类(1 个)、宗
教类(1 个)、动物身体类(1 个)、植物类(1 个)、地理类(1 个)、乐器类(1
个)、形状类(3 个)、水中生物类(1 个)、动作类(4 个)、食物类(1 个)、服饰
类(7 个)。

"10"中收录的是天象类(8 个)、动作类(3 个)、形状类(3 个)、地理类
(2 个)、建筑类(5 个)、人体类(11 个)。

"11"中收录的是农具类(4 个)、动作类(37 个)、食物类(2 个)、形状类
(3 个)、生活用具类(4 个)、餐具类(2 个)、武器(3 个)、职位类(1 个)。

"12"中收录的是动作类(34 个,P135 走异体字)、形状类(7 个)、人体类
(1 个)、疾病类(3 个)、人称类(10 个)、宗教类(1 个)、民族类(11 个)。文
尾附"东巴经中常见的民族、人种名称""东巴经中常见的亲属称谓"。

"13"中收录的是飞禽类(17 个)、水中生物类(1 个)、走兽类(6 个)、神
兽类(1 个)、走兽身体类(7 个)、飞禽身体类(9 个)、动作类(1 个)、昆虫类
(6 个)、鬼类(1 个)、形状类(1 个)、疾病类(1 个)、植物类(10 个)。

"14"中收录的是人体类(4 个)、动作类(12 个)、形状类(5 个)、武器类
(2 个)、神名类(1 个)。

"15"中收录的是天象类(7个)、地理类(5个)、形状类(3个)、燃烧类(2个)、建筑类(1个)、金属宝石类(1个)、服饰类(6个)、梳洗用具类(1个)、生活用品类(11个)、农具类(5个)、武器类(2个)、动作类(3个)、食物类(2个)。文尾附"东巴经中的28宿名称"。

"16"中收录的是宗教类(50个)、语气词类(1个)、神名类(8个)、人称类(1个)、鬼类(8个)。文尾附有"常见的纳西民俗及东巴教祭祀仪式名称"。

以上分析说明《纳象》每一部分收录了不同类别的东巴文,虽然有的部分包含了较多的同类字,但是也收录了其他类别的字,各部分不是按照义类划分,划分标准是字形的难易程度以及字形的相关性。

二、《么象》和《谱》的分类

喻遂生在《〈纳西东巴文大字典〉编纂的几个问题》一文中指出,"东巴文大字典宜按义类编排,这样至少有两个优点。一是东巴文象形性强,大多数字读者即使不认识,但根据字形(如动物、植物、人体、动作)就可以马上确定其类别,较为方便实用。二是同类字排在一起,以类相从,触类旁通,便于学习和研究。但义类如何划分,需要仔细研究",列出《么象》和《谱》中的分类以及王娟提出的14类,指出"以上三种分类,这里不拟详细评说。但《么象》将'建筑数目动作等'归为一类,缺乏内在的逻辑性,且又显得驳杂。将涉及宗教的字分为宗教、鬼怪、多巴龙王、神4类,又似太分散,至少可以将多巴(东巴)归入宗教,将龙王归入神类;如果将很多鬼神专名另编入专名词典,以上4类甚至可以归为宗教一类。王娟的分类在东巴文作为宗教经典文字的特点和字典使用的方便性方面考虑不够,如将鬼神归入抽象物,与数目字同类,将宗教用品归入器用类,将天文地理合为自然物类,将人体器官和动物器官合为生物部分类,而植物的部分如树干、树枝、叶、花等又未从植物中分出,等等。比较而言,我们认为《文字谱》的分类总体上还是合理的,可以在此基础上斟酌完善"①。喻遂生的观点是比较符合东巴文特点的,但也指出现有的分类仍然存在一些不足,所以下文会对《么象》和《谱》的分类情况进行分析。

《么象》和《谱》都把东巴文分为了十八类,每类中包含了不同类型的东巴文。

1.《么象》的分类情况分析

(1)"天文类"收录的是天体类、天象类、时令类词语的东巴文以及在这些东巴文的基础上形成的东巴文。

(2)"地理类"收录的是土地类、山川类、石类、道路类词语的东巴文以及在这些东巴文的基础上形成的东巴文。

(3)"人文类"收录的是人的命名类、动作类、方位类、形状类、疾病类、治病方式类、人称类、人名类、职位类、民族类、镜类词语的东巴文以及在这些东巴文的基础上形成的东巴文。

(4)"人体类"收录的是人体类、动作类、形状类以及在这些东巴文的基础上形成的东巴文。

(5)"鸟类"收录的是飞禽类、飞禽身体类、飞禽动作类词语的东巴文以及在这类东巴文的基础形成的东巴文。

(6)"兽类、昆虫等垰"收录的是走兽类、走兽身体类、人的命名类、形状类、方向类、昆虫类、水中生物类词语的东巴文以及以这类东巴文为基础形成的东巴文。

(7)"植物类"收录的是树木类、形状状类、动作类、花草类词语的东巴文以及以这类东巴文为基础形成的东巴文。

(8)"用具类"收录的是农具类、家具类、动作类、形状状类、称量类、乐器类、学习类、梳洗用具、劳动工具类、书写类、交通工具类词语的东巴文以

① 喻遂生:《〈纳西东巴文大字典〉编纂的几个问题》,《辞书研究》2020 年第 5 期,第 58-70 页。

及以这类东巴文为基础形成的东巴文。

（9）"饮食类"收录的是餐具类、食物类、动作类、形状类、烹饪方式类、燃烧类词语的东巴文以及以这类东巴文为基础形成的东巴文。

（10）"衣饰类"收录的是服饰类、制作工具类、动作类、服饰材质类词语的东巴文以及以这类东巴文为基础形成的东巴文。

（11）"武器类"收录的是武器类、武器材质类、动作类词语的东巴文以及以这类东巴文为基础形成的东巴文。

（12）"建筑、数目、动作等类"收录的是建筑类、形状类、数目类、动作类、颜色类词语的东巴文以及以这类东巴文为基础形成的东巴文。

（13）"'若喀'字类"收录的是"若喀"地区书写使用的东巴文。

（14）"'古宗音'字类"收录的是和世俊创制的用来记录藏文经典之音的文字，收录的字只有形、音，没有意义。

（15）"宗教类"收录的是神类、宝物类、宗教符号类、法器类、宗教建筑类、宗教语言等词语的东巴文。

（16）"鬼怪类"收录的是鬼类词语的东巴文。

（17）"'多巴'龙王类"收录的是多巴类、多巴的动作类、龙王的名称类词语的东巴文。

（18）"神类"收录的是神名的东巴文。

2.《纳西象形文字谱》的分类情况分析

（1）"天象之属"收录的是天体类、天象类、时令类词语的东巴文。

（2）"地理之属（方向附）"收录的是土地类、山川类、地名类、金属宝石类、燃烧类、方向类词语的东巴文以及与这些词语意义有关的东巴文。

（3）"植物之属"收录的是树木类、花草类、神树类词语的东巴文以及以这类词语为基础形成的东巴文。

（4）"飞禽之属"收录的是飞禽类、飞禽的身体部位类、飞禽的动作类、神鸟类词语的东巴文。

（5）"走兽之属"收录的是走兽类、动作类、形状类、走兽身体名称类词语的东巴文以及以这类词语为基础形成的东巴文。

（6）"虫鱼之属"收录的是昆虫类、水中生物类、形状类、蛇类、神虫类词语的东巴文。

（7）"人称之属"收录的是人的命名、人名类、人称类、职位类、民族类等词语的东巴文以及与这类词语意义有关的东巴文。

（8）"人事之属"收录的是人的动作类、形状类、疾病类、治病方式类词语的东巴文以及以这类字为部件形成的东巴文。

（9）"形体之属"收录的是人的身体部位类、形状类、动作类词语的东巴文以及以这类字为部件形成的东巴文。

（10）"服饰之属"收录的是服饰材料类、制衣工具类、服饰类、梳洗用具类词语的东巴文。

（11）"饮食之属"收录的是动作类、劳动工具类、餐具类、烹饪方式类、食物名称类词语的东巴文以及以这类字为部件形成的东巴文。

（12）"居住之属"收录的是建筑工具类、动作类、建筑名称类词语的东巴文以及以这类字为部件形成的东巴文。

（13）"器用之属"收录的是家具类、牲畜用品类、学习类、称量类、乐器类、兵器类、动作类、劳动工具类词语的东巴文以及以这类字为部件形成的东巴文。

（14）"行止之属"收录的是道路类、交通工具类、动作类词语的东巴文以及以这类字为部件形成的东巴文。

（15）"形状之属"收录的是形状类、动作类、颜色类词语的东巴文。

（16）"数名之属"收录的是数量词类词语的东巴文。

（17）"宗教之属"收录的是祭祀用品类、祭祀活动类、神职人员类、占卜类、神名类、鬼类词语的东巴文。

（18）"传说古人名号"收录的是古人名号类词语的东巴文。

3.《么象》和《谱》的分类比较

《么象》和《谱》的分类情况不尽相同，为了更好地说明两本字典的分类情况，表中列出了两本字典的分类情况，如表 1.1 所示。

表 1.1　《么象》和《谱》的分类情况

类别 ＼ 字词典	《么象》	《谱》
天体类	天文类	天象之属
天象类	天文类	天象之属
时令类	天文类	天象之属
方向类	天文类，兽类、昆虫等坰	地理之属（方向附）
在"天"的东巴文基础上形成的字	天文类	
土地类	地理类	地理之属（方向附）
山川类	地理类	地理之属（方向附）
石类	地理类	地理之属（方向附）
道路类	地理类	行止之属
人的命名	人文类，兽类、昆虫等坰	人称之属
形状类	人文类，人体类，兽类、昆虫等坰，用具类，饮食类，建筑、数目、动作等类	人事之属、走兽之属、虫鱼类、形体之属、器用之属、形状之属
动作类	人文类，人体类，兽类、昆虫等坰，用具类，饮食类，衣饰类，武器类，建筑、数目、动作等类	人事之属、走兽之属、形体之属、饮食之属、居住之属、行止之属、形状之属
方位类	天文类，人文类	地理之属（方向附）
人称类	人文类	人称之属
人名类	人文类	人称之属

续表

类别 \ 字词典	《么象》	《谱》
职位类	人文类	人称之属
民族类	人文类	人称之属
疾病类	人文类	人事之属
治病方式类	人文类	人事之属
镜类	人体类	服饰之属
人体类	人体类	形体之属
飞禽类	鸟类	飞禽之属
飞禽身体类	鸟类	飞禽之属
飞禽动作类	鸟类	飞禽之属
神鸟类	鸟类、宗教类	飞禽之属
走兽类	兽类、昆虫等拼	走兽之属
走兽身体类	兽类、昆虫等拼	走兽之属
昆虫类	兽类、昆虫等拼	虫鱼之属
水中生物类	兽类、昆虫等拼	虫鱼之属
蛇类	兽类、昆虫等拼	虫鱼之属
神虫类	兽类、昆虫等拼	虫鱼之属
树木类	植物类	植物之属
花草类	植物类	植物之属
劳动工具类	用具类	器用之属
家具类	用具类	饮食之属、器用之属
学习类	用具类	器用之属
称量类	用具类	器用之属
乐器类	用具类	器用之属
梳洗用具类	人文类、用具类	服饰之属
交通工具类	用具类	行止之属
餐具类	饮食类	饮食之属
食物类	饮食类	饮食之属

续表

字词典 类别	《么象》	《谱》
烹饪方式类	饮食类	饮食之属
服饰类	衣饰类	服饰之属
服饰材质类	衣饰类	服饰之属
制衣工具类	衣饰类	服饰之属
武器类	武器类	器用之属
武器材质类	武器类	器用之属
建筑类	建筑、数目、动作等类	居住之属
数目类	建筑、数目、动作等类	数名之属
颜色类	建筑、数目、动作等类	形状之属
建筑工具类	用具类	居住之属
祭祀用品类	宗教类	宗教之属
祭祀活动类	宗教类	宗教之属
神职人员类	"多巴"龙王类	宗教之属
占卜类	人文类	宗教之属
鬼类	鬼怪类	宗教之属
多巴的动作类	"多巴"龙王类	宗教之属
龙王的名称类	"多巴"龙王类	
神名类	神类	宗教之属、传说古人名号
金属宝石类	衣饰类、武器类	地理之属（方向附）
燃烧类	饮食类	地理之属（方向附）
"若喀"字类	"若喀"字类	
"古宗音"字类	"古宗音"字类	

通过上表可以清晰地得出《么象》和《谱》的类别名称、归类情况。

（1）《么象》和《谱》的类别不完全相同，比如"若喀"字类、"古宗音"字类仅在《么象》中有，《谱》中没有。

（2）《么象》和《谱》的类别名称不完全相同，比如《么象》中的"衣饰类"，《谱》中与之相关的是"服饰之属"，《么象》的"建筑、数目、动作等类"，《谱》中对应的是"居住之属"。

（3）《么象》和《谱》的归类原则存在差异。《么象》中将表示"建筑"、"数目"、"动作"等的东巴文合并为"建筑、数目、动作等类"，《谱》中则分别归为"居住之属"、"数名之属"以及"行止之属"。《么象》将几类东巴文合并为一类可能是基于字数的考虑。"建筑、数目、动作"类共收录东巴文 117个，其中"建筑"类东巴文有 23 个，"数目"类东巴文有 21 个，"动作"类东巴文有 73 个，分别归类会造成每一类的东巴文数量减少。《么象》的这种归类方式虽然减少了类别数量，但是模糊了类别特征，使类别属性变得不显著。

（4）相同义类中收录的字的数量也不相同，比如"饮食"类是《么象》《谱》中都有的义类，但是三部字词典收字的数量和具体类别不同：《么象》中的"饮食"类收录了 116 个字，包括容器、食物名称、做饭方式等；《谱》的"饮食"类中收录了 147 个字，包括劳作工具、容器、做饭方式、食物名称等。

（5）东巴文的归类存在差异，同一个东巴文在《么象》和《谱》中可能会归入不同的类别，比如形态类、动作类的东巴文在《么象》中归入"人文类"，在《谱》中归入"人事之属"；天体类、天象类、时令类的东巴文以及以这类字为基础形成的东巴文在《么象》中归入"天文类"，在《谱》中归入"天象之属"。

第三节　东巴文的归类研究

《么象》和《谱》中有些东巴文是相对应的，王娟曾对《么象》《谱》《纳英汉》的字头进行了比较，通过对比三部辞书字头的字形，得出"三部辞书字形上相互对应的共 1065 组"，"其中《谱》、《么典》、《洛典》字头对应的有 650组，占相对应字头数量的 61%。《谱》和《么典》字头对应的有 993 组，占相对应字头数量的 93%"①,但是相同的东巴文在《么象》和《谱》中的归类不完全相同。

一、《么象》中"天文类"字在《谱》中的归类情况

下文的书写规则是先列出《么象》中的东巴文,字的前方标出该东巴文在《么象》中对应的条目编号。如果该字存在异体字,就将异体字也列出。之后,列出《谱》中对应的东巴文,东巴文前面的数字是《谱》中对应的条目编号。如果《谱》中东巴文的字形和《么象》中的某个字形相同,就在《么象》相应的字形后用括号标出《谱》中对应的条目编号。

1.归入"天象之属(时令附)"

(1)自然现象类名词的东巴文

例如 1 ⌣（天）,《么象》还收录了 ⌣、⌢,《谱》除以上三种写法外还收录了 1 ⧖;21 ⌁（雷）,《谱》收录的是 21 ⧗;22 ⊕（日,也可表示时间）（《谱》2）,《谱》还收录了 2 ⊕;43 ☾（月,也可表示月份之月）（《谱》3）,《谱》还收录了 3 ▱;59 ∘ ⌒ ∘（星）（《谱》4）;100 ℓℓℓ（雨）（《谱》14）;103 ⌁ ⌁（雪）（《谱》17）;105 ⌇（云）（《谱》11）,《么象》还收录了 ⌇、⌇,《谱》还收录了 11 ⌇、⌇、⌇;109 ∭（雹）,《谱》收录的是 16 ℓℓℓ、ℓℓℓ、ℓℓℓ、ℓℓℓ;110 ⋿（电）,《谱》收录的是 19 ⋀⋀、⋿、⋿;112 ⋀（虹）,《么象》还收录了 ～,《谱》收录

① 王娟:《纳西东巴文辞书研究——方国瑜、李霖灿、洛克字词典的比较》,北京:民族出版社,2018 年,第 97 页。王娟这里所称的《么典》指的是《么象》,《洛典》指的是《纳英汉》。

的是 13 、、、等。

（2）时间名词的东巴文

例如 7 （春天三月或春天），《么象》还收录了 99 （释为"春三月"），《谱》收录的是 60 ；8 （夏天三月或夏天）（《谱》61），《么象》还收录了 101 ，《谱》还收录了 61 ；9 （秋）（《谱》62），《么象》还收录了 102 ，《谱》还收录了 62 ；10 （冬）（《谱》63），《么象》还收录了 104 ，《谱》还收录了 63 ；25 （正午），《谱》收录的是 67 等。

（3）天象类词语的东巴文

例如 4 （晴），《谱》收录的是 32 、；6 （天上生满星）（《谱》29）；19 （天下初出的白色一圈），《谱》收录的是 46 ；20 （天下初出的黑色一圈）（《谱》45）；32 （云绕起太阳），《谱》收录的是 51 ；40 （太阳由坡头出来），《谱》收录的是 47 ；42 （太阳由坡后落下），《谱》收录的是 48 ；51 （云围绕月亮），《谱》收录的是 52 ；54 （月亮光）（《谱》43）等。

（4）和太阳有关的动作行为的东巴文

35 （晒太阳）（《谱》40）；36 （晒干）（《谱》41）。

（5）否定词的东巴文

47 （不、无、未、否），《么象》还收录了 ，《谱》收录的是 56 、。这个东巴文是在"月"的基础上形成的。

以上东巴文在《么象》和《谱》中的归类可以认为是相同的。虽然在《么象》和《谱》中的类别名称不太相同,但是类别特征比较明显,都是收录与天体、天象有关的东巴文。虽然《么象》和《谱》中有些东巴文的写法有区别,但记录的语言单位是相同的。这些东巴文之所以归类相同,是因为这些东巴文记录的词语多为单义词且表意明确。

2.归入"地理之属(方向附)"

(1)方向类词语的东巴文

28 ⊕（西方）,《么象》还收录了 39 ⊕（《谱》159）; 38 ⊡（东方）（《谱》158）。《么象》和《谱》的归类角度不同,《么象》是从字形的角度进行归类,这些字和天体的形体有关,所以归入"天文类"。《谱》是从意义的角度进行归类,这几个东巴文都是,所以将它们归入"地理之属(方向附)"。

(2)空间类的东巴文

11 ⛩（开天辟地）(《谱》72); 12 ⛩（天地之中央）(《谱》76); 14 ⛩（天和地相联接）(《谱》73)。编纂者观察事物的角度不同,李霖灿认为这些东巴文都和〰️有关,所以归入"天文类"。方国瑜认为这些东巴文记录的内容都与"地"有关,所以归入"地理之属"。

3.归入"形体之属"

113 〰️（秽气）,《么象》还收录了 663 ⬯,《谱》收录的是 781 ⬯、⬯、⬯、⬯、〰️、〰️。《么象》从形义角度归类,认为此字形体和意义与"气"有关,所以归入"天文类"。《谱》从意义的角度归类,认为"秽气"表示一种状态,所以归入"形体之属"。

以上东巴文在《么象》和《谱》中的归类不同,原因和编纂者的归类原则有关,李霖灿侧重字形,把字形和与天体类食物有关的字都归入"天文类",方国瑜侧重意义,把意义相关的东巴文归入一类。

二、《么象》中“地理类”的字在《谱》中的归类情况

1.归入“地理之属”

（1）山川以及和山川有关的词语的东巴文

例如118 〔东巴文〕（大地），《么象》还收录了119 〔东巴文〕，《谱》77 收录的是 〔东巴文〕、〔东巴文〕、〔东巴文〕；124 〔东巴文〕（冰），《么象》还收录了125 〔东巴文〕，《谱》收录的是122 〔东巴文〕、〔东巴文〕、〔东巴文〕；145 〔东巴文〕（高山），《谱》收录的是100 〔东巴文〕和〔东巴文〕；163 〔东巴文〕（坡），《谱》收录的是92 〔东巴文〕、〔东巴文〕、〔东巴文〕；166 〔东巴文〕（石）（《谱》132）；175 〔东巴文〕（山崖），《么象》还收录了〔东巴文〕，《谱》收录的是105 〔东巴文〕、〔东巴文〕、〔东巴文〕；183 〔东巴文〕（水）（《谱》112），《谱》112 还收录了〔东巴文〕、〔东巴文〕、〔东巴文〕、〔东巴文〕等。

（2）山名的东巴文

例如149 〔东巴文〕（此么些经典中之神圣之山）（《谱》111）；157 〔东巴文〕（此指中甸县北地之雪山），《谱》收录的是111 附〔东巴文〕；158 〔东巴文〕（山名,此丽江西南约十里之马鞍山）（《谱》111 附）；159 〔东巴文〕（山名,此丽江东北七日程永宁地方之狮子山）（《谱》111 附）；160 〔东巴文〕（山名,此西康盐源县与左所土司地中间之大山,当地人呼之为牦牛山）（《谱》111 附）；161 〔东巴文〕（山名），《谱》中对应的东巴文是111 附〔东巴文〕,释义为“玛米巴老”山等。

（3）动作类词语的东巴文

例如127 〔东巴文〕（地在动荡）（《谱》87），《谱》还收录了87 〔东巴文〕、〔东巴文〕；132 〔东巴文〕（地震），《谱》收录的是86 〔东巴文〕等。

（4）方向类词语的东巴文

184 ⿰（北方）（《谱》106），《谱》还收录了 160 ⿰；185 ⿰（南方）

（《谱》161），谱》还收录了 161 ⿰；186 ⿰（低处），《么象》还收录了

⿰、187 ⿰，《谱》收录的是 165 ⿰、⿰。

以上东巴文在《么象》和《谱》中的归类可以认为是相同的。有些东巴文在《么象》和《谱》中的写法有差别，但记录的是相同的词语。这些东巴文记录的词语多为单义词，意义比较明确，类别特征明显。

2.归入“形状之属”

191 ⿰（冷）（《谱》1166）。《么象》从字形的角度归类，《谱》从意义的角度归类。

3.归入“人事之属”

172 ⿰（砌、重叠），《谱》收录的是 619 ⿰；202 ⿰（搬移），《谱》收录的是 702 ⿰。《么象》从形的角度归类，《谱》从意义的角度归类。

4.归入“形体之属”

174 ⿰（压）（《谱》779），《谱》收录的是 779 ⿰、⿰、⿰；215 ⿰（去），《谱》收录的是 780 ⿰、⿰。两本字典收录的东巴文写法不同，《么象》从字形的角度归类，《谱》从意义的角度归类。

5.归入“饮食之属”

203 ⿰（水柜）（《谱》890）。《么象》从字形的角度归类，《谱》从意义的角度归类。

6.归入"行止之属"

206 ⿰ (桥)(《谱》1139),《谱》还收录了 1139 ⿰ 、⿰ ；223 ⿰ (路)(《谱》1131),《谱》还收录了 1131 ⿰ ；224 ⿰ （岔路,义路），《谱》收录的是 1132 ⿰ 、⿰ 。《么象》认为这些事物是建立在地理物质上的,所以归入"地理类",《谱》认为这些字是和人的出行有关的,所以归入"行止之属"。

以上东巴文在两本字典中的归类不同,主要是因为编纂者收录了不同的字形,并且归类原则不同。

三、《么象》中"人文类"的字在《谱》中的归类情况

1.归入"人称之属"

（1）称谓词的东巴文

例如 385 ⿰（老人、祖父）(《谱》452),《谱》中祖父的东巴文还收录了 452 ⿰ ；472 ⿰(父亲),《谱》收录的是 459 ⿰ ；473 ⿰(侄子或外甥)(《谱》475),《么象》还写为 ⿰ ；475 ⿰(弟),《么象》还收录了 ⿰ ,《谱》收录的是 468 ⿰ ；518 ⿰（岳父）(《谱》477)；519 ⿰（岳母）(《谱》478)；525 ⿰（祖母）(《谱》453),《么象》还收录了 ⿰ 、⿰ ,《谱》453 还收录了 ⿰ ；526 ⿰（母亲）(《谱》460),《谱》460 还收录了 ⿰ ；528 ⿰（孙女）,《谱》收录的是 464 ⿰ 、⿰ ；546 ⿰（侄女）,《谱》收录的是 476 ⿰ 等。

（2）族名的东巴文

例如 489 ⿰（<u>么些人或拿喜人</u>）(《谱》535),《么象》还收录了 ⿰ 、⿰ ,

《谱》还收录了 535 〔字〕、490 〔字〕（<u>么些人之一支</u>）（《谱》536），《谱》还收录了 536 〔字〕；493 〔字〕（<u>么些人之一支</u>）（《谱》539），《谱》还收录了 539 〔字〕；494 〔字〕（<u>西番人</u>）（《谱》548），《谱》释义为"普米族"，收录的字形还有 548 〔字〕、〔字〕；495 〔字〕（<u>汉人</u>），《谱》收录的是 546 〔字〕，552 附 〔字〕等。

（3）职位类词语的东巴文

例如 339 〔字〕（兵），《谱》收录的是 524 〔字〕、〔字〕；390 〔字〕（官，大官），《谱》收录的是 512 〔字〕；391 〔字〕（小官、吏）（《谱》513）等。

（4）人称类词语的东巴文

251 〔字〕（我）（《谱》553）；441 〔字〕（你我），《谱》收录的是 556 〔字〕；458 〔字〕（你）（《谱》555）；460 〔字〕（自己）（《谱》553）。

（5）形状类词语的东巴文

337 〔字〕（能干）（《谱》522），《么象》还收录了 〔字〕，《谱》还收录了 522 〔字〕；377 〔字〕（穷、苦），《谱》收录的是 528 〔字〕。

（6）动作类词语的东巴文

451 〔字〕（割、偷），《谱》收录的是 531 〔字〕、854 〔字〕、〔字〕。

"人称之属"虽然也属于"人文类"，但是比"人文类"更具体，区别更明显。

2.归入"人事之属"

（1）动作词的东巴文

例如 231 〔字〕（立），《谱》收录的是 559 〔字〕；232 〔字〕（坐），《谱》收录的是 560 〔字〕、〔字〕、〔字〕；233 〔字〕（跳），《谱》收录的是 637 〔字〕、〔字〕；234 〔字〕（舞）

（《谱》602），《谱》还收录了602 ![字](）；237 ![字](）（抖）（《谱》582），《谱》还收录了582 ![字](）；242 ![字](）（起立、站起），《谱》收录的是564 ![字](）；244 ![字](）（爬），《么象》还收录了 ![字](），《谱》收录的是586 ![字](）；264 ![字](）（走、行）（《谱》632），《么象》还收录了469 ![字](）；277 ![字](）（溺）（《谱》678），《么象》还收录了 ![字](），《谱》还收录了678 ![字](）；306 ![字](）（睡），《么象》还收录了307 ![字](），《谱》收录的是568 ![字](）、![字](）；349 ![字](）（买），《谱》收录的是609 ![字](）；351 ![字](）（放犬行猎），《谱》收录的是627 ![字](）；529 ![字](）（孕、怀胎）（《谱》676），《谱》还收录了676 ![字](）；530 ![字](）（生育、生小儿），《谱》收录的是677 ![字](）、![字](）；等。

（2）状态类词语的东巴文

例如241 ![字](）（懒），《谱》收录的是600 ![字](）；266 ![字](）（饱），《谱》收录的是655 ![字](）、![字](）；267 ![字](）（饥）（《谱》656），《么象》还收录了268 ![字](）、327 ![字](）；291 ![字](）（死），《谱》收录的是573 ![字](）、![字](）；293 ![字](）（惊），《谱》收录的是583 ![字](）等。

（3）名词的东巴文

341 ![字](）（手镣），《谱》收录的是597 ![字](）；342 ![字](）（脚镣），《谱》收录的是598 ![字](）、![字](）；398 ![字](）（棺材），《谱》收录的是576 ![字](）。

（4）疾病类词语的东巴文

269 ![字](）（喉瘿、甲状腺肿）（《谱》668）；270 ![字](）（麻风病），《谱》收录的是669 ![字](）；378 ![字](）（以火罐吸灸疮病），《谱》收录的是684 ![字](）、![字](）、![字](）。

上述《谱》中归入"人事之属"的东巴文涉及人的动作和状态两类，是和人有关的,所以包含在"人文类"中。

3.归入"形体之属"

例如 287 ▯（弯腰）,《谱》收录的是 707 ▯、▯;483 ▯（心痛难过）,《谱》收录的是 782 附 ▯,《么象》还收录了 ▯ 等。这些东巴文都与人的形体有关,所以《谱》将其归入"形体之属"。

4.归入"服饰之属"

363 ▯（镜,镜子,阴间鬼王所持之阴阳镜）（《谱》837）,《么象》还收录了 364 ▯、365 ▯,《谱》还收录了 837 ▯。《么象》认为这些东西是人使用的,所以归入"人文类",《谱》认为这些东西与穿衣戴帽有关,所以归入"服饰之属"。

5.归入"居住之属"

336 ▯（刺）,《么象》还收录了 1474 ▯、▯,《谱》收录的是 961 ▯、1072 ▯、1086 ▯。《么象》认为这些字是人使用的,所以归入"人文类",《谱》从用具角度出发将这些字归入"居住之属"。

6.归入"器用之属"

例如 328 ▯（量）,《谱》收录的是 1098 ▯ 等。《么象》认为这个动作是人发出的,所以归入"人文类",《谱》认为"解"需要器用,属于"器用之属"。

7.归入"行止之属"

305 ▯（过溜索）（《谱》1152）;371 ▯（骑、骑马）（《谱》1157）。《么象》认为这些动作是人发出的,所以归入"人文类",《谱》认为这些是动作行为,属于"行止之属"。

8.归入"走兽之属"

310 (头顶触物),《么象》还收录了 311 ,《谱》收录了 355 。《么象》从字形的角度归类,认为"撞"的字形和"人"的字形有关,所以归入"人文类"。《谱》从意义角度归类,认为"撞"的行为是动物发出的,所以归入"走兽之属"。

9.归入"地理之属(方向附)"

例如 245 (左)(《谱》166);246 (右)(《谱》167)等。《么象》和《谱》的归类原则不同,《么象》注重字形,这几个东巴文的字形都和"人"的字形有关,所以归入"人文类"。《谱》是从意义角度归类,这几个东巴文记录的是方向,所以归入"地理之属(方向附)"。

10.归入"服饰之属"

358 (夹),《谱》收录的是 788 、、1182 。《么象》从字形的角度归类,因为与"人"的形体有关,所以《么象》将之归入"人文类"。《谱》从意义的角度分类,认为"夹"是制衣动作,所以归入"服饰之属"。

11.归入"传说古人名号"

511 (人名,为洪水之后人类第一代始祖),《么象》还收录了 513 (《谱》1337)。《谱》的分类更细化,所以和《么象》的归类不同。

12.归入"形状之属"

247 (大),《么象》还收录了 248 (《谱》1161);265 (身子、人

体）（《谱》705），这两个东巴文记录的是人体性状。《么象》的归类侧重形体，、 和人的身体有关，所以归入"人文类"。《谱》的归类侧重意义，所以将两字归入"性状之属"。

13.归入"宗教之属"

561 （喇嘛），《谱》收录的是 1277 。《么象》认为 是对人的称谓，和人有关，所以归入"人文类"。《谱》认为这个词属于宗教词汇，所以归入"宗教之属"。相比较而言，《谱》的分类更细化。

以上东巴文在两本字典中的归类不同，原因是和编纂者的归类原则有关。

四、《么象》中"人体类"的字在《谱》中的归类情况

1.归入"形体之属"

（1）人体部位的东巴文

例如 571 （头），《谱》收录的是 708 ；572 （脸、面），《么象》还收录了 ，《谱》收录的是 709 、；575 （眉毛、睫毛）（《谱》712）；576 （目），《谱》收录的是 711 、、；590 （鼻子），《谱》收录的是 714 ；630 （肋），《谱》收录的是 746 、、；632 （心），《谱》收录的是 731 、；640 （肺），《么象》还收录了 ，《谱》收录的是 732 、；651 （血），《谱》收录的是 749 、、；653 （肉）（《谱》747），《谱》还收录了 747 ；665 （骨）（《谱》742》）；667 （骨节），《谱》收录的是 744 、；674

〇〇（足），《谱》收录的是 728 〇〇、〇〇；675 〇〇（脚掌），《谱》收录的是 729 〇〇、〇〇 等。

（2）动作类词语的东巴文

例如 577 〇〇（合目，使眼色），《谱》收录的是 757 〇〇；589 〇〇（听见），《么象》还收录了〇〇，《谱》收录的是 751 〇〇、〇〇；623 〇〇（拾东西之拾）（《谱》776），《谱》776 还收录了 〇〇；633 〇〇（心乱），《谱》收录的是 782 附 〇〇；634 〇〇（想），《么象》还收录了 635 〇〇，《谱》收录的是 782 附 〇〇 等。这些东巴文记录的都是人的动作，是人的形体发出的，所以《谱》将其归入"形体之属"。

（3）颜色词的东巴文

607 〇〇（红）（《谱》773），《谱》还收录了 1183 〇〇。这个东巴文记录的是嘴唇的颜色。《么象》和《谱》认为这个字和嘴唇有关，所以分别归入"人体类"和"形体之属"。

（4）量词的东巴文

578 〇〇（只），《谱》收录的是 752 〇〇。这个东巴文和"眼"有关，所以《么象》和《谱》分别将其归入"人体类"和"形体之属"。

2.归入"人事之属"

609 〇〇（咬、吞咬）（《谱》663），《谱》还收录了 663 〇〇。
以上东巴文在两书中的归类基本相同。

3.归入"服饰之属"

621 〇〇（戒指），《么象》还收录了 1437 〇〇（《谱》836）、1438 〇〇，

《谱》还收录了 ⬡ 、⬡ 、⌒ ；625 ⬡ （手镯），《么象》还收录了 1436

⬡ （《谱》835），《谱》还收录了 ⬡ ；681 ⬡ （线），《么象》还收录了 1421

∿ ，《谱》收录的是 792 ∿ 。《么象》从字形的角度分类，这些字和人体

有关，归入"人体类"。《谱》从意义角度出发，这些字表示首饰和制衣材料，

所以归入"服饰之属"。

4.归入"天象之属"

615 ⬡ （气），《么象》还收录了 ⬡ 、⬡ ，《谱》收录的是 25 ⬡ 、

⬡ 、⬡ 、⬡ 。两位编纂者对"气"的来源看法不同，李霖灿认为"气"是

口中发出的，所以将其归入"人体类"，方国瑜认为"汽"是自然现象，所以将

其归入"天象之属"。

5.归入"走兽之属"

600 ⬡ （犬齿，獠牙）（《谱》345），《么象》还收录了 ⬡ ，《谱》还收录了

345 ⬡ ；606 ⬡ （衔），《么象》还收录了 758 ⬡ ；《谱》收录的是

357 ⬡ 、⬡ ；672 ⬡ （雄性），《谱》收录的是 349 ⬡ 、⬡ 、⬡ ；673

⬡ （雌性），《谱》收录的是 350 ⬡ 。

6.归入"形状之属"

573 ⬡ （美丽），《谱》收录的是 1190 ⬡ 、⬡ 。《么象》认为"美丽"是形

容人的，所以归入"人体类"，《谱》从意义角度出发，认为"美丽"是形容词，

所以归入"形状之属"。

以上东巴文，在《么象》和《谱》中的归类不同，归类不同的原因是和编

纂者的归类原则以及对事物的认知有关。

五、《么象》中"鸟类"的字在《谱》中的归类情况

1.归入"飞禽之属"

(1)禽类以及和禽类有关的词语的东巴文

例如686 ![字]（鸟），《谱》收录的是 270 ![字]、![字]、![字]；689 ![字]（燕子），《么象》还收录了![字]，《谱》收录的是 311 ![字]；692 ![字]（鸡），《么象》还收录了![字]、![字]，《谱》收录的是 292 ![字]、![字]；692 ![字]（雌鸡）（《谱》293），《谱》还收录了 293 ![字]；702 ![字]（野鸭），《谱》收录的是 318 ![字]；703 ![字]（鸳鸯），《谱》收录的是 319 ![字]；704 ![字]（鹅），《么象》还收录了![字]，《谱》收录的是 317 ![字]；736 ![字]（鸡冠）（《谱》287），《么象》还收录了 737 ![字]；741 ![字]（翅），《么象》还收录了![字]、![字]，742 ![字]，《谱》收录的是 275 ![字]、![字]、![字]；744 ![字]（爪），《谱》收录的是 277 ![字]、![字]、![字]；748 ![字]（羽毛），《么象》还收录了![字]，《谱》收录的是 276 ![字]、![字]；749 ![字]（鸟尾）（《谱》290）；751 ![字]（蛋）（《谱》279）；757 ![字]（巢），《谱》收录的是 286 ![字]、![字]、![字]等。

(2)动作类东巴文

例如687 ![字]（飞），《谱》收录的是 271 ![字]、![字]；694 ![字]（啼，鸡鸣）（《谱》273）；746 ![字]（抓住、抓碎），《谱》收录的是 278 ![字]；753 ![字]（漏），《谱》收录的是 281 ![字]、![字]；759 ![字]（栖宿），《谱》收录的是 272 ![字]、![字]等。

（3）相关名词的东巴文

755 　（后裔、后代，蛋中剩下渣滓之类，同一种族后代）（《谱》284）。

这些东巴文记录的是禽类以及和禽类有关的词语，基本上是单义词，类别特征显著，所以它们在《么象》和《谱》中的归类是相同的。

2.归入"地理之属（方向附）"

721 　（泥，花斑色、杂色），《谱》收录的是 130 　。《么象》从字形的角度归类，这个字与禽类有关，所以归入"鸟类"，《谱》从意义角度出发，"泥"属地理物质，所以归入"地理之属（方向附）"。

3.归入"人事之属"

756 　（罩起），《谱》收录的是 664 　、　，《么象》从字形的角度归类，这个字与禽类有关，所以归入"鸟类"，《谱》从意义和字形的角度出发，归入"人事之属"。

六、《么象》中"兽类昆虫等坿"的字在《谱》中的归类情况

1.归入"走兽之属"

（1）动物类以及和动物有关的东巴文

例如 760 　（野兽），《谱》收录的是 337 　；761 　（虎），《么象》还收录了 　，《谱》收录的是 377 　、　、409 附 　；765 　（豹），《么象》还收录了 　，《谱》收录的是 380 　；771 　（獐），《么象》还收录了 　、　、　，《谱》收录的是 399 　、409 附 　；773 　、　（麝香），《谱》收录的是 400 　；799 　（独角兽）（《谱》383）；800 　（穿山甲），《谱》收录的是 405 　、　；821 　（驮子），《谱》收录的是

356 ;857 （角）（《谱》343），《么象》还收录了 858 ，《谱》还收录了 343 ；861 （虎纹），《谱》收录的是 339 、；862 （爪），《谱》收录的是 347 、；863 （皮），《谱》收录的是 338 ；864 （虎皮），《谱》收录的是 338 附 ；868 （毛）（《谱》340），《谱》还收录了 340 、；878 （蹄），《谱》收录的是 348 、、等。

（2）其他名词的东巴文

837 （东西、物件）（《谱》358），《谱》还收录了 358 附 。

（3）状态类词语的东巴文

813 （满），《谱》收录的是 362 附 ；823 （马生恶疮），《谱》收录的是 369 。

2.归入"鱼虫之属"

（1）虫类东巴文

例如 767 （龙），《么象》还收录了 、，《谱》收录的是 445 、、；922 （蛇），《谱》收录的是 440 、；924 （飞蟒）（《谱》443）等。

（2）昆虫及其有关事物的东巴文

例如 886 （蜻蜓）（《谱》422），《谱》还收录了 422 ；887 （蝴蝶），《谱》收录的是 419 、；888 （蜜蜂）（《谱》416）；889 （蜂窝、蜂巢），《谱》收录的是 417 ；890 （蝇子），《谱》收录的是 424 等。

（3）水中动物类东巴文

909 ⿰（蛙）（《谱》439），《么象》还收录了 ⿰、⿰、⿰、⿰、⿰，《谱》还收录了 439 ⿰、⿰、⿰、⿰；910 ⿰（黄金大蛙），《么象》还收录了 ⿰，《谱》收录的是 445 附 ⿰；920 ⿰（蝌蚪），《谱》收录的是 435 ⿰、⿰、⿰；927 ⿰（鱼），《么象》还收录了 ⿰，《谱》收录的是 432 ⿰；929 ⿰（虾）（《谱》433）。

以上东巴文意义明确，类别特征明显，在两部字典中的归类相同。

3.归入"人事之属"

834 ⿰（犁田）（《谱》623），《谱》还收录了 623 ⿰、⿰。《么象》从字形的角度归类，⿰的字形与"牛"有关，所以将其归入"兽类昆虫等圵"。《谱》从意义的角度归类，"耕"为劳作，所以将其归入"人事之属"。

4.归入"器用之属"

836 ⿰（宰杀），《谱》收录的是 1087 ⿰、⿰、⿰。《么象》从字形的角度归类，这些东巴文与动物有关，所以将其归入"兽类昆虫等圵"。《谱》从意义角度归类，所以将其归入"器用之属"。

5.归入"形状之属"

914 ⿰（宽），《么象》还收录了 ⿰，《谱》收录的是 1173 ⿰。《么象》从字形的角度归类，这些东巴文的字形和动物有关，所以将它们归入"兽类昆虫等圵"。《谱》从意义的角度归类，这些字都表示状态，所以归入"形状之属"。

6.归入"饮食之属"

846 ⿰（琵琶肉），《谱》收录的是 935 ⿰，《么象》从字形归类，是"全猪之形",所以归入"动物昆虫等坤"。《谱》从用途出发,将其归入"饮食之属"。

7.归入"天象之属(时令附)"

855 （年、岁）,《谱》收录的是 57 、 ；883 （完结,结尾）(《谱》59)。《么象》从字形的角度归类,这些字与动物的形体有关,所以归入"动物昆虫等坤"。《谱》从意义出发,这些字记录的是时间,所以归入"天象之属(时令附)"。

8.归入"形体之属"

869 （肩胛骨）,《谱》收录的是 727 、 、 。两本字典对其的释义不同,《谱》将其释义为"腿"。两本字典对字的认定不同,所以归类不同。

以上东巴文在《么象》和《谱》中的归类不同,主要原因是编纂者的归类原则不同。

七、《么象》中"植物类"的字在《谱》中的归类情况

1.归入"植物之属"

(1)树木类东巴文

例如 930 （树）(《谱》170）;931 （森林）,《么象》还收录了 932 ,《谱》收录的是 171 和 ;933 （柴）(《谱》172），《谱》还收录了 172 、 ;942 （鬼树）(《谱》269 附）;945 （树枝）(《谱》175），《谱》还收录了 175 、 ;957 （树脚）(《谱》176），《谱》还收录了 176 ;959 （构木）,《谱》收录的是 200 ;960 （板栗树）,

《谱》收录的是 201 〔图〕;962 〔图〕（叶,片）(《谱》177),《谱》还收录了 177 〔图〕;974 〔图〕(<u>么</u>些经典中神树之名)(《谱》269 附);1007 〔图〕（阴阳交界处之梅花树）,《谱》收录的是 269 附 〔图〕等。

（2）草木类东巴文

例如 993 〔图〕（花）,《么象》还收录了 〔图〕、〔图〕、〔图〕,《谱》收录的是 178 〔图〕、〔图〕、〔图〕、〔图〕;1002 〔图〕（毒,毒花）(《谱》235);1008 〔图〕（花苞）,《谱》收录的是 179 〔图〕、〔图〕;1037 〔图〕（仙人掌）,《谱》收录的是 238 〔图〕;1062 〔图〕（艾、蒿）(《谱》232);1063 〔图〕（芦苇）,《谱》收录的是 244 〔图〕;1070 〔图〕（竹）,《谱》收录的是 226 〔图〕、〔图〕;1078 〔图〕（刺）,《谱》收录的是 181 〔图〕、〔图〕;1080 〔图〕（葫芦）,《谱》收录的是 239 〔图〕、〔图〕等。

（3）粮食类东巴文

例如 1024 〔图〕（稗子）,《谱》收录的是 251 〔图〕;1025 〔图〕（麦子）(《谱》246);1028 〔图〕（大麦）,《谱》收录的是 247 〔图〕;1029 〔图〕（青稞）(《谱》248);1030 〔图〕（燕麦）(《谱》249);1031 〔图〕（黄豆）(《谱》257);1036 〔图〕（向日葵）,《谱》收录的是 259 〔图〕;1038 〔图〕（姜）(《谱》263),《谱》还收录了 263 〔图〕、〔图〕;1039 〔图〕（蒜）(《谱》264);1042 〔图〕（苋米）(《谱》252);1047 〔图〕（菌）(《谱》267),《谱》还收录了 267 〔图〕、〔图〕、〔图〕;1051 〔图〕（瓜）(《谱》260);1052 〔图〕（芜菁）,《么象》还收录了 〔图〕,《谱》收录的是 262 〔图〕、〔图〕、〔图〕;1076 〔图〕（麻）,《谱》收录的是 241 〔图〕、〔图〕等。

（4）形状类东巴文

961 ⿱（粗），《谱》收录的是 189 ⿰（粗）。

（5）动作类东巴文

958 ⿰（落下来），《谱》收录的是 187 ⿰、⿰。

以上东巴文在两本字典中的归类是相同的，记录的是植物以及和植物有关的词语。

2.归入"人事之属"

949 ⿰（砍森林种山田），《谱》收录的是 620 ⿰、⿰。两本字典中东巴文的写法不同，《么象》中该字的东巴文由"树"和"斧"组成，突出树被劈开，所以归入"植物类"，《谱》认为砍的动作是人发出的，所以归入"人事之属"。

3.归入"天象之属（时令附）"

1069 ⿰（正月），《谱》收录的是 71 附⿰、⿰⿰。《么象》从字形角度归类，这个字的字形与植物有关，所以归入"植物类"。《谱》从意义角度归类，所以归入"天象之属"。

4.归入"数名之属"

1020 ⿰（百），《谱》收录的是 1204 十。《么象》从字形角度归类，《谱》从意义角度归类。

5.归入"宗教之属"

937 ⿰（祭木），《么象》还收录了 1728 ⿰，《谱》收录的是 1211 ⿰、⿰。《么象》从字形的角度归类，《谱》从意义的角度归类。

6.归入"饮食之属"

1067 〔图〕（赠送、给予），《谱》收录的是 925 〔图〕、1192 〔图〕，《么象》和《谱》都从字形的角度归类，〔图〕的字形与植物有关，所以归入"植物类"，〔图〕与"碗"有关，所以归入"饮食之属"。

7.归入"器用之属"

955 〔图〕（缠），《谱》收录的是 1115 〔图〕。《么象》从字形的角度归类，《谱》从功用的角度归类。

8.归入"形状之属"

943 〔图〕（抽拉木料、拉拖），《谱》收录的是 1176 〔图〕。《么象》从字形的角度归类，《谱》从功用的角度归类。

以上东巴文在两本字典中的归类不同，一是因为不同的字典收录的东巴文的写法不同，二是因为编纂者的归类原则不同。

八、《么象》中"用具类"的字在《谱》中的归类情况

1.归入"器用之属"

（1）用具类词语的东巴文

例如 1116 〔图〕（簸箕）（《谱》1039）；1122 〔图〕（篮），《谱》收录的是 1037 〔图〕、〔图〕、〔图〕；1124 〔图〕（撮箕），《谱》收录的是 1041 〔图〕；1166 〔图〕（旗），《么象》还收录了 〔图〕，《谱》收录的是 1091 〔图〕、〔图〕、〔图〕；1178 〔图〕（称），《谱》收录的是 1099 〔图〕；1181 〔图〕（砝码、戥锤）（《谱》1100）；1185 〔图〕（画），《谱》收录的是 1058 〔图〕、〔图〕、〔图〕；

1218 （马铃），《谱》收录的是 1111 、 、 ；1219 （钟），《谱》收录的是 1110 、 ；1224 （网），《谱》收录的是 1125 ；1226 （骰子）（《谱》1129）；1230 （棍子、赶）（《谱》1094）；1233 （绳），《谱》收录的是 1113 、 ；1234 （钥匙），《谱》收录的是 1127 、 ；1238 （烟斗），《谱》收录的是 1130 、 ；1248 （狗之脖圈），《谱》收录的是 1045 、 等。

（2）乐器类词语的东巴文

1186 （口弦）（《谱》1104），《谱》还收录了 1104 ；1187 （笛），《谱》收录的是 1106 、 、 ；1188 （葫芦笙），《谱》收录的是 1105 ；1189 （琵琶），《谱》收录的是 1103 。

（3）动作类东巴文

1174 （写），《么象》还收录了 1175 （写），《谱》收录的是 1055 、 ；1184 （称份量），《谱》收录的是 1101 ；1199 （拴、绑），《谱》收录的是 1123 、 。

以上东巴文记录的是器具及和器具有关的东巴文，它们在两本字典中的归类是相同的。

2.归入“饮食之属”

（1）农具类的东巴文

例如 1081 （锄头）（《谱》840），《谱》还收录了 840 、 ；1087 （犁架），《谱》收录的是 847 、 、 ；1088 （犁头），《么象》还收录了 、 ，《谱》收录的是 846 、 、 ；1091

（犁架联牛头担之竹绳或藤索），《谱》收录的是 850 ；1095 （耙子），《谱》收录的是 852 ；1096 （麦架），《谱》收录的是 857 、 、 ；1099 （仓）（《谱》866）；1110 （碓）（《谱》868），《谱》还收录了 868 ；1201 （打铁用之风箱），《么象》还收录了 1202 、 ，《谱》收录的是 863 ；1215 （木盆），《么象》还收录了 ，《谱》收录的是 887 ；1225 （拦网），《谱》收录的是 872 、 ；1235 （火链），《么象》还收录了 1336 、 、 ，《谱》收录的是 880 、 、 、 等。

（2）动作类东巴文

1082 （做、工作）（《谱》841），《么象》还收录了 1083 （《谱》841）、1084 ，《谱》还收录了 ；1111 （舂），《么象》还收录了 1112 ，《谱》收录的是 869 。

（3）形状类词语的东巴文

1102 （富实）（《谱》867）。

（4）名词的东巴文

1157 （征兆）（《谱》902），《谱》还收录了 902 。

以上东巴文，《么象》的归类主要依据字形，这些字都和用具的字形有关，所以归入"用具类"，《谱》的归类侧重意义，这些字是记录生产工具、动作以及粮食形状类的词语，所以将它们归入"饮食之属"。

3.归入"行止之属"

例如 1220 （革囊），《谱》收录的是 1150 、 ；1221

（船），《谱》收录的是 1143 、 、 ；1222 （划水之桨），《么象》还收录了 1223 ，《谱》收录的是 1144 、 等。这些东巴文记录的是交通工具，所以《谱》将其归入"行止之属"，《谱》的归类比《么象》的归类更细化。

4.归入"服饰之属"

1239 （剪刀），《谱》收录的是 787 、 、 ；1240 （剪羊毛之剪刀）（《谱》783），《么象》还收录了 1241 ，《谱》还收录了 783 ；1243 （草席子）（《谱》800）；1250 （宝物），《么象》还收录了 1251 、1252 ，《谱》收录的是 830 、 、 ；1259 （木梳子）（《谱》838），《谱》还收录了 838 、 、 ；1260 （篦子），《谱》收录的是 839 ，这些东巴文记录的是梳洗用具、制衣工具类词语，《谱》根据用具的类型将它们进行了归类。

5.归入"居住之属"

（1）名词类东巴文

例如 1105 （马槽）（《谱》1004），《么象》还收录了 、 ；1107 （栏栅）（《谱》997）；1128 （木板）（《谱》1014），《谱》还收录了 1014 ；1138 （柱子）（《谱》1011）；1148 （门、语尾助词）（《谱》1005）；1194 （门鞘、插鞘），《谱》收录的是 1009 、 ；1195 （椿子），《么象》还收录了 1195 ，《谱》收录的是 968 ；1203 （大木棰），《谱》收录的是 965 、 ；1205 （锯），《谱》收录的是 955 ；1206

（刨子），《谱》收录的是 958 ⿰、⿱；1211 ⿰（刮刨）（《谱》970）；1217 ⿰（梯子）（《谱》1010）等。

（2）动作类东巴文

1135 ⿰（裂）（《谱》1015），《么象》还收录了 1136 ⿰，《谱》还收录了 1015 ⿰；1149 ⿰（开门、开）（《谱》1006），《谱》还收录了 1006 ⿰、⿰；1150 ⿰（关门、关），《谱》收录的是 1007 ⿰。

以上各字和建筑物、建筑工具以及建筑动作有关，所以《谱》将其归入"居住之属"。

6.归入"形状之属"

1190 ⿰（高）（《谱》1159）；1213 ⿰（挂、吊）（《谱》1177）；这些东巴文表示状态，《谱》从意义角度对它们进行了归类。

7.归入"地理之属（方向附）"

1129 ⿰（陡、陡山），《么象》还收录了 1130 ⿰，《谱》收录的是 93 ⿰；1160 ⿰（上面）（《谱》164）。这两个东巴文和地理状貌、位置有关，《谱》从意义角度对它们进行了归类。

九、《么象》中"饮食类"的字在《谱》中的归类情况

1.归入"饮食之属"

（1）饮食类词语的东巴文

例如 1267 ⿰（饭）（《谱》922）；1285 ⿰（汤），《谱》收录的是 927 ⿰、⿰；1287 ⿰（米）（《谱》928），《谱》还收录了 928 ⿰、⿰；1308

(面)(《谱》929),《谱》还收录了 929 ；1310 （酥油）(《谱》932)；1313 、（奶渣），《么象》还收录了 1314 ，《谱》收录的是933 ；1334 （酒）(《谱》937)等。

(2)炊具类词语的东巴文

1261 （碗）(《谱》901)，《谱》还收录了 901 、 ；1304 （甑子)，《谱》收录的是 885 、 ；1305 （勺子）(《谱》895)，《谱》还收录了 895 ；1306 （水瓢），《谱》收录的是 894 、 ；1307 （竹漏勺）(《谱》897)，《谱》还收录了 897 ；1340 （酒瓮)(《谱》891)；1343 （筷子）(《谱》909)；1344 （放筷子之竹篓子、装筷子之竹篓子），《谱》收录的是 900 ；1350 （茶罐），《谱》收录的886 是 ；1351 （俎板）(《谱》899)；1355 （火塘,灶）(《谱》877)，《谱》还收录了 877 、 ；1356 （铁三角灶架），《谱》收录的是878 。

(3)烹饪类词语的东巴文

1284 （倾泼出去），《谱》收录的是 905 、 ；1290 （安灶、安锅、煨），《谱》收录的是 912 ；1295 （煮），《谱》收录的是 913 、 ；1302 （炒菜）(《谱》915)；1318 （煎），《么象》还收录了 1319 ，《谱》收录的是 914 。

(4)形状类词语的东巴文

例如 1268 （反扣起)，《谱》收录的是 906 、1174 ；1268

（反扣起、粮尽、没饭吃、吃饭的饭碗反扣起）（《谱》923）；1271 （有饭

吃）（《谱》924）；1283 （漫溢），《谱》收录的是 904 ；1293 （漏），

《谱》收录的是 893 、 ；1297 （溅），《谱》收录的是 918 等。

　　以上东巴文都和饮食有关，意义明确，在两本字典中的归类是相同的。

　　2.归入"地理之属（方向附）"

　　1294 （铜）（《谱》138），《谱》还收录了 138 ；1320 （盐）

（《谱》133）；1332 （烧），《谱》收录的是 148 ；1357 （火）（《谱》

143），《么象》还收录了 、 ，《谱》还收录了 143 、 、 ；

1361 （火燃），《谱》收录的是 155 、 ；1362 （火烟），《谱》收

录的是 146 ；1363 （火把），《谱》收录的是 151 、 ；1364

（烧肉）（《谱》149）；1365 （熄）（《谱》156），《么象》还收录了

1366 ，《谱》还收录了 156 。《么象》从功用角度归类，《谱》从意

义角度归类，以上东巴文和地理物质类事物有关，所以归入"地理之属（方向

附）"。

　　3.归入"人称之属"

　　1303 （祖宗三代），《谱》收录的是 457 ，《么象》从字形的角度归

类，《谱》从意义的角度归类。

　　4.归入"形体之属"

　　1327 （腊肉、瘦肉），《么象》还收录了 1328 （《谱》748）、

1329 （瘦肉），《么象》从字形的角度归类，《谱》从意义的角度归类。

5.归入"人事之属"

1376 （吸烟）（《谱》659），《么象》从支配对象的角度归类，《谱》从动作的发出者的角度归类。

6.归入"形状之属"

1262 （坏），《谱》收录的是 11641 ；1358 （热）（《谱》1165），《么象》从用途的角度归类，《谱》从状态的角度归类。

7.归入"器用之属"

1365 （熄），《谱》收录的是 1029 。《么象》从用途的角度归类，《谱》从形体的角度归类。

以上东巴文在两本字典中的归类不同，原因是编纂者的归类原则不同。

十、《么象》中"衣饰类"的字在《谱》中的归类情况

1.归入"服饰之属"

（1）服饰名词的东巴文

例如 1377 、（帽子），《谱》收录的是 814 ；1383 （披毡），《谱》收录的是 807 、、；1392 、、（带子），《谱》收录的是 825 、、；1394 （围裙），《谱》收录的是 813 ；1388 （衣服）（《谱》805），《谱》还收录了 805 、；1395 （裤子）（《谱》810），《么象》还收录了 ；1396 （鞋），《么象》还收录了 ，《谱》收录的是 827 、；1398 （靴子）（《谱》828），《谱》还收录了 828 ；1400 （纺线锤）（《谱》795），《谱》还收录了 795 ；1402

（纺线），《谱》收录的是 794 ；1409 （麻布），《谱》收录的是 801 、 、 ；1410 （罽䍡），《谱》收录的是 803 ；1415 （针），《谱》收录的是 790 、 ；1432 （耳环），《么象》还收录了 ，《谱》收录的是 834 等。

（2）缝纫词的东巴文

1389 （缝衣服、缝），《么象》还收录了 1646 ，《谱》收录的是 798 ；1450 （插），《谱》收录的是 796 。

以上东巴文的归类在两本字典中是相同的，它们记录的都是服饰类或缝纫类的词语，表义明确。

2.归入"地理之属（方向附）"

1429 （银）（《谱》134），《谱》还收录了 134 、 ；1439 （金）（《谱》135），《么象》还收录了 、 、 、 ，《谱》还收录了 135 、 ；1443 （玉），《么象》还收录了 1444 ，《谱》收录的是 136 、 、 ；1449 （黑玉石之一种）（《谱》137），《谱》还收录了 137 ；1448 （珊瑚）（《谱》142），《谱》还收录了 142 。《么象》从功用角度出发，将这些东巴文归入"衣饰类"，《谱》从意义角度出发，这些东巴文记录的都是地理物质，所以归入"地理之属（方向附）"。

3.归入"形状之属"

1441 、 、 （黄），《谱》收录的是 1184 。《么象》从颜色词的来源归类，《谱》从颜色词的意义角度归类。

4.归入"居住之属"

1427 （锥子）（《谱》959），《谱》还收录了 959 ；1428 （穿），《么象》还收录了 、，《谱》收录了 962 、、963 。这两个字在两本字典中的归类不同，主要是因为《么象》和《谱》认定的工具类别不同。

5.归入"器用之属"

1382 （编头发），《谱》收录的是 1121 ；1387 （线编之口袋），《谱》收录的是 1035 ；1422 （断）（《谱》1114），《谱》还收录了 1114 。两本字典归类的角度不同，所以它们的东巴文归类不同。

6.归入"虫鱼之属"

1453 、（海贝），《谱》收录的是 438 、、、。《么象》是从功用的角度归类，《谱》从意义的角度归类。

以上东巴文，在两本字典中的归类不同，主要原因是编纂者的归类原则以及分析事物的角度不同。

十一、《么象》中"武器类"的字在《谱》中的归类情况

1.归入"器用之属"

（1）武器类词语的东巴文

例如 1454 （刀），《谱》收录的是 1077 、；1464 （刀鞘），《谱》收录的是 1079 ；1491 （箭），《谱》收录的是 1063 、；1494 （毒箭头）（《谱》1064），《谱》还收录了 1064

━━ ;1496 （架箭），《谱》收录的是 1068 ；1502 （箭囊），《谱》收录的是 1065 ；1505 （盾牌），《谱》收录的是 1074 等。

（2）动作类词语的东巴文

1455 （砍）（《谱》1083），《谱》还收录了 1083 ；1456 （割开）（《谱》1084）；1459 （切、切肉），《谱》收录的是 1088 ；1461 、 （磨刀），《谱》收录的是 1081 ；1493 （射，太阳光照临之"照"）（《谱》1070），《谱》还收录了 1070 、 。

（3）状态类词语的东巴文

1477 （矛架起），《谱》收录的是 1073 。

以上东巴文在两部字典中的归类是相同的，它们记录的都是武器类或和武器有关的词语，意义明确，归类特征明显。

2.归入"居住之属"

1460 （划），《谱》收录的是 949 ；1484 （铸铁），《么象》还收录了 1485 ，《谱》收录的是 952 、 ；1503 、 （飞石），《么象》还收录了 、1504 ，《谱》收录的是 1021 、 。这些字的字形都和武器有关，《么象》从字形的角度对它们进行了归类，《谱》认为这些词语的作用是为了修筑和保卫建筑，所以归入"居住之属"。

3.归入"天象之属（时令附）"

1470 （十二月、腊月），《谱》收录的是 71 附 、 、 、 。这个字的字形与武器有关，所以《么象》从字形的角度归类；《谱》从意义的角度归类。

4.归入"地理之属(方向附)"

1473 (矛)(《谱》162),《谱》还收录了 162 、、;1481 (铁、斧头)(《谱》139),《谱》还收录了 139 。《么象》从意义角度归类,《谱》从所用材料的角度归类。

5.归入"服饰之属"

1506 (甲衣),《么象》还收录了 1507 、1658 ,《谱》收录的是 809 、、、、;1510 (盔、铁帽子),《么象》还收录了 、,《谱》收录的是 821 、、、。《么象》和《谱》都从意义的角度归类,这些东巴文记录的是作战时所穿铠甲,所以归入"武器类",《谱》将它们归入"服饰"大类,相比较而言《么象》的归类更具体。

6.归入"饮食之属"

1498 (活扣),《谱》收录的是 870 、。《么象》从形义的角度归类,《谱》从功用的角度归类。

以上东巴文在两本字典中的归类不同,主要原因是编纂者的归类原则不同。

十二、《么象》中"建筑、数目、动作等类"的字在《谱》中的归类情况

1.归入"居住之属"

(1)建筑类词语的东巴文

例如 1512 (房子),《么象》还收录了 、1513 ,

《谱》收录的是 972 ⬜、⬜、⬜、⬜、⬜；1514 ⬜（草房），《谱》收录的是 974 ⬜；1522 ⬜（大村庄中），《谱》收录的是 989 ⬜；1524 ⬜（窗户），《谱》收录的是 986 ⬜、⬜；1533 ⬜（城、城寨），《么象》还收录了 ⬜（《谱》1018）、⬜；1534 ⬜（塔）（《谱》1019），《么象》还收录了 ⬜、⬜，《谱》还收录了 ⬜、⬜等。

（2）动词类词语的东巴文

1521 ⬜（火烧房子），《谱》收录的是 985 ⬜；1578 ⬜（接起），《么象》还收录了 1579 ⬜，《谱》收录的是 1016 ⬜。

以上东巴文记录的是建筑物或建筑行为，意义明确，类别特征明显，所以它们在两本字典中的归部相同。

2.归入"数名之属"

1535 ⬜（一）（《谱》1194）；1536 ⬜（二）（《谱》1195）；1537 ⬜（三）（《谱》1196）；1538 ⬜（四）（《谱》1197），《么象》还收录了 1666 ⬜；1539 ⬜（五）（《谱》1198）；1540 ⬜（六）（《谱》1199）；1541 ⬜（七）（《谱》1200），《么象》还收录了 1553 ⬜；1542 ⬜（八）（《谱》1201）；1543 ⬜（九）（《谱》1202）；1544 ⬜（十）（《谱》1203）；1545 ⬜（百）（《谱》1204），《么象》还收录了 1020 ⬜；1546 ⬜（三百六十），《谱》收录的是 1210 附⬜；1547 ⬜（二十）（《谱》1203 附）；1548 ⬜（三十）（《谱》1203 附）；1549 ⬜（千）（《谱》1205）；1550 ⬜（万）（《谱》1206），《么象》还收录了 1552 ⬜；1551 ⬜（千千万万），《谱》收录的是 1209 ⬜。

以上东巴文记录的是数字，基本上是单义词，类别特征显著，它们在两部字典中的归类相同。

3.归入"天象之属(时令附)"

1554 ⿰(三月),《谱》收录的是 71 附 ⿰、⿰、⿰;1555 ⿰(十一月),《谱》收录的是 71 附 ⿰、⿰、⿰、⿰。《么象》认为这些东巴文表示月份的次序,表示数目,所以归入"数名之属"。《谱》认为这些东巴文记录了时间,所以归入"天象之属(时令附)"。

4.归入"饮食之属"

1563 ⿰(缠绕),《谱》收录的是 892 ⿰;1573 ⿰、⿰(挤牛奶),《谱》收录的是 931 ⿰、⿰。《么象》从意义的角度归类,认为这些东巴文表示动作,所以归入"动作类",《谱》从结果出发,认为这些东巴文记录的是制作食物的动作,所以归入"饮食之属"。

5.归入"器用之属"

1581 ⿰(束、绑),《么象》还收录了⿰、1582 ⿰、⿰,《谱》收录的是 1122 ⿰、⿰;1588 ⿰(脱模子),《谱》收录的是 1102 ⿰、⿰、⿰、⿰。《么象》认为这些东巴文记录的是动作行为,《谱》认为这些东巴文是制作工具,归类不同既和归类原则有关,也和编纂者的释义有关系。

6.归入"形体之属"

1590 ⿰(折断)(《谱》743)。《么象》从意义的角度归类,《谱》从结果的角度归类。

7.归入"形状之属"

1529 ⿰(圆)(《谱》1172);1583 ⿰⿰(分开)(《谱》1178)、⿰(分

开);1594 ●(黑)(《谱》1188),《么象》还收录了 1595 ♂ ,1596 ☊ (黑)
(《谱》1187),1597 ◉ ;1602 ◉ (杂色、花色、花蛋)(《谱》1189);1613 爪
(好)(《谱》1163),《谱》还收录了 1163 爪爪;《么象》也收录了这个字。
《么象》和《谱》都是从意义角度归类,但由于编纂者的看法不同,所以归类
不同。

8.归入"地理之属(方向附)"

1603 ♧(铅)(《谱》140),《谱》还收录了 140 ☁ 、☁ 。《谱》从事物
的属性角度对这个字进行了归类,《么象》的归类原则不明了。

9.归入"人称之属"

1520 ⌂(家),《么象》还收录了 ⌂,《谱》收录的是 497 ⌂ 、⌂ ;
1605 ⅂(世代)(《谱》458)。《谱》认为这些东巴文和人的称谓有关,所以归
入"人称之属",《么象》的归类原则不明了。

10.归入"服饰之属"

1569 ✂(夹),《么象》还收录了 1570 ✑ ,《谱》收录的是 788
✑ 、✑ ;1570 ✑ (夹、火钳),《谱》收录的是 789 ✑ 、✑ 。《么象》和
《谱》都是从意义角度归类,《么象》认为这些东巴文表示的是动作,《谱》认
为它们是裁剪动作。

以上东巴文在两本字典中的归类不同,原因和编纂者的归类原则有关。

十三、《么象》中"若喀类"的字

这一类东巴文是"若喀"地区的文字,《么象》没有对这些字进行分类。
其他地区有相应的东巴文,分属于不同的类别。所以下文列出若喀地区相

应的东巴文的分类情况。

1."人事之属"对应的东巴文

1650 （火葬场所），《么象》还收录了 1651 ，《谱》对应的是 578 。

2."饮食之属"对应的东巴文

1630 （堆），《么象》还收录了 ，《谱》中对应的东巴文是 865 、 。

3."器用之属"对应的东巴文

1633 （弯），《么象》还收录了 ，《谱》中对应的东巴文是 1061 、 。

十四、《么象》中"宗教类"的字在《谱》中的归类情况

1.归入"宗教之属"

例如 1712 、 （石神），《谱》收录的是 1218 ；1713 、 （向石神撒米供养），《谱》收录的是 1262 ；1715 （烧石除秽），《谱》收录的是 1266 ；1720 （法轮）（《谱》1242）；1721 （宝物）（《谱》1245）；1729 （开坛经）（《谱》1212）；1730 （打鬼竹片），《谱》收录的是 1231 ；1733 （"悬白"也），《谱》收录的是 1226 ；1735 （左右弯折之木片），《谱》收录的是 1217 ；1737 、 （五色线网）（《谱》1247）；1738 （刺箭树），《谱》收录的是 1248 ；1741 （祭风树），《谱》收录的

是 1223 🜲、🜲；1742 ⟋⟍（祭风用之小竹笼），《谱》收录的是 1224 🜟；
1743 🜨（顶），《谱》收录的是 1263 🜨、🜨；1751 🜩（手转经）（《谱》1255）；
1752 ⬭（念珠）（《谱》1256）；1775 🜪（香，香条），《谱》收录的是 1236 🜪；
1776 🜫（许愿），《谱》收录的是 1264 🜫；1787 🜬（鬼之面偶），《谱》收录的
是 1219 🜭、🜭；1791 🜮（烧天香）（《谱》1265）；1795 🜯（神粮）（《谱》
1235）；1798 🜰（阴魂）（《谱》1267）；1799 🜱（招魂，喊魂），《谱》收录的
是 1268 🜲、🜳、782 附 🜴 等。

以上东巴文记录的是宗教类词语，基本上是单义词，类别特征显著，在
两本字典中的归类相同。

2.归入"地理之属（方向附）"

1719 🜵（灰尘），《谱》收录的是 128 ⟋⟍、🜶。《么象》从功用角度
归类，《谱》从属性角度归类。

3.归入"虫鱼之属"

1761 🜷（海螺，白肚子之海螺）（《谱》436），《谱》还收录了 🜸、🜹、
🜺。《么象》从功用角度归类，《谱》从属性角度归类。

4.归入"人称之属"

1783 🜻（超度死人时之木身，超度死者）（《谱》454）；1785 🜼（死人之
未超度者）（《谱》456）；1786 🜽（祖先）（《谱》455）。《么象》和《谱》都从意
义角度归类，但归类角度不同。

5.归入"人事之属"

1725 （保佑），《谱》收录的是 685 ；1774 （供神许愿），《谱》收录的是 567 。《么象》和《谱》都从意义角度归类，《么象》的归类更具体。

6.归入"器用之属"

1749 （铁法帽），《谱》收录的是 1089 、 、 ；1750 （法杖），《谱》收录的是 1254 、 、 ；1760 、 （牦牛角之号筒），《谱》收录的是 1090 、 ；1763 （"多巴"用之大皮鼓），《谱》收录的是 1107 ；1764 （小铜锣），《谱》收录的是 1109 ；1765 （大钹），《谱》收录的是 1112 ；1768 （八宝神箭，家神箭），《谱》收录的是 1067 ；1773 （神灯），《么象》还收录了 （《谱》1028）；《么象》和《谱》都从意义角度归类，《么象》的归类更细化。

7.归入"形状之属"

1718 （好）（《谱》1191）；1800 （招）（《谱》1179），《么象》从功用角度归类，《谱》从意义角度归类。

8.归入"居住之属"

1726 （寺庙），《谱》收录的是 1022 ；

以上东巴文在两本字典中的归类不同，主要是因为编纂者的归类原则不同。

十五、《么象》中"鬼怪类"的字在《谱》中的归类情况

1.归入"宗教之属"

1808 〔字〕（鬼惊抖、一种鬼名）（《谱》1311）；1809 〔字〕（鬼名），《谱》收录的是 1313 〔字〕；1812 〔字〕（鬼名），（《谱》1314）；1815 〔字〕（鬼名），《谱》收录的是 1315 〔字〕；1816 〔字〕（鬼名），《谱》收录的是 1316 〔字〕；1817 〔字〕（鬼名）（《谱》1319）；1825 〔字〕（鬼名）（《谱》1320）；1826 〔字〕（鬼名）（《谱》1323）；1850 〔字〕（情死鬼），（《谱》1322）；1854 〔字〕（火鬼），（《谱》1324）；1857 〔字〕（鬼名，绝鬼），《谱》收录的是 1326 〔字〕；1860 〔字〕（鬼名），《谱》收录的是 1328 〔字〕；1862 〔字〕（哑鬼）（《谱》1327），《谱》还收录了 1327 〔字〕；1867 〔字〕（水怪）（《谱》1317）；1871 〔字〕（妖怪）（《谱》1318）；1876 〔字〕（西方鬼王），《谱》收录的是 1331 〔字〕；1879 〔字〕（鬼名，饿鬼）（《谱》1329）；1888 〔字〕（鬼名），《谱》收录的是 1312 〔字〕；1900 〔字〕（女鬼名），《谱》收录的是 1330 〔字〕。
以上东巴文在《么象》中归类更具体。

2.归入"植物之属"

1806 〔字〕（细、狭），《谱》收录的是 190 〔字〕。两本字典收录的东巴文的写法不同，两个东巴文的描述对象不同，所以归类不同。

3.归入"人事之属"

1805 〔字〕（鬼）（《谱》574）；1836 〔字〕（鬼名、秽鬼），《谱》收录的是 1325 〔字〕、〔字〕。《么象》的归类更具体。

以上东巴文,《么象》的分类更加细化,所以和《谱》的归类结果不同。

十六、《么象》中"'多巴'龙王类"的字在《谱》中的归类情况

1.归入"人事之属"

1907 ⬚ (结婚时涂酥油之礼),《谱》收录的是 704 ⬚。《么象》的归类更具体。

2.归入"天象之属(时令附)"

2008 ⬚ (阴历二月),《谱》收录的是 71 附⬚、⬚、⬚、⬚。《么象》从字形的角度归类,将其归入"'多巴'龙王类";《谱》从意义角度归类,将其归入"天象之属(时令附)"。

3.归入"宗教之属"

1908 ⬚ (女巫)(《谱》1275);1909 ⬚ (巫),《么象》还收录了⬚,《谱》收录的是 1276 ⬚;1911 ⬚ ("多巴"教主),《么象》还收录了⬚、⬚、⬚,《谱》收录的是 1274 ⬚;1968 ⬚ (龙王)(《谱》1302)。《么象》的归类更加细化。

4.归入"人称之属"

1902 ⬚ ("多巴"念经)(《谱》525)。《么象》的归类更加具体。

以上东巴文在两本字典中的归类不同,原因和编纂者的归类原则和类别设定有关。

十七、《么象》中 "神类" 的字在《谱》中的归类情况

1.归入"宗教之属"

例如 2000 (《谱》1286);2003 (《谱》1288);2024 (《谱》1292);2050 ,《谱》收录的是 1294 ![字];2079 ,《谱》收录的是 1301 ![字];2094 ,《谱》收录的是 1298 ![字];2095 (《谱》1304);2100 (《谱》1295)等。

这些东巴文意义明确,类别特征明显,在两本字典中的归类相同。

2.归入"传说古人名号"

2064 ,《谱》收录的是 1332 ![字];2066 (《谱》1335);2101 ,《谱》收录的是 1338 ![字];2106 ,《谱》收录的是 1333 ![字]。《么象》的归类更具体。

3.归入"人称之属"

2009 ,《么象》还收录了![字]、![字],《谱》收录的是 518 ![字]、![字];2011 ,《谱》收录的是 520 ![字]、![字];2012 ,《谱》收录的是 521 ![字]。《么象》的归类更具体。

以上东巴文在两本字典中的归类不同,主要是因为编纂者的类别设定不同,《么象》的类别设定更加具体。

通过对两本字典中相同东巴文的归类分析,可以得出两本字典中大多数东巴文的归类是相同的,这些东巴文的特点是记录的词语多为单义词,意

义明确,类别特征显著,比如鸟类、鱼类、昆虫类、数字类等,还有一些东巴文在两本字典中的归类不同,原因如下。

(1)东巴文本身具有多重身份,可以归入不同的类别。比如《字典》的1774 （供神许愿）,这个字既代表祭祀动作,又是人发出的动作,所以《字典》和《谱》从不同的角度了归类,造成归类不同。再如 11 (开天辟地),既和"天"有关也和"地"有关,李霖灿认为这个字和"天"有关,将其归入"天文类",方国瑜认为这个字与"地"有关,将其归入"地理之属"。

(2)编纂者的归类原则不同造成了分类不同。李霖灿从字形的角度归类,方国瑜从意义的角度归类。方国瑜指出东巴文的构造方式有十种,分别是依类象形、显著特征、变易本形、标识事态、附益他文、比类合意、一字数义、一义数字、形声相益、依声托事①。《么象》的"人文类"中收录了依类象形的字,比如230 (人),以直立张开手脚的人形为参照造字;收录了变易本形的字,比如233 (跳),以人跳跃之形为参照造字;收录了"附益他文"的字,比如254 (上),象人向上攀登之形,下有一动线,示其向上之意;收录了"比类合意"的字,比如302 (放牧),像人持杆牧羊之形;收录了"形声相益"的字,比如249 (得),以人示意,以 注声;收录了"依声托事"的字,比如657 (饮),常借音作"他",这些字都与 有关,或者字形和 有关,或者以 为字素形成东巴文。方国瑜则更重视意义,比如 （日落）,方国瑜认为太阳从西方落下,159 可以表示方位,所以在《谱》中将其归入"地理之属(方向附)",再比如837 与穿衣戴帽有关,所以归入"服饰之属"。

---

① 方国瑜编撰、和志武参订:《纳西象形文字谱》,昆明:云南人民出版社,2005 年,"绪论"

（3）对异体字的归类处理不同。比如《么象》的949 ，《谱》对应的是620 、。《么象》的东巴文由"树"和"斧"组成，突出树被劈开，所以归入"植物类"，《谱》的东巴文显示出砍的动作是人发出的，所以归入"人事之属"。

（4）上下位语素形成的语义场造成了归类不同。例如，《谱》的"器用之属"包括了武器、生活用具、农具等，这些东巴文在《么象》中分别归入了用具类、饮食类、武器类等类别。这种现象出现的原因是《谱》运用了上位义素归类，《么象》运用了下位义素归类，所以《谱》的"器用之属"包含了用具类、饮食类、武器类等类别。

第四节 字典收录的不同的东巴文

字词典收录的东巴文的数量不同，以《么象》和《谱》为例，每本字典都收录了其他字典没收的字，下文将举例予以说明。

一、《么象》中多收录的字

1.天文类

比如天象53 （月亮惊抖起来）；名称57 （阴魂失落）；58 （阴魂）；星宿61 （北极星）；人名17 （此乃指两人名）等。

2.地理类

比如空间123 （地之中央）；地理现象139 （山崩，山倒，山塌）；山名161 （山名）；若喀字170 （此"若喀"字之一）；自然现象名称176 （石钟乳）；量词189 （滴、点）等。

3.人文类

比如动作 240 （蜷曲）；疾病名称 273 （痣）；性状 292 （瘦）；人的类别 297 （脚快之年青人）；地点 338 （地基）；丧葬方式 406 （男子火葬法）；若喀字 414 （此亦若喀字之一也,云为一神名,云使人口兴旺之神）；鬼的类别 471 （小鬼）；人种名 497 、、（人种名或地名,各处多巴多指之为<u>印度</u>人）；占卜 498 （<u>印度</u>地方看"左拉"卜书）等。

4.人体类

比如动作 584 （相见）；性状 622 （姊妹多）；666 （粗）；名词 626 （袖）；疾病名 669 （骨节病之一种）等。

5.鸟类

比如动作 688 （飘翔）；空间 691 （中间）；方式 695 （客气）；用具 696 （鸡架）；鸟名 710 （大鹏鸟）；鸟的部位 738 （野鸭头上之冠毛）等。

6.兽类、昆虫等圫

比如祭祀用语 762 （此退口舌是非经典中常用之语也,意为以老虎样之威风在后面来赶）；部位 763 （老虎之獠牙）；用品 764 （虎皮褥子）；动作 766 （打鬼之"打"）；动物名称 768 （绿松石色之青龙）；方位 770 （东南方）；人名 809 （人类远古世系一代之名）等。

7.植物类

比如动作 936 （长着，坐起来）；性状 938 （朽）；工具 971 （柏木香梯）；祭祀名称 979 （仇人结尾之法仪）；植物名称 990 （桃）；植物疾病名称 1023 （稻病之一种,白稻病）；地名 1048 （经典中之一地名）等。

8.用具类

比如动作 1086 （手乱拍乱弄）；用具 1092 （牛鼻穿杆）；状态 1101 （仓中无粮）；疾病 1104 （脚手痛）；地点 1123 （沟）；人名 1132 （多巴）；量词 1143 （半升）等。

9.饮食类

比如动作 1269 （合扣起来）；用品 1273 （丧礼物品）；名称 1279 （炒面）；用具 1288 （盅）；地点 1315 （马蹄一印之地）；状态 1317 （数层相"扣联"）等。

10.衣饰类

比如名称 1378 （小帽,瓜皮小帽）；性状 1384 （衣破）；用具 1403 （织机上加于经线之"交竹"）等。

11.武器类

比如动作 1463 （拔刀）；刀具名称 1466 （如火光熊熊一样明亮之快刀）；有关人的名词 1479 （中间一代）；地名 1480 （地名）；用具

1508 ▨（护手甲）等。

12.建筑、数目、动作等类

比如房屋名称 1516 ▨（隔壁房子）；动作 1517 ▨（盖房子、建造房子）；

数量词 1519 ▨（一群，一伙）；性状 1532 ▨（攘挤，人多拥挤）；事物名称 1599 ▨（光明闪烁之一圈黑绿松石）；占卜 1618 ▨（占卜打卦，闲）；疾病 1623 ▨（病而呻吟）；身体部位 1625 ▨（大拇指）；用具 1627 ▨（装干粮之"褡裢"（口袋））等。

13."若喀"字类

比如动作 1629 ▨（延伸）；方位 1639 ▨（方位，位置，地位）；性状 1640 ▨（奢华）；人体部位 1645 ▨（头）；神名 1647 ▨（神名）；量词 1652 ▨（页）；动物部位 1653 ▨、▨（羽毛，毫毛）；自然现象 1656 ▨（石钟乳）；用具 1663 ▨（白银火把）等。

14."古宗音"字类

比如 1679 ▨；1680 ▨；1681 ▨；1682 ▨；1683 ▨；1684 ▨；1685 ▨；1686 ▨；1687 ▨；1688 ▨；1689 ▨；1690 ▨；1691 ▨；1692 ▨；1693 ▨；1694 ▨；1695 ▨；1696 ▨；1697 ▨；1698 ▨；1699 ▨；1700 ▨；1701 ▨；1702 ▨；1703 ▨；1704 ▨；1705 ▨；1706 ▨；1707 ▨；1708 ▨；1709 ▨；1710 ▨ 等。

15.宗教类

比如字头 1711 🔣、🔣（字头）；物品 1714 🔣（黄金大石）；神兽 1723 🔣（一种神兽之名）；用具 1734 🔣（小竹网叉）；物品部位 1784 🔣（木身之脚）；状态 1789 🔣（面偶头上出药水）；名称 1803 🔣（"多巴"称呼死者之二代名词）；语言名称 1804 🔣（六字真言）等。

16.鬼怪类

比如鬼名 1810 🔣（鬼名）；动作 1818 🔣（封阻道路）；鬼兽 1898 🔣（鬼兽名，铁头黑狗）等。

17."多巴"龙王类

比如动作 1904 🔣（赶鬼）；名称 1910 🔣（神巫三兄弟）；1963 🔣（"多巴"名）；1965 🔣（"东巴"名）；1969 🔣（龙王之一）等。

18.神类

比如动作 2002 🔣（给鬼血）；神名 2005 🔣（神名）；法规 2068 🔣（法仪之规范）；神巫名 2070 🔣（神巫之名）；神匠名 2071 🔣（神匠之名）等。

收字不同的原因有以下几点。

(1)收录的范围不同。相对于其他字词典,《么象》收录的东巴文范围更广,种类更多,因此收录了其他字词典没有的东巴文。

(2)收字的时代不同。随着时间的推移,字体也不断发展,比如 99 🔣（春三月）的注释说明"此字当与前 🔣 之春天三月相对看,近日经典中多用本字而少用前者"①。说明 是时间较早的文献使用的东巴文， 是后期文献使用的文字， 和 属于古今字的关系。《谱》只收录了古字 ，《么象》既收录了古字也收录了今字。

（3）收字的地域不同。比如 115 （时刻）、123 （地之中央）是若喀文，124 （冰）是鲁甸地区的写法，125 （冰）是丽江地区的写法，《么象》都收录了并进行了说明。

（4）收录了异体字。比如 115 （时刻）是 114 （时刻）的异体字，《么象》都收录了。再比如 1589 （折断）和《谱》的 743 是异体字，《么象》也都收录了。

（5）收录了生僻字。比如 117 只出现在鲁甸地区的一本经书中，《么象》对这样的字也收录了。

二、《谱》中多收录的条目

1.天象之属（时令附）

比如天象 26 （汽）；时间 65 （明晨）等。

2.地理之属

比如地理 79 、（田）；地名 90 附 （人之地，在今四川盐源县）；方位 90 附 （江边）；山名 111 附 （"玛米巴老"山）；水名 126 附 （金沙江）等。

---

① 李霖灿编著、张琨标音、和才读字：《么些象形文字 标音文字字典》，台北：文史哲出版社，1972 年，第 10 页。

3.植物之属

比如果实 180 ▨（果）；动作 186 ▨、▨（倒）；树名 196 ▨（珍叶香木）；神植 269 ▨（龙王家之树）等。

4.飞禽之属

比如动作 274 ▨（啄）；身体部位 288 ▨、▨（鸡胃）；鸟名 297 ▨（鸽）；神鸡 335 附▨（神鸡）；神药 335 附▨（神胆药）等。

5.走兽之属

比如兽皮 338 附▨（山羊皮）；身体部分 341 ▨（羊毛）；动作 351 ▨（跑）；兽名 357 ▨（有角之兽）等。

6.虫鱼之属

比如名称 412 ▨（毛虫）；动作 444 ▨（吃）等。

7.人称之属

比如祭祀用具 449 ▨（木人）；称谓 465 ▨（曾孙男）；婚姻 481 ▨（姻缘，配偶）；宗族 487 ▨（宗族）；职位 509 ▨、▨（工匠）；民族 540 ▨（吕西人）；代词；558 ▨（他）等。

8.人事之属(21 个)

比如动作 561 ▨（住）；性状 601 ▨、▨（傻、笨人）；名称 675 ▨（遗腹子）；治疗 682 ▨针（灸）；祭祀 703 ▨（受祚）等。

9.形体之属

比如性状 706 （肥、胖）；名称 724 、（手纹）；动作 730 （戳）等。

10.服饰之属

比如材质 804 （绸缎，丝织品）；服装 806 （牦牛皮衣）；饰品 815 （黑毡帽）；822 、（流苏）；826 （手套）等。

11.饮食之属

比如名词 845 （来历）；用具 861 （竹绳）；动作 916 （蒸、焖）；

食物 944 （麦芽糖）等。

12.器用之属

比如武器 1066 （利箭）；动作 1069 、（争执，动武相争）；交通工具 1140 （石桥）等。

收字不同的原因有以下几点。

（1）收录的范围不同。比如地名的收录，条目 90 （人之地，在今四川盐源县）、（人之地，在今永宁金棉村一带）等《么象》没有收录。

（2）异体字的收录。比如（正月）、（二月）、（三月）等，《么象》收录的分别是（正月）、（二月）、（三月）。

第五节 本章小结

本章主要研究东巴文字典、词典的分类情况、收字范围。《么象》和《谱》

对东巴文进行了分类,但是分类结果并不完全相同,《么象》的分类注重字形,《谱》的分类注重意义。归类的不同与编纂者的主观因素有关,编纂者的归类角度、释义方式不同会将相同的东巴文归入不同的类别,归类的不同也和东巴文的字形有关,东巴文的异体也会影响归类。喻遂生指出"《文字谱》的分类总体上还是合理的,可以在此基础上斟酌完善"①,说明东巴文的归类仍须斟酌。

一、释义需要统一

《么象》和《谱》存在相同的东巴文释义不同的情况,比如《么象》条目1477 米 释义为"矛架起",《谱》相应的释义为"搭矛架",根据释义可知,《么象》认为此字记录的是中补结构,《谱》认为此字记录的是动宾结构,相应的归类也就不同。此外,释义方式需要规范,同一个东巴文在《么象》和《谱》中采用不同的释义方式,比如305 ,《么象》采用描写方式,解释为"过溜索",《谱》采用定义方式,解释为"悬空索道",前者为动宾词组,后者为名词,释义不同,归类也就不同。所以,归类统一的前提是释义统一。

二、异体字的处理需要规范

异体字最好收录于同一个条目下,但是《么象》和《谱》都存在将异体字分别立目的情况,从而造成有些异体字位于不同的义类中,比如《么象》中"压"的异体字174 和1584 分别归入"鸟类"和"建筑、数目、动作"等类,《谱》中的 、、 归入"形体之属", 归入"形状之属"。异体字记录的是相同的语言单位,只是字的写法不同,所以应该列入一个条目。异体条头的选择应该予以规范,选择时应该从字源、文字发展、使用频

---

① 喻遂生:《〈纳西东巴文大字典〉编纂的几个问题》,《辞书研究》2020年第5期,第58-70页。

率、构字能力、书写便利等方面综合考虑,不同字典的条头尽量保持统一。

三、多义词的归类

按照义类法,多义词应该分列于不同的义类中,但这样会造成同一字在字典中多次出现的情况,不利于呈现词义的系统性。所以对于多义词可以参照《纳象》的处理方式,在一个东巴文条目中列出不同的义项。

四、同义词的归部

对于同义词,可以根据词义的差异进行归部。比如《么象》的 1589 和 1590 都表示折断,两字是通称和专称的区别,后者专指骨折,所以前者可以归为"形状类",后者可以归为"人体类"。

除了东巴文的归部,本章还研究了字词典的收字范围和数量。字词典收录的大量的东巴文,基本可以满足查检的需要,但是东巴文的收录仍有空间,比如《谱》(P353)的条目 1497 记录的是鲁鲁人打鸡骨卜,《么象》也记录了有关"鲁鲁人"的条目,如条目 503 记录的是傈僳人打竹片卦,但是这两本字典"没有将"鲁鲁人"作为单独的条目列出。在《纳西象形文字实用注解》和《东巴文象形文常用字词译注》中则将"鲁鲁人"列为单独的条目,条头分别是 和 。结合几本字词典,"鲁鲁人"有专门的记录用字,而且可以作为字素参与造字,所以《谱》和《么象》应该将其设立为单独的条目。

第二章

字典的条目内容分析

字典是对文字的形音义进行解释的工具书,条目内容会直接影响使用者提取信息。目前东巴文字典的条目主要包括了条头、注音、释义、字形分析、参考文献等内容,下文将对字典的条目内容进行分析。

第一节　条头的选择

东巴文字典的条头就是所要解释说明的东巴文。不同的字典,条头的设定并不完全相同,王娟曾列出了《谱》《么象》《词汇》的条头对应情况①,条头能够直观地反映三部字典的异同。比较字典的条头可知,三部字典不同的原因是多方面的。

一、字源判定的原因

东巴文的产生时间较早,由于缺乏佐证,有些字的字源难以考释,编纂者对字源的判定不同,选择的条头也就不同。比如否定词的东巴文主要是由弧线内加曲笔组成,但是在书写时弧线的弯度不同,曲笔可以写为一个半圆或两个半圆或者尖角,字的书写方向并不固定,比如写为 ⌒ 、 ✓ 、

---

① 王娟:《纳西东巴文辞书研究——方国瑜、李霖灿、洛克字典的比较》,北京:民族出版社,2018 年,"附录一",第 280-335 页。

等。各字典列出的条头也不相同,李霖灿的(《么象》47)认为该字"象月缺无光之形,云系画月尽夜月薄无光之形",所以在《么象》中列出的条头是 ⟩;方国瑜认为其"象日没将尽"之形,在《谱》(56)中列出的条头是 ⌒;洛克认为该符号表示空的陷阱、下弦月,《纳英汉》(371)列出的是 ⟨;木琛指出"有人认为象某物将近覆没之形",《纳象》(68)列出的条头是 ⌒。条头不同致使查阅者无法了解东巴文的本形,降低了查检效率,应该尽量避免,所以不同字词典设定的条头要尽量保持一致,而字源可以作为条头设立的依据,因此对于字源不确定的文字还需要进一步考证。

关于否定词东巴文的字源,李霖灿认为和"月"字有关,指出"盖 ⟩ 之一字,作否定辞用必不可少,然既无实物可象又无同音之字可供假用,故不得不出此迂回之途径。今日么些农人于下弦月光细时,常曰'这个月'没有'了 tʂʰɯ³³hɛ³³mʌ³³dʑo³³sɛ²¹'",犹存此遗意也",也就是说纳西语否定词的东巴文不能通过象形或假借的方式产生,只能用表示细小的月亮 ⌒ 来作为一切否定义的东巴文。从字形的角度分析,东巴文中以 ⌣ 为本形,变化后造出了很多新字,如竖写变为 ⟩(年月的"月"①),缺省变为 ⌣(月蚀②),书写方向朝下变为 ⌢(晚上),这些字的产生说明了否定词用字存在由"月"字变

① 李霖灿编著、张琨标音、和才读字:《么些象形文字 标音文字字典》,台北:文史哲出版社,1972 年,第 5 页。李霖灿解释为"月份之月也,以直立为别,读音亦与月亮不同,唯么些文尚无确定不移为大众皆一致遵守之读法,故此字常与 ⌣ 字混用,仍须观经典中当时情况而活用之,即形可互通,而音及意则已凝固也。"也就是说,李霖灿认为这两个字经常混用,需要根据上下文判定。《全集》中月份的"月"也常写作 ⌣(2-37-1-2),所以书写表示"月份"的月还没有固定下来。《么象》中"月亮"和"月份"的读音不同。《谱》(第 91 页)中表示月亮的"月"和表示年月的"月"都是 ⌣,读音相同。《纳英汉》中表示月亮的"月"和表示月份的"月"都是 ⌣,读音也相同。

② 《谱》中收录,《么象》中没有收录,《纳英汉》中为 ⿰.

易而来的可能性。文献中"月"字的写法似乎也能说明这种可能性。《纳英汉》中"月"的字形是 ⬚①，最下边笔画的两端和弧线笔画两端不相交，这说明下面的笔画有脱落的可能。《全集》中"月"字有时写为 ⬚，如 ⬚（1-35-1-5，数字从左到右分别代表卷数-页数-段数-节数），直译为"月新到来的"，"月"字左边的两个笔画不是在顶端相接，下方笔画有了脱落的趋势；有时写为 ⬚，如 ⬚（96-71-1-3），直译为"太阳月亮"，左右两边的笔画都是相离的关系，说明下方的笔画可以脱落；有时写为 ⬚，如 ⬚（4-26-1-4），直译为"月不出"，"月"字下方的笔画已经完全消失了。文献的用例说明否定词用字可以由"月"字"变易本形"后创立，"变易"的方式是省略了最下方的笔画。从意义的角度分析，李霖灿认为 ⬚ 表示月亮快没有了，"没有"是否定词，所以可以用表示"没有"的 ⬚ 代表所有否定词。从字形和意义的角度分析，李霖灿的观点是有道理的，但是《么象》以书写方向朝左的 ⬚ 作为条头仍然需要商榷。"月缺无光"指月末时的月相，月末时的月相为 ⬚，弧线朝右，而李霖灿列出的条头的书写方向朝左，与 ⬚ 的朝向相反。李霖灿的选择大概和他的文字观有关系，他列出了"月"字的变化历程——⬚、⬚、⬚、⬚，历程的第三阶段字体已经竖立而且朝左，第四、五阶段的否定词用字是从竖向、字向朝左的字体演变而来的，即李霖灿认为竖向、书写方向朝左是东巴文字体发展的趋势。历程中的 ⬚ 是古本中出现的写法，⬚ 是最简洁的字形，所以李霖灿将符合书写趋势、字形简化的 ⬚ 作为了否定词用字的代表字。李霖灿提出的竖向、字向朝左的写法是否是东巴文

---

① 洛克编著：《纳西语英语汉语语汇》（第一卷），和匠宇译，郭大烈、和力民校，昆明：云南教育出版社，2004 年，第 224 页。

发展的趋势目前还无法证实。 ᠅ 在《全集》有确切书写时间的文献中也出现得早于 ᠅ ，比如在 1720 年或 1780 年的经书《请神压端鬼·端鬼的来历》中就有使用，而 ᠅ 在 1865 年的《超度嘎瓦劳瑞工匠用的经书》中才出现，所以 ᠅ 也不是字形发展的最后阶段，因此李霖灿对条头的选择设定证据不足。

方国瑜认为"暮"和"不"的读音相同，都是 $[m\vartheta^{33}]$ ，因此选择了和"暮"形体相近的字形 ᠅ 作为否定词的用字，并注释为"象日没将尽。又作 ᠅ "。"暮"的意义是傍晚，天象为"日没将尽"，文献中否定词的各种写法里只有 ᠅ 最能代表"日末将尽"， ᠅ 的弧线可以看作是天际线，半圆可以看作是太阳。"不"和"暮"的读音相同，所以可以借用"暮"的用字来表示"不"。这种解释似乎比较合理，因为在汉语中"暮"的本字"莫"就被借用表示否定词。但是这个观点成立的前提是东巴文中"暮"的用字是 ᠅ 或 ᠅ 。查阅相关资料得知，字典辞书中除《谱》外都没有收录"暮"，经书中也没有"暮"的用字。字典辞书中有与"傍晚"相关的条目，如《谱》的条目 48 ᠅ ，读音为 $[bi^{33}g\gamma^{21}]$ 或 $[\eta i^{33}me^{33}mu^{21}g\gamma^{21}]$ ，释义为"日没"，字形为"从日没于山"，但 ᠅ 的形、音、义都与"暮"不同；《么象》的条目 42 ᠅ ，读音为 $[\eta i^{33}me^{33}mbo^{21}k\gamma^{33}t^hv^{33}]$ ，释义为"太阳由坡后落下"，音义与"暮"也不同，条目 28 ᠅ ，读音为 $[\eta i^{33}me^{33}g\gamma^{31}]$ ，释义为"西方"，解释为"象日落无光之形，日落于西，故以之以西方，么些语意即日落之处也"，此字虽在意义上与"傍晚"有别，但字体分析为"日落无光"之形，和"暮"的字形分析"日没将尽"相近，但它和"暮"的书写和读音都不相同。所以辞书和文献都无法说明东巴文中"暮"的读音是 $[m\vartheta^{33}]$ 、字形是 ᠅ 或 ᠅ ，因此方国瑜的观点仍须商榷。

洛克认为"空的陷阱"和"下弦月"和否定意义相关。"空的陷阱"可以代表空间的虚无，"下弦月"可以代表时间的流逝，空间的虚无、时间的流逝最终变为了"没有",因此空的陷阱和下弦月可以表达"Not"的意义。从意义的角度出发,他选择了和"空的陷阱"和"下弦月"形体相近的ℓ作为否定词的用字,并注明"ℓ,²muàn³³. Not. The symbol is said to represent an empty trap; others again the last quarter of the waning moon,hence nothing"。按照洛克的观点,ℓ的字形来源有两个,或者取像于"空的陷阱",或者取像于"下弦月",这种带有选择的结论说明,洛克也无法确定ℓ的字形的真正来源。文字的形体可能与很多的事物有相似之处,但是来源应该是唯一的,不能出现因为字形像多个事物而有多个选择的情况。ℓ是否代表"空的陷阱"或"下弦月"?ℓ与"空的陷阱"在形体上无法联系起来;字典辞书没有收录"空的陷阱"的条目,文献没有相关用例,ℓ是"空的陷阱"在文献上也缺乏佐证,因此从字形和文献角度不能确定ℓ是"空的陷阱"的象形。ℓ是否是"下弦月":下弦月的月相是█,和ℓ的朝向相同,但是下弦月像半圆,而ℓ只有一条弧线,ℓ和下弦月的月相有差距,且字典辞书没有收录"下弦月"的条目,文献也没有出现"下弦月"的用例,ℓ代表"下弦月"的理由不充分。

木琛认为中间部分像事物,弧线掩盖之物,所以字形像事物将要被覆盖,快要消失了,按照木琛的观点,这个字是象意字。东巴文部件中⬭可以表示"星""镜""果""蛋""事物"等,弧线可以表示"河""巢"等事物,从字形的角度分析木琛的观点是有道理的,但是文献中没有相关例证,所以木琛的观点还须证明。

比较几位编纂者的观点可知,李霖灿的字源分析比较合理,依据字源,应该选择ℓ作为条头。

二、选用异体字做条头

字词典选择了一组异体字中的不同字作为条头,造成条头不统一,比如"长庚星",《么象》的条头是 63 ⚹,《谱》的释义为"参星",条头是 9 〰,两个字都是形声字,但声符不同。字词典中的条头应该尽量保持一致,所以在对异体字进行收集时要尽量全面,并在条目中有所说明,条头选择时要选择常用的字作为条头。

三、选择地域字做条头

例如"大",《么象》设立了两个条目,条头分别是 247 ⚤ 和 248 ✤,《谱》《纳英汉》《纳象》的条头都为 ✤。《么象》在条目 ⚤ 中说明"此字唯见于<u>北地江边</u>一带及'若喀'地域内,或作坐像 ✤ 意形皆不变,过<u>金沙江</u>后忽皆作 ✤ 形";条目 ✤ 注明"此种写法最常见"[1],由此可知 ⚤ 和 ✤ 是不同地域的字体,《么象》《谱》《纳象》和《纳英汉》都选择了常用字 ✤ 作为条头,此外,《么象》还选择了 ⚤ 作为条头。

再如"虹",《么象》(112)的条头为 ⋀,注明"此种写法只见于<u>鲁甸</u>一带",《纳象》(155)的条头为 〰,与《么象》相近。《谱》的条头为 13 〰,《纳英汉》(651)的条头为 ◗。

地域字的不同造成了字词典条目的不同,在编纂字词典时应对地域字进行说明。由于东巴文还没有规范,编纂者的材料来源不同,必然会造成条头的不同,这种情况也反映了东巴文的特点。

---

[1] 李霖灿编著、张琨标音、和才读字:《么些象形文字 标音文字字典》,台北:文史哲出版社,1972 年,"么些象形文字字典",第 23 页。

第二节 注音方式

《么象》《谱》《纳英汉》对相同词语的注音并不相同,比如否定词的读音,《么象》的注音是[mʌ³³];《谱》的注音为[mə³³];洛克采用的是自己发明的一些新的标识符号,注音是²muàn³³,最前边的 2 指的是第二声平声,调值相当于 33。

在《么象》的自序中李霖灿介绍说,条目的注音是由和才发音,张琨标注的,和才是丽江西北部鲁甸阿时主下村人,"所以这里的发音亦是以鲁甸地区为标准的"①。《谱》"所用的音标,即以纳西族西部方言通用的大研镇土语为准"②,《纳英汉》"所选择的方言是金沙江河谷中丽江北部和西部村子中所说的纳西语"③。由此可见三本字典注音的依据不同。

《纳西语简志》指出"根据各地纳西语语音、词汇、语法的异同情况,并参考纳西族的社会历史,把纳西语划分为西部和东部两个方言。方言内部还有土语的区别。西部方言主要通行于丽江、中甸、维西、永胜等县。此外,鹤庆、剑川、兰坪、德钦、贡山、宁蒗县永宁坝皮匠村和四川省木里藏族自治县的俄亚、盐源县的大咀、冷九主和西藏自治区芒康县的白盐井等地也使用西部方言。西部方言分大研镇、丽江坝和宝山州三个土语……土语之间在语音和词汇上虽有一些差异,但不影响互相通话。东部方言主要通行于宁蒗、盐源、木里、盐边等县。此外,丽江县的奉科、维西县的其宗、永胜县的獐子旦等地居民也有说东部方言的。东部方言内部分永宁坝、瓜别和北渠坝三

---

① 李霖灿编著、张琨标音、和才读字:《么些象形文字 标音文字字典》,台北:文史哲出版社,1972 年,么些象形文字字典"自序",第二页。

② 方国瑜编撰、和志武参订:《纳西象形文字谱》,昆明:云南人民出版社,2005 年,"纳西语的音标说明",第 81 页。

③ 洛克编著:《纳西语英语汉语语汇》(第一卷),和匠宇译,郭大烈、和力民校,昆明:云南教育出版社,2004 年,"引言",第 27 页。

个土语。……这三个土语之间,在语音和词汇上差异较大,互相通话有一定困难"①。以此可以判定《么象》标音所依据的是鲁甸地区的语言,《谱》标音所依据的是大研镇土语,《纳英汉》标音所依据的是金沙江河谷中丽江北部和西部村子的语言,这三种语言都属于纳西族西部方言,三本辞书注音的差异主要因为土语的区别,所以在参考字词典的注音时要注意语音不同的情况。

字词典的注音还运用一些注音用语,主要用于说明地域读音、古音等,具体情况如下。

一、《么象》中的注音用语

1.读为

例如,1 中注明"鲁甸一带之巫师有时将此字读为 $mɯ^{33} ʂua^{21}$"。

2.读作

例如,4 中注明"此字在占卜经典中常读作 $ȵi^{55} mɛ^{33} mɯ^{33} bv^{31} gʌ^{55} t^hv^{33}$"。

3.古音

例如,22 中注明"在经典中常读为 bi^{33},盖古音也"。

4.读

例如,30 中注明"此字有时读 mba^{31}"。

5.或读曰

例如,34 中注明"或读曰 $ȵi^{33} mɛ^{33} he^{33} mbo^{33} ɖɯ^{31} rv^{55} la^{33}$"。

---

① 和即仁、姜竹仪:《纳西语简志》,北京:民族出版社,1985 年,第 3 页。

6.或称

例如,66 🪶中注明"或称此星为 tʂʰwɑ⁵⁵ tsʰʌ³¹ kɯ³¹ bv³¹ zɯ³³"。

7.注明方言音

例如,990 🌱中注明"[bv³³ kʰɑ³³]在'若喀'地域内如此读"。

8.变切

例如,1679 🫖中注明"此字由饭🍚之 hɑ³³ 音与手🤚之 lɑ³¹ 音,二音变切而成"。

9.拼切

例如,1685 🦋中注明它是"io³¹ 与 iʌ³¹ 之拼切也"。

二、《谱》中的注音用语

1.又读

例如,2 ⊕的读音为 bi³³,条目还注明"又读 ŋi³³me³³或 ŋi³³"。

2.或读

例如,188 🪆,注明"或读 pʰiə⁵⁵gɯ³¹"。

3.又读

例如,77 ⟋⟍,注明"又读 dy³¹lo³¹"。

4.又可读

例如,417 🦅,注明"又可读 bæ³³kʰɯ³¹"。

5.古音

例如,448 ⟨字⟩,注明"古音读 dzi³³"。

6.又叫

例如,773 ⟨字⟩,注明"又叫 nẏ⁵⁵hy³¹"。

三、《纳英汉》的注音用语

《纳英汉》有时会说明古语注音,例如,29 ⟨字⟩注明"²bi 是古语中对太阳的称呼"。

四、《纳象》中的注音用语

《纳象》说明多个读音时会用到"或读",比如 95 ⟨字⟩注明"[be³³]或读 [be³³be³³]、[tse⁵⁵be³³]"。有时仅用顿号隔开,比如 158 ⟨字⟩注明"[tʰẏ³³pʰe³³]、[tʰe³³pʰe³³]"。

第三节 释义分析

四本辞书中有些条目的释义内容存在差异,伯仲之间如何抉择,成为摆在使用者面前比较棘手的事情,因此有必要对辞书的释义进行比较研究,分析释义不同原因,得出更合理的释义,从而帮助使用者得到更准确的结论,提高辞书的使用效率。

四本辞书中很多条目的释义内容是相同的,使用者查阅时不会产生疑问。释义相同的条目以独体字居多,且多为基本词汇,比如 ⟨字⟩,辞书都释为"肺", ⟨字⟩都释为"针"。还有一些条目的释义不同。下文将以《么象》和《谱为例,对其中形体相同或相近,并且读音相同或相近但是意义不同的条目进行对比。设立对比条目的标准主要考虑以下要素:首先,形体相同或相近。形体相同才能保证研究的同一性,但是由于东巴文还没有规范,字体没有统一,具有个人特色和地域差异,所以只要细微的字形或笔画差别没有影响字义的,笔者就将其作为比较的条目。其次,设立语音相同和相近的标准是为了确保对比的字符属于同一字符。因为《么象》和《谱》记录的语音带有方言特色,所以读音相近但是只要符合方言差异的也归入研究范围。《么象》和《谱》的释义差异比较复杂,有些条目的释义相同但因为释义用语、释义方式的不同造成了差异假象,有些释义部分相同,有些释义完全不同,具体情况如下。

一、意义相同,用语不同

用语的不同主要体现在语体色彩、词语选择、表述方式等方面。

1.语体色彩不同

语体色彩的不同主要体现在文言和白话的不同。具体可以分为以下三类。

(1)字形相同或略有差异,读音基本相同。

《谱》用文言,《么象》用白话。《谱》的条目 688 和《么象》的条目 419 收录了共同的字符,注音分别为[æ^{21}]和[æ^{31}]。《谱》的释义为"斗也",《么象》的释义为"打架也"。斗,甲骨文字形为 [1],像两人怒发对打形,本义为搏斗,引申义是战斗。斗与打架的意思相同。斗为文言,打架为白话。

《么象》为文言,《谱》为白话。《谱》的条目 668 的读音为[ba^{33}],释义为"大脖子也";《么象》的条目 269 的读音为[mba^{33}],释义为"喉瘿也"。

---

① 徐中舒:《甲骨文字典》,成都:四川辞书出版社,2014 年,第 278 页。

"瘿",《说文解字》的释义为"颈瘤也"①。《说文解字注》的注释是"(瘿)颈瘤也。下文云。瘤、肿也。此以颈瘤与颈肿别言者、颈瘤则如囊者也。颈肿则谓暂时肿胀之疾。故异其辞。"②段玉裁解释"瘿"为生长在脖子上的一种囊状的瘤子,而不是暂时的脖子肿胀。喉瘿进一步指明了长瘤的位置。中医把颈瘤称为大脖子。对比两部字典,它们的释义是相同的,只是释义用语不同。

(2)字形差异较大,读音基本相同,意义基本相同。

《谱》的条目 301 的读音为[tɕi⁵⁵ ʂə³³],释义为"鹊也";《么象》的条目 732 的读音为[tɕi⁵⁵ ʂʌ⁵⁵],释义为"喜鹊也"。两个字符的构形中都有共同的表音符号 ,其余部分不同, 的表意符号为 , 的表意符号为 , 为 的省体,都表示鸟; 的另一个表音符号是"上"。两个字符的字形不同,但从释义的角度分析,"鹊"即"喜鹊",两部字词典的释义相同。

(3)《谱》和《么象》的音义对应关系不同。

《谱》的条目 452 的释义为"叟也,祖父也",《么象》的条目 385 的释义为"老人也,祖父也"。语音方面,《谱》中 的释义为"叟"和"祖父"时的语音是相同的,都为[pʰv³³]、[ə²¹pʰv³³]和[ə⁵⁵lo³³mu⁵⁵];《么象》的释义为"老人"时对应的读音是[pʰv³³],"祖父"对应的读音是[ʔɛ³³pʰv³³]。字形方面,《谱》和《么象》收录的字的字形基本相同。释义方面,两部字词典都有"祖父"这个意义,此外《谱》还有"叟"的意义,《么象》还有"老人"的意义。《说文解字》注明"叟"即"老人"③,故两本工具书的释义相同。所以,《谱》

① 许慎:《说文解字》,北京:中华书局,1963 年,第 154 页。
② 段玉裁:《说文解字注》,上海:上海古籍出版社,1988 年,第 349 页。
③ 许慎:《说文解字》,北京:中华书局,1963 年,第 64 页。

收录的 和《么象》收录的 为同一符号,但是音义对应关系有所不同。

2.两部字典的释义用语为同义词

《谱》的条目 35 的释义为"明也",《么象》的条目 34 的释义为"亮也"。《谱》的读音[bu^{33}]和《么象》的读音[mbo^{33}]基本相同。"明"和"亮"为同义词。

《谱》的条目 631 的释义为"簸也",《么象》的条目 534 的释义为"播扬也"。簸,《说文解字》的注释为"扬米去糠也"[1],即用簸箕颠动米粮,扬去糠秕和灰尘。簸与播扬为同义词。

《谱》的条目 854 ,《么象》的条目 1115 ,两者的读音同为[k^{h} v^{33}],《谱》的注释为"获也",《么象》的注释为"割也"。获,甲骨文字形为 ,意为"刈割"[2]。"刈割"与"割"是同义词。

3.两部工具书指称对象相同,表述方式不同

(1)选用不同名称释义。

《谱》的条目 535 的释义为"纳西族",《么象》的条目 489 的释义为么些人或拿喜人。关于"纳西"和"么些"的称谓,方国瑜在《纳西族的渊源迁徙和分布》中写道"略以长江第一湾流至东经一百度四分处,自北而南,分作东西两个区域……一般说来,东部称为么些,西部称为纳西;见于史籍记录,则通称么些,现在已确定'纳西'为共同的族名。"[3]也就是说最初因为地域不同而称谓不同,在史籍记录和现代称谓中称谓统一。《谱》和《么象》分别注释为"纳西"和"么些",是对同一民族的注释。方国瑜还认为"纳西"

---

① 许慎:《说文解字》,北京:中华书局,1963 年,第 99 页。
② 徐中舒:《甲骨文字典》,成都:四川辞书出版社,2014 年,第 232 页。
③ 方国瑜编撰、和志武参订:《纳西象形文字谱》,昆明:云南人民出版社,2005 年,"绪论",第 3 页。

的称谓是恰当的,"么<u>些</u>"的称谓含有侮蔑,应当废除。① 因此,在称谓的选择上,方国瑜作了大量的研究后才予以确定。

其他如《谱》的条目 536-539 表示不同的纳西族氏族名,相应的氏族在《么象》的条目 490-493 中释义为"么<u>些</u>人之一支"。《谱》的条目 549 释义为"白族",《么象》的条目 501 释义为"<u>民家人</u>"。《谱》的条目 858 释义为"粮枷",《么象》的条目 1097 释义为"连夹棍"。《谱》的条目 1008 释义为"门限",《么象》的条目 1152 释义为"门坎"。

这些都是指称对象相同,但选用不同的名称释义。

（2）概括的范围大小不同。

《谱》的条目 111 释义为"居那什罗"山,《么象》的条目 149 释义为"么些经典中之神圣之山"。前者限定具体的山名,后者指明种类。

《谱》的条目 552 释义为"蒙古族",《么象》的条目 496 释义为"人种名",前者解释的是民族的具体名称,后者解释的是民族的大类。

（3）两部工具书释义为上下位关系。

《谱》的条目 225 释义为"白杨也",《么象》的条目 983 释义为"小叶白杨也"。一般"白杨"指的就是"小叶"的,因而两部工具书释义相同。

《谱》的条目 197 释义为"杉也",《么象》的条目 981 释义为"冷杉也"。其实,两者读音和形体都相近,指称的对象应为一个事物。"杉"的种类较多,从符号的形体考察,更多地指向"冷杉",因而《么象》的释义更加明确。

《谱》的条目 195 释义为"细叶香木也"读音为 $[i^{33}kə^{55}]$,《么象》的条

---

① 方国瑜编撰、和志武参订:《纳西象形文字谱》,昆明:云南人民出版社,2005 年,"绪论",第 3 页。

目 989 释义为"楷木也,或称小叶黄莲木",读音为$[i^{33}kv^{55}]$。两者形体相同,读音相近,为同一符号。"楷木"叶小,有香味,与《谱》的释义相同。

（4）字面义差异很大,意义指向相同。

《谱》条目 269 的附列条目中的 释义为"黑白交界处之梅花也",《么象》的条目 1007 释义为"阴阳交界处之梅花树也"。两部字典的释义有两处不同:定语"黑白"和"阴阳"不同;中心词"梅花"和"梅花树"不同。《谱》进一步说明"阴界开白花,阳界开黑花",即黑白对应阴阳,"开"说明主语为树。因而,两部工具书指称对象相同。

《谱》的条目 924 释义为"足食也",《么象》的条目 1271 释义为"有饭吃",两者的读音都为$[ha^{33}i^{33}]$。"足食"一词出自《论语》。《论语》中写道"子贡问政。子曰:'足食足兵,民信之矣。'"①足食即食粮充足,和"有饭吃"的意义是不同的。《谱》进一步说明"足食"为"祝愿之词",即祝愿食物多,足够吃,并非真正意义上的"足食"。再从字形的角度分析,《谱》的 表明碗中有饭,《么象》的 为"画碗中有饭之形,以上有一气线,示其有饭之意"。两者都表示"碗中有饭",从这个意义上来说两者是相同的。

（5）形义对应关系不同,意义指向相同。

《么象》的形义对应关系更加密切。《谱》的条目 47 释义为"日出也";《么象》的条目 40 释义为"太阳从坡头出来"。《谱》的释义中只有"日"与形体对应,《么象》的释义中"太阳""山头"分别和形体对应。两部字典收录的字符中都没有"出"对应的字形,"出"是从形体分析出来的动态义。通过分析可知,《么象》的形义对应关系比《谱》的形义对应关系密切。

《谱》的形义对应关系更加密切。例如,《谱》的条目 188 释义为

---

① 陈晓芬、徐儒宗译注:《论语大学中庸》,北京:中华书局,2015 年,第 141 页。

"风吹叶落也",形体中有风、有叶,点表示多,因而形义对应完整。《么象》的条目964 释义为"狂风暴雨也",形体有风,但没有暴雨,形义对应关系不如《谱》完整。再如《谱》的条目639 释义为"踏也,拌也",即用脚踏泥。《么象》的条目374 释义为"和泥也",没有指明和泥方式,不如《谱》的形义对应关系密切。

4.两部工具书的释义关系是具体和抽象的关系

《谱》的条目969 释义为"塞也",字形为"从塞入土";《么象》的条目1196 释义为"打椿子,钉椿子",字形为"打椿入土",两者读音相同,都读[tʰo⁵⁵]。无论是"入土"还是"入木"都表示将一个东西推入另一个东西。"塞"是一个抽象的概念,"打椿子,钉椿子"是一个具体的概念。

5.释义的侧重点不同

《谱》的条目949 释义为"破",《么象》的条目1460 释义为"划"。《谱》强调结果,《么象》强调过程。

《谱》的条目993 释义为"围墙也",《么象》的条目1531 释义为"村庄也"。《谱》强调的是状态,形体说明是"象围墙高矮连接筑之",即连绵不断的高矮围墙。《么象》强调的是结果,形体说明是"象村中房屋相连之形"。

《谱》的条目684 释义为"火罐取血医病",《么象》的条目378 释义为"以火罐吸灸疮病"。《谱》强调了治病方式,《么象》强调了治病的动作。

二、两部字典的释义部分相同

1.用多个词语释义的条目

《幺象》的释义为《谱》释义的一部分。

例1《谱》的条目450 的释义为"子也,男也,丈夫也"。《幺象》的条目379 释义为"结婚后之男子也"。

《谱》用了三个词语为 释义,"子"在现代汉语中很少单用,单用的情况多用于古代汉语中,《说文解字》的注释为"十一月,阳气动,万物滋,人以为偁。象形。凡子之属皆从子。"①"子"最初指襁褓里的婴儿,后可指"孩子",再后来专指"男孩子","男"指男子,"丈夫"指男性配偶,《谱》的释义就为"男孩子、男子、男性配偶",《幺象》的意义和"丈夫"的意义相同,所以说《幺象》的释义是《谱》释义的一部分。

例2《谱》的条目5 的释义为"星名也;或曰凶星、彗星",《幺象》的条目60 的释义为"彗星也"。

《谱》指出 往往连用,与汉文"星辰"两字连用相同,因而 表示星名,可泛指所有星星,还可以表示凶星、彗星。《幺象》的释义仅为《谱》释义的一部分。

2.《谱》的释义是《幺象》释义的一部分

例1《谱》的条目715 的释义为"齿也",《幺象》的条目612 的释义为"牙也,齿也"。

① 许慎:《说文解字》,北京:中华书局,1963年,第309页。

　　齿,《说文解字》的注释为"口齗骨也。象口齿之形"①。牙,《说文解字》的注释为"牡齿也。象上下相错之形。凡牙之属皆从牙"②。段玉裁的《说文解字注》的解释为"牡齿也。壮各本讹作牡。今本篇,韵皆讹。惟石刻九经字样不误。而马氏版本妄改之。士部曰。壮,大也。壮齿者,齿之大者也。统言之皆称齿,称牙。析言之则前当唇者称齿。后在辅车者称牙。牙较大于齿。非有牝牡也。"③段玉裁指出笼统地说牙齿都称为"牙",严格地说,齿指的是前面离唇近的牙齿,即门牙,后面的槽牙为牙。现代汉语中牙和齿往往没有区别,指牙齿时常用"牙"。因此,无论是古代还是现代,牙都是牙齿的统称。《谱》的 指的是门牙;《么象》的 既指门牙也指槽牙。《谱》的释义是《么象》释义的一部分。

　　例2《谱》的条目 1051 的读音有两个即[bv²¹dɯ³³]和[tʰe³³rɯ³³],释义为"经书也、书也"。《么象》的条目 1171 的一个读音为[mbv²¹rɯ³³],条目 1172 的读音与之相同,意义都为"经典"。《么象》的条目 1170 、1171 、1173 有相同的读音[tʰɛ³³ɯ³³],有共同的意义"书";读音为[tʰɛ³³ɯ³³]时,1170、1171 还有另外的释义"经书"。1173 的另外一个读音是[tɕiʌ²¹],对应的意义是"经典"。

　　两部字词典中这几个条目释义的差异如下所示。

---

① 许慎:《说文解字》,北京:中华书局,1963 年,第 44 页。
② 许慎:《说文解字》,北京:中华书局,1963 年,第 45 页。
③ 段玉裁:《说文解字注》,上海:上海古籍出版社,1988 年,第 80 页。

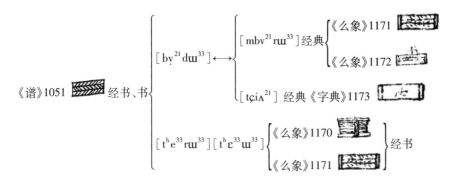

《谱》的条目 1051 的读音［b ẓ²¹ dɯ³³］和《字典》1171 、1172 的读音［mbẓ¹¹rɯ³³］对应,《谱》的条目 1051 的意义是"经书、书",《么象》的条目 1171 、1172 的意义是"经典",《么象》的释义是《谱》释义的一部分。

《谱》的条目 1051 的读音［tʰe³³ rɯ³³］和《么象》的条目 1170 、1171 的读音［tʰɛ³³ɯ³³］相近,意义相同,都表示"经书、书",这种情况下,它们可以看作共同的字符。

《谱》的条目 1051 的读音［tʰe³³rɯ³³］和《么象》的条目 1170 、1171 、1173 的读音［tʰɛ³³ɯ³³］相近,《谱》的释义是"经书、书",《么象》的释义是"书",《么象》的意义和《谱》的意义的一部分相同。

需要注意的是,有时《谱》和《么象》的释义看似是部分与整体的关系,实际并非如此。

例1《谱》的条目 296 释义为"鸠也,胸花斑",297 释义为"鸽也",《么象》的条目 729 释义为"斑鸠,鸽子"。从字义的角度分析,《谱》的 和 分别对应《么象》 的部分意义,但是实际情况是否是这样呢?

首先,分析《谱》的 296 和《么象》的 729 的关系。

《谱》中⟨字⟩的读音为[ruɯ³³huɯ²¹]，《么象》⟨字⟩的读音为[tʰo³³ruɯ³¹]，读音不同。《谱》中⟨字⟩的释义为"鸠"，注明"胸有花斑"。《么象》中⟨字⟩的释义为"斑鸠"。⟨字⟩和⟨字⟩的读音和字形不同，只有意义相同。

其次，分析《谱》的 297 ⟨字⟩ 和《么象》的 729 ⟨字⟩ 的关系。

字形方面，⟨字⟩和⟨字⟩都为形声字，但是声符的数量不同。读音方面，⟨字⟩的读音为[tʰo³³luɯ²¹]，⟨字⟩的读音为[tʰo³³ruɯ³¹]，第二个音节的声母分别为[l]和[r]，声调略有不同。⟨字⟩的读音为[tʰo³³luɯ²¹]时对应的意义是"鸽"，⟨字⟩的读音为[tʰo³³ruɯ³¹]时对应的意义是"斑鸠"，⟨字⟩和⟨字⟩意义不同。

《么象》中的⟨字⟩还有另一个读音[ɕi³¹tʰo³³ruɯ³¹]，意义是"鸽子"。《谱》有一个与其相近的读音[ɕi²¹tʰo³³luɯ¹]，意义是"家鸽"，但没有对应的字形，所以两者不同。《谱》的⟨字⟩和⟨字⟩不能分别对应《么象》中⟨字⟩的部分意义。

例2《谱》的条目 528 ⟨字⟩释义为"贫也"，《么象》的条目 377 ⟨字⟩释义为"穷也、苦也"，两者的读音都是[si³³]。

贫，《说文解字》的释义为"财分少"[1]。穷，《广雅疏证》的释义为"贫"[2]。苦，《广雅疏证》的释义为"穷"[3]。《广雅疏证》中，贫、穷、苦互训，说明这三个词的意思相同。《么象》的释义虽然用了"穷"和"苦"两个词，其实表达的是一个意思。现代汉语中贫、穷同义，并常常连用，与"富"相反；苦也有贫穷的意义。因而《谱》和《么象》的释义相同，两部工具书的释义不存在整体与部分的关系。

例3《谱》的条目 867 ⟨字⟩，释义为"富也，丰也"；《么象》的条目 1102

---

① 许慎：《说文解字》，北京：中华书局，1963 年，第 131 页。
② 王念孙：《广雅疏证》，上海：上海古籍出版社，2017 年，第 698 页。
③ 王念孙：《广雅疏证》，上海：上海古籍出版社，2017 年，第 597 页。

⿰，释义为"富实也"。

富，《说文解字》"备也。一曰厚也"①，即富的本义是完备，后引申为财产多、使富裕等含义。"丰"指"盛，多"②，富、丰同义。富实指富裕殷实。三个词都是同义词，意义上不存在部分和整体的关系。

3.用单个词语释义的条目

(1)《谱》的释义是《么象》释义的上位义。

《谱》的条目595 🗝释义为"戴也"，《么象》的条目393 🗝释义为"戴帽也"，🗝的读音为[tʰæ³³]，🗝的读音为[tʰæ³³]，两者读音相近，形体相似。《谱》进一步说明"从人头上有所戴"，戴的东西不限，《么象》专指戴帽子，两者在意义上是上下位关系。

《谱》的条目77 ▱读音为[dy²¹]或[lɯ³³]，释义为"地也"；《么象》的条目118 ▥读音为[dy³¹]，释义为"大地"，119 ▭的读音为[rɯ³³]，释义为"土地"。《么象》中▥和▭的释义分别为《谱》中▱的下位义。

(2)《么象》的释义是《谱》的释义的上位义。

《谱》的条目1156 ⚘、⚘、⚘，读音为[tɕi⁵⁵]，释义为"鞍也"；《么象》的条目1244 ⚘有两个读音，读音是[tɕi⁵⁵]时释义为"驮子"，即牲口驮着的货物，读音为[tɕi⁵⁵kɯa³¹]时释义为"鞍子也"。读音为[tɕi⁵⁵]时，《么象》的释义"驮子"是《谱》的释义"鞍"的上位义。

需要注意的是，有时《谱》和《么象》在释义方面看似有上下位关系，但实际上它们的意义指向相同。

---

① 许慎:《说文解字》，北京:中华书局，1963年，第150页。
② 《新华字典》，北京:商务印书馆，1998年，第132页。

《谱》的条目 781 ⊕ ,释义为"秽气";《么象》的条目 663 ⊙⊙ ,释义为"秽也"。《谱》的字形分析是"象汽缭绕",《么象》的字形分析是"云画胎胞之形",两者都表示"团"之形。由此,《么象》的"秽"指的也是"秽气",两者释义相同,不存在上下位关系。

三、两本字典的释义不同

1.两本字典的释义属于同一种概念下的属概念

《谱》的条目 485 𤇼 释义为"母族",《么象》的条目 476 𤇼 释义为"本族人、亲戚"。

两部字典收录的字形相同,读音基本相同,分别是[k^ho^{21}]和[k^ho^{31}]。两个符号的意义从字面上看存在上下位关系,《谱》是《么象》的下位义,"母族"属于"亲戚"。但是结合语音,两者没有上下位的关系。《么象》的注音为[k^ho^{31}]时对应的释义为"此指父系之亲属",与"母族"有别。因此,《谱》的 𤇼 和《么象》的 𤇼 意义不同,但都属于"有亲缘关系"种概念下的属概念。

2.两本字典的意义无关

《谱》的条目 210 𣏷 释义为"椒树",《么象》的条目 992 𣏷 释义为"花椒",两者读音相同,都为[dzy^{21}]。《么象》的 𣏷 的另一个读音为[dzy^{31} $ndz\Lambda^{31}$],意义为"花椒树"。因此,两者读音相同时,释义不同;释义相同时,读音不同。属于相同情况的还有以下内容。

《谱》的条目 66 ⊞ 释义为"昼也";《么象》的条目 28 ⊞ 释义为"西方也"。

《谱》的条目 269 附列 𣏷 释义为"树也",《么象》的条目 941 𣏷 释义为"唱也"。

3.词性不同

《谱》的条目 27 　释义为"光也"，《么象》的条目 94 　释义为"光明也、明亮也"。光有名词和形容词的词性，这里是名词，表示光线。"光明"可以作名词表示"亮光"，也可以作形容词表示"明亮"，这里和明亮同义，都为形容词。因而，两部工具书的释义不同。

4.释义角度不同

《谱》的条目 105 　释义为"岩也"，《么象》的条目 175 　释义为"山崖也"。岩指山峰，山崖指山地中陡立的悬崖，两者侧重点不同。

5.语法关系不同

《谱》的条目 442 　[$z_ı^{33}$ h$ər^{21}$ k^{h}o^{33} dz$ı^{21}$] 释义为"有角之青蛇"，《么象》的条目 925 　[$z_ɯ^{31}$ hæ^{31} k^{h}ɯæ^{33} dz$ɯ^{31}$] 释义为"青蛇生角"。两个符号的读音相近，形体相似，意义的语法关系不同，《谱》的释义是定中关系，《么象》的释义是主谓关系。

《谱》中[$z_ı^{21}$]对应的意义是"蛇"，[hər^{21}]对应的意义是"青"，[k^{h}o^{33}]对应的意义是"角"，[dz$ı^{21}$]对应的意义是"有"，四个读音对应的意义是"蛇青角有"，纳西语的语序和汉语有别，"蛇青"即"青蛇"，"角有"即"有角"，因此[$z_ı^{33}$hər^{21}k^{h}o^{33}dz$ı^{21}$]表示"青蛇有角"，即"有角青蛇"。

《么象》中[$z_ɯ^{31}$]对应的意义为"蛇"，[hæ^{31}]对应的意义为"青"，[k^{h}ɯæ^{33}]对应的意义为"角"，[dz$ɯ^{31}$]对应的意义为"有"，合起来为"蛇青角有"，即"青蛇有角"，也就是"有角青蛇"。《么象》的释义将"有"解释为"生"，并且意义顺序和读音顺序相同，使释义的语法关系成为主谓关系。

四、字典释义的错误

《谱》的条目 725 　的释义为"膀"，《么象》的条目 627 　释义为

"下臂"。"膀",《说文解字注》"胁也"[1]。胁即肋,即腋下[2]。所以膀最初指腋下,后指肩胛,即胳膊上部靠肩的部分。《谱》解释字形为"从手,突起膀"。字形体现的是"前臂",而释义为"下臂",解释不正确。

五、释义差异的原因

通过以上的分析,《么象》和《谱》的释义差异多是释义用语造成的,释义方式、释义错误造成的差异比例较小。造成差异的主观原因有多方面的,有主观方面的也有客观方面的。

1.主观原因

编纂者的学科背景会影响其编纂理念、资料收集和整理方式,会造成工具书释义的差异。

（1）编纂者的学科背景

《谱》由方国瑜编纂而成,方国瑜是纳西族人,他对本民族的语言非常熟悉,并且系统深入地学习过语言学的专业知识,能够从语言学的视角分析研究本族语的相关事项。方国瑜书写的纳西文相关研究具有语言学特色。《谱》的出版充满艰辛,方国瑜先是在丽江调研,在走访、请教东巴的基础上整理资料、审定初稿,之后又多次修订书稿,在被别有用心的人骗去稿件捷足先登的情况下,艰难地寻找稿件相关资料,再次整理修订,最终得以出版。方国瑜治学严谨,在《谱》的编纂过程中多次向专家学者求教,对材料进行反复推敲,他的治学态度、编纂理念都在《谱》中有所体现。

《么象》的编纂者是李霖灿,李霖灿首先是一位画家,在去云南西北部调查边疆民族艺术的过程中,他对纳西象形文字产生了极大的兴趣,从而投身于纳西象形文字的研究之中。他在云南纳西族人生活的地方作过长时间的

---

① 许慎,段玉裁:《说文解字注》,上海:上海古籍出版社,1988年,第161页。

② 王引之校改本:《康熙字典》,上海:上海古籍出版社,1996年,第1013页。

调查,向东巴虚心求教,从一个画家、学者的角度去欣赏、研究纳西语,他对纳西语的研究更加接近原生态。在编纂《字典》的过程中,他认真学习语言学方面的专业知识并虚心向专家学者请教,使得《字典》的编纂更系统全面。

(2)资料的收集与整理

资料的收集和整理也会影响工具书的释义。方国瑜在丽江收集整理资料时,先请东巴和宗道讲解东巴教的传说、教义和各种道场仪式,后请不同教派的三位东巴教徒写单字卡片及标音字汇,并且逐字对其音读和意义进行分析并作初步整理,最后请东巴教门长老和士贵进行校订,并作补充。李霖灿在丽江大约作了五年的调查,请和才辨字,和才是丽江西北部鲁甸阿时主下村人①。在对资料进行整理的过程中,编纂者和释读人都会加入自己的思维方式和研究方法,因此编纂的工具书也会各有特色。比如我们上文分析过编纂者在释义时会选用不同语体、不同语义场、不同名称的语汇,释义的视角和侧重点也会不同。

2.客观原因

(1)辞书编纂的规范化标准没有确定

首先,收录条目的范围没有确定。编纂者往往根据自己掌握的资料设定标准来进行辞书的编纂,辞书体系不统一,释义体系也千差万别。仅从编号来看,《谱》收录的条目为 1340 个,《么象》收录的条目为 2120 个,虽然有的编号下收字不止 1 个,但总的来说《谱》和《么象》收录的条目数目不等。《谱》中有 467 个条目是《么象》没有的,《么象》中有 914 个条目是《谱》中没有的,剩余的条目中有 141 组条目的释义不同。

其次,释义的角度和范围没有统一的标准。释义的角度如何切入、如何描写,核心义和附加义如何处理;释义的范围是什么,是仅列出本义,还是本

---

① 李霖灿编著、张琨标音、和才读字:《么些象形文字 标音文字字典》,台北:文史哲出版社,1972 年,么些象形文字字典"自序",第二页。

义、引申义、假借义都要列出? 因为没有规范,因而辞书的释义各具特色。比如《谱》中 42 的释义为"月色",《么象》中 52 的释义为"月亮生胡子,此指月亮初升,或月亮将落时所生之霞辉",《字谱》的释义偏重意义的概况,《么象》的释义偏重字形的描写。再如 ,《谱》755 的释义为"读也",《么象》1176 释义为"学习也",《谱》的释义为本义,《么象》的释义为引申义。再比如 ,《谱》44 的释义为"曙光也,朝也",《么象》31 的释义为"早上也",《谱》既列出本义也列出引申义,《么象》仅列出引申义。

(2)东巴文的特点

纳西东巴文处于文字早期阶段,形体还未固定,异体较多,人们在认读字符或者对字符进行分析的时候难免会出现不同结果。例如 ,《谱》627 的释义为"打猎也",《么象》351 的释义为"放犬行猎也",其中的 在《谱》的释义中没有解释出来,但在《么象》中解释出来了。

(3)东巴经的传播方式

探求字的本义除了分析字形还要有文献资料作佐证,对于东巴文来说,文献资料就是东巴经。东巴经是东巴书写、念诵的经书,现存的东巴经有几万册。东巴在书写经书时往往带有个人的特色,并且不是逐字记录,常出现"以字记忆,启发音读;以字代句,帮助音读;以字代词,逐词标音"①,所以外人在阅读时往往不得要领。东巴为了保持经文的神秘性,会在经文中大量使用假借字,这给工具书的编纂者带来艰巨的任务和巨大的挑战,编纂者需要竭尽全力、剥茧抽丝方能还原字的原貌和原义,不同学者还原的路径和方式不同,释义也就不同。

(4)东巴文研究现状

东巴经流传的方式独特,多为口耳相传,有些经文仅限于口头,因此,东

---

① 方国瑜编撰、和志武参订:《纳西象形文字》,昆明:云南人民出版社,2005 年,第 493 页。

巴经的历史分期还没有定论,文字语义的发展演变史也无法严谨推出。编纂者在释义时仅能根据特定时间和领域的材料进行推敲,时地不同,结果也会出现差异。

综上所述,两部字典的释义各有千秋,人们在借用字典释读文献时也各有偏好,有人习惯用《谱》,有人喜欢用《么象》。无论用哪部字典,释读那些释义相同但用语不同以及释义同中有异的符号,都不会产生太大的歧义。需要注意的是,释读那些释义完全不同以及释义错误的条目,必须结合语境,借助多部字词典,找出确切的涵义,从而得出更准确的释义。

六、释义考辨

字词典释义的正确与否,影响着阅读者对语言文字的掌握情况,影响着字词典的使用效率,因此需要对字词典的释义进行考察,通过本校、他校等方式对释义内容进行辨析,从而得出更准确的释义。下文尝试对《谱》中的一些释义进行分析。

条目 492 的读音为[ə²¹gɣ³³zo³³]、[ko³³pʰər²¹ə²¹gɣ³³zo³³],释义为“表兄弟也(舅父之子,爱称),从舅父 （[ə³³]呵）（[zo²¹] 罐）声”,也就是说只有“舅父之子”才能称为表兄弟。的释义主要是根据义符得来的,条目 492 的义符是，而收录在《谱》的条目 473 中,读音为[ə²¹gɣ³³],释义为“舅父”。因此,如果仅从义符和构形的角度出发,认为“表兄弟”指的是舅舅的孩子是有道理的。但是,分析字义除了从形、义方面考察外,还需要从声音的角度去考察,因为无论哪种语言,文字都是记录语言的书写符号,考证文字的意义就是考证文字所代表的语言的意义。语言最重要的要素之一是语音,考证语言的意义时不能忽略语音。更何况语言出现的时间比文字早,有些词没有对应的文字,这就更需要从读音的角度去分析词语的意义。条目 473 的读音是 $[ə^{21}gʅ^{33}]$，条目 492 的读音里也包含了 $[ə^{21}gʅ^{33}]$，那么 $[ə^{21}gʅ^{33}]$ 的意义是什么？这在条目 473 中有说明。条目 473 中舅父的读音是 $[ə^{21}gʅ^{33}]$，并且补充说"伯父、叔父、姑父、姨父亦称 $[ə^{21}gʅ^{33}]$"，也就是说，纳西语中的 $[ə^{21}gʅ^{33}]$ 对应的意义是"舅父、伯父、叔父、姑父、姨父"。《谱》中并没有收录"伯父、叔父、姑父、姨父"这些词，当然也没有这些字的字符，所以这些字的写法目前尚未可知。从语音的角度分析，既然 $[ə^{21}gʅ^{33}]$ 对应的意义是"舅父、伯父、叔父、姑父、姨父，条目 492 的读音中也有 $[ə^{21}gʅ^{33}]$ 这个读音，因此，"表兄弟"意义应该是"舅父、伯父、叔父、姑父、姨父之子"。

条目 493 的读音为 $[ə^{21}ɳi^{33}mi^{55}]$、$[bæ^{33}nɑ^{21}ə^{21}ɳi^{33}mi^{33}]$，解释为"表姐妹也，（姑母之女，爱称）"，释义不全面。 的义符为""。""的读音为 $[ə^{21}ɳi^{33}]$，意义为"姑母"。同时读音 $[ə^{21}ɳi^{33}]$ 对应的意义还有"伯母、舅母、叔母、姨母"。因此 的释义"表姐妹"应该指的是"姑母、伯母、舅母、叔母、姨母之女"。

第四节　释义方式及其表述

《么象》《谱》《纳英汉》《纳象》中收录的词语有单义词还有多义词，采用了多种释义方式、运用了多种释义表述方式，下文将分别论述。

一、释义方式

《么象》采用了多种释义方式，有定义式，比如 1 ，释义为"天"；有说明式，比如 4 ，解释为"天晴"；有描写式，比如 2 ，"意为天上放事端下来"。

《谱》的释义方式有定义式，比如 3 ，释义为“月”；有说明式，比如 54 ，释义为“月蚀”；有描写式，比如 43 ，释义为“月光所至”。

《纳英汉》的释义方式有定义式，比如 7 ，释义为“家鸭”；有说明式，比如 7 ，释义为“悬钩子属植物”；有描写式，比如 4 ，释义为“鸡啼”。

《纳象》的释义方式有定义式，比如 59 ，释义为“山”；有说明式，比如 70 ，释义为“语助词，表示某种情形已经发生”；有描写式，比如 59 ，释义为“（从高处）下来”。

二、释义表述方式

1.单义词的释义方式

(1)《么象》的释义方式

①某，……

例如：4 ，天晴。

②意为……

例如：2 ，意为天上放事端下来。

③某，……也

例如：1 ，天也。

65 ，北斗七星也。

④某，……，……也

例如：18 ，九宫，宫名也。

70 ，二十八星宿之一，当汉人之天狼星大犬座之主星也。

⑤某,……也,……

例如:48 ,黑暗也,指天黑之黑。

61 ,北极星也,乃帝星之意。

⑥某,……也,……者

例如:62 ,启明星也,金星之出现于东方者。

63 ,长庚星也,金星之出现于西方者。

⑦某,……也,……也

例如:141 ,山顶也,山头也。

147 ,灰山也,土山也。

⑧某,……也,……,……也

例如:67 ,红眼星也,相当于汉人之毕宿,金牛座之主星也。

68 ,三星也,相当于汉人之叁宿,专指中央平列之三个二等恒星,西洋猎户座猎人腰带上之三星也。

⑨某,……也,……也,……也

例如:208 ,水沫也,浪花也,泡沫也。

⑩某,……也,……也,……也,……也

例如:47 ,不也,无也,未也,否也。

(2)《谱》的释义方式

①某,……也

例如:64 ,时也。

951 ,击也。

②某,……

例如:6 🔱,星名。

　　90 附 🈲,在盐源左所,纳西族聚居地。

③直译

例如:5 附中 ☀,直译为墨池。

④俗称

例如:8 〰️,释义为"北斗也,俗称七姐妹星"。

(3)《纳英汉》的释义方式

"某,……"

例如:1 🐦,鸡。

(4)《纳象》的释义方式

"某,……"

例如:60 〰️,山谷。

《么象》的释义方式中,方式1、2的释义是对被释条目的直接解释,这种解释方式和《谱》的解释方式相同。方式3、4、5、7的释义中后几句是对第一句的解释说明,方式6、8的释义是用近义词为同一个条目释义,这些是《么象》独有的释义方式。《纳英汉》和《纳象》的释义都是对被释条目的直接解释。

2.多义词的释义方式

(1)《么象》的释义方式

①某,……也,……也

例如:23 ✋,光芒也,光亮也。

187 ⛰️,低也,低处也。

②某,……也,……也,……也

例如:197 ,浑水也,浊水也,洪水也。

300 ,截也,拦也,等也。

③某,……或……也

例如:29 ,日落之光或晚霞也。

64 ,好星宿或星宿好也。

(2)《谱》的释义方式

①某,……也,……也

例如:452 ,叟也,祖父也。

453 ,妪也,祖母也。

②某,……也,……也,……也

例如:450 ,子也,男也,丈夫也。

451 ,女也,妇也,妻也。

③或曰

例如:5 ,释义为"星名也;或曰凶星、彗星"。

(3)《纳英汉》的释义方式

一般没有专门的术语,只是将意义在条目中列出。如果是多义词,就用分号将义项隔开,例如 135 的一条注释为"²dzī. To offer;present.供奉;提供;献给"。

(4)《纳象》的释义方式

一般没有专门的术语,只是将意义在条目中列出。如果是多义词,就用分号将义项隔开,例如 80 的注释为"跳;舞蹈"。

第五节　释形的表述方式

字词典的条目中还对东巴文的字形进行了说明,有利于查检者了解东巴文,扩展了字词典的功能,表达了编纂者的观点和思想。

一、《么象》的释形方式

1.对字形的描述

(1)象……之形

例如 1 ,字形解释为"象天含覆之形"。

(2)画……

例如 21 ,字形解释为"由天上画一曲折闪击之箭头,示雷由天上下降,可以击毁人物也"。

(3)取……象

例如条目 52 中注明"取太阴正当中天之象"。

(4)由……合成

例如 64 ,字形解释为"此字由 字及 字合成"。

(5)注明声符

例如 37 ,字形解释为"象日有光之形,下有一脚 ,注其末一音"。

(6)画……

例如 12 ,字形分析为"此字上画一天,下画一地,中画一矛,注其第四音,两旁各有两圆圈乃示其方位之意。"

2.对异体字的说明

（1）有各种写法

例如 43 中注明"此字有各种写法、、、"。

（2）或写作

例如 201 中注明"此字或写作"。

（3）另有……写法

例如 1 中注明"此字另有两种写法，一作，笔画多细致，乃丽江东山江边一带版本之一种特征，一作，云象天上有日月星辰轨道之形。"

（4）有时写作

例如 37 中注明"有时写作"。

（5）或又写作

例如 79 中注明"或又写作"。

（6）亦有写作

例如 126 中注明"此字亦有写作，略去上面之'八'字者，亦甚通行"。

3.对古今字的说明

（1）近

例如 39 中注明"此字近多作，中间之黑点消失，一如之为也"。

（2）古本

例如 183 中注明"古本中作"。

（3）今

例如 138 ⬠ 中注明"今又有作 ⬠ 者"。

4.对地域字的说明

例如条目 69 ⦿ 中注明"<u>丽江</u>一带写为 ⦿"。

5.对繁简字的说明

例如条目 714 🦅 中注明"有时简写作 🐦"。

二、《谱》的释形方式

1.释形术语

（1）……也

例如 1 ⌒ 的字形解释为"圆而覆也"。

（2）……

例如 2 ⊕ 的字形解释为"日体实有光也"。

4 ⦿ 释形为"散布于天"。

（3）从某声

例如 6 ⦿ ,释形为"从 ⦿ 声"。

（4）从某省,某声

例如 9 ⦿ ,释形为"从 ⦿ 省, ⌇ （k^hv^{33} 割） 卐 （哥巴文）声"。

（5）象……

例如 11 〰 ,释形为"象浮云"。

（6）从某，某声

例如 14 ，释形为“从雨，（na²¹大）声”。

（7）从……

例如 14 ，释形为“从天落雨”。

（8）从某从某

例如 15 ，释形为“从雨从”。

（9）意为

例如 39 ，释形为“意为日光弯脚无力，夕阳光弱也”。

（10）从某某二音

例如 71 ，释形为“字从 （tsʰe³³盐）、（do²¹见）二声”。

（11）从某从某从某，某声

例如 90 ，释形为“字从地从庄从石，（la³³）（pʰɚ²¹）声”。

（12）从某从某省

例如 5 ，释形为“字从 （眼）从 （红）省”。

（13）从某省

例如 458 ，释形为“字从省”。

2.《谱》中异体的注释术语

（1）亦作

例如 1 的条目中注明“亦作、”。

（2）又作

例如 1 的条目中注明“又作，天空有云”。

（3）又省作

例如447 ，注明为"又省作 "。

（4）又

例如349 ，注明为"又 、 "。

（5）说明假借

例如1162 ，注明为"假借字"。

3.《纳英汉》的字形分析

（1）对字形进行描述

例如11 中注明"变异体由人的下半身和一只熊头组成"。

21 中注明"中间的上部结构是铁,羽毛是黑秃鹰的羽毛"。

9 ，注明"前两个符号用以标音"。

（2）指明异体字

常用的术语为"见变异体",例如7 中注明"见变异体"。

4.《纳象》的字形分析

《纳象》的有些条目中指明了东巴文的类型,具体如下。

（1）象事

例如:66 ,第一个义项中注明为"诵经,象事"。

（2）象物

例如:67 ,注明为"象物"。

（3）形声

例如:67 ,注明为"形声"。

（4）象意

例如:67 ,注明为"象意"。

（5）标示

例如:57 ,注明为"标示"。

参考文献只在《纳英汉》中出现,其他字词典的条目中都没有列出,所以这一部分内容我们也不再赘述。

第六节　本章小结

字词典条目内容的差异,体现了纳西语言文字的多样性,也体现出编纂者对纳西语言文字的理解以及对编纂方式和语言的选择。

东巴文还没有实现规范化,随着时间的推移,东巴文的字数、字形会发生变化,比如 $m\partial^{33}$ 的东巴文主要有 和 ①, 的使用时间是最长的, 只在一段时间内使用,说明东巴文的数量随着时间的推移是有变化的。东巴文的字形也会发生变化,比如《么象》中指出 "古本中作 "。东巴文的个人书写风格显著,比如 $t\c{s}^hu^{21}$ 的东巴文,有些东巴写为 ,有些东巴写为 。东巴文的这些特点使得其异体较多,加之字源探索的困难,所以字词典中条头的设定不一致。

纳西语存在方言土语的差别,声母、韵母以及声调都存在差异,而且编纂者会采用不同的注音方式,所以字词典的注音不完全相同。

编纂者的语料来源不同,资料的数量不同,所以使得条目中义项的多少有差别。编纂者的释义用语不同,释义方式不同,使得条目的释义也不完全

----

① 否定词的东巴文书写方向不固定,这里选用了书写方向朝左的东巴文为代表。

相同。文献佐证的缺失造成了个别词语释义的不准确,这种情况需要进一步探索。

字词典中对字体进行了描述,并且在用语中对一些东巴文的类别进行了说明,对一些异体字、古今字等也有所表述。但囿于语料和历时分期的局限,字体的描述仍有需要完善的地方。

综上所述,目前东巴文字词典的条目内容还有研究的空间,随着纳西语研究的深入以及语料资源的扩充,条目的内容会得到进一步完善。

第三章

字词典的检字法研究

　　纳西语字词典对纳西词语、东巴文进行了汇集、解释,其重要功能是方便读者查阅,检字法会影响字词典的使用效率,因此在编纂字词典时不仅要考虑收录范围和排列方式,还要设立科学有效的检字方式。现有的字词典中有些设立了索引,但索引方式没有规范,所以有必要进一步研究。

第一节　现有字词典的检字法

一、现有字词典的检字法

　　字词典中设立了索引的有《么标》《么象》《词汇》和《词典》,其他字词典虽然没有设立专门的索引,但是词条的排列顺序也体现出了检字方式。目前字词典的检字法主要有音序法、义类法、笔画法以及字形笔画法。

　　1.音序法

　　《么象》设立了"音标索引",依照声母、韵母、声调的顺序排列,在每个音节的右边标出其所在的页码。《词典》收录了"汉—纳西索引""英—纳西索引",两种索引都采用了音序法排列,"汉—纳西索引"按照声母、韵母、声调的顺序排列,"英—纳西索引"按照纳西语拼音字母的顺序排列。《词汇》设立了"汉纳索引",汉语词汇按照声母、韵母、声调的顺序排列,索引分为两列,左列为汉语词汇,右列为对应的纳西语词汇。

《么标》《纳英汉》《谱》没有专门的音序索引,但都用到了音序法。《么标》依据国际音标的顺序排列音节,首字母相同的音节排列在一起,从左到右依次比较韵母,按前后顺序排列音节,音节后列出对应的音字。《纳英汉》按照英文字母的顺序排列条目,首字母相同的排列在一起,从左到右依次比较拼音字母的先后,按顺序排列各条目。《谱》中的"纳西标音文字简谱"按照国际音标的顺序排列标音文字。音序法方便使用者通过读音去查检。

从广义的角度来说,上述字词典都用到了音序法,但是使用的音序不尽相同,有些按国际音标的顺序排列,有些按拼音字母的顺序排列,对于双字母声母,有些字词典将其单独作为一类,如《词汇》,有些字词典将其列于其首字母所在的字母中,如《纳英汉》。

2.义类法

《么象》和《谱》都采用了义类法。两本字词典都把东巴文分为了十八类,但类别的名称不同,比如《么象》的"天文"类,《谱》对应的是"天象"类。每一类收录的东巴文也不相同,比如《么象》的"建筑、数目和动作等类"中收录的东巴文在《谱》中分别归入"居住之属""行止之属""数名之属"等类别中。分类和归类的不同与编纂者的分类原则有关,也和东巴文的形体结构有关。

3.笔画检字法

《么象》中的"汉文索引"采用了笔画检字法,即将东巴文按照笔画的多少进行排列,笔画相同的,按起笔的笔画以横(一)、竖(丨)、撇(丿)、点(丶)、折(乛)等顺序进行排列。

4.字形笔画检字法

《么标》中设立了"音字索引",将音字按照笔画排列,索引设立"是为了先见到音字字形再去检查字音用的,知道了它的读音,就可以在字典中找到这个音字的各种含义"。"检查的方法是先看这个音字的字形,看它属于哪一类,再于那一类中依照笔画的多少去找它"。"字形共分了十五类"①。索引正文中每一笔画下有三列,分别为音字、页数、读音。

二、现有检字法的评价

1.音序法的评价

(1)音序法的优点。音序法使条目的排列有序可循,编纂不受字形的影响,方便了辞书的编纂;查阅者在了解字词的读音时能够快速地查检,效率较高。

(2)音序法的不足。在使用音序法时需要查检者熟知字词的读音,但是使用者在很多情况下是不清楚字词的读音的,所以无法进行查检。字词典采用的音序不统一,同一个音节在不同的字词典中可能会位于不同的字母下,比如 pi 在《么标》中列于 P 下,在《纳英汉》中列于 b 下,这就需要使用者熟悉不同字词典的注音系统,这势必加大使用者的负担。此外,纳西语的语音有方言土语的区别,字词典在注音时很大程度上保留了方言土语的语音,这就要求使用者对方言土语的读音有比较全面的了解,否则不能高效地使用字词典,也不能判定同一词在不同字词典中的编纂方式和释义内容。

2.义类法的评价

(1)义类法的优点。义类法可以将同类的词语归纳在一起,方便查检者通过意义对字词进行查检。同类东巴文中有些字的字形之间存在联系,查检者可依此了解东巴文的形成和发展过程。

(2)义类法的不足。义类法需要查检者先了解文字所记录的意义,否则

---

① 李霖灿编著、张琨标音、和才读字:《么些象形文字 标音文字字典》,台北:文史哲出版社,1972 年,标音文字字典部分"序",第 84 页。

无法在相应的义类中查找字词,从而降低了字词典的使用效率。不同字词典的义类划分标准不统一,每一类中的收字不完全相同,不利于查检者使用,影响使用者对东巴文信息的把握,从而降低了字典的权威性。此外,现有字词典中每一类东巴文的排列顺序无规律,降低了字词典的查检效率。

3.字形笔画检字法评述

(1)字形笔画检字法的优点。方便查阅者通过笔画来查检文字。

(2)字形笔画检字法的不足。东巴文的字形、笔画还没有规范,有些东巴文的首笔以及笔画数量难以确定,降低了查检效率。

综上所述,现有的检字法都存在不足之处,为了提高字词典的查检效率,需要探索多样化的检字方式。

第二节　字词典检字法的探索

纳西族的常用文字是东巴文和哥巴文,字词典也主要以这两种文字为解释对象。哥巴文属于标音文字,记录的是语言单位的读音,和语言单位的意义无关,目前字词典中的音序法和笔画检字法已基本满足哥巴文查检的需要,所以下文主要对东巴文的检索方式进行探索。东巴文属于表意文字,字词典中东巴文的检索方式有音序法、义序法、笔画检字法,但它们都存在不足之处,所以检索方式仍有探索的空间。同是表意文字的汉字的查检方式可以作为借鉴,其中的部首检字法值得研究。部首检字法最早出现在许慎的《说文解字》中,许慎认为"盖文字者,经义之本,王政之始,前人所以垂后,后人所以识古"[1],所以有必要对文字作允当的分析,于是他将形义联系比较密切的小篆字体作为自己的研究对象,并把这些小篆分为了 540 类,目

---

[1]　许慎:《说文解字》,北京:中华书局,1963 年,"序",第 316 页。

的是"理群类,解谬误,晓学者,达神旨"①,由此可知,最初的部首是为了解析汉字的,属于文字学性质的部首。部首的设立使杂乱无章的汉字能够有序排列,又因为这种按部归字的方法比较符合汉字的形体规律,所以逐渐发展为重要的查检方式,《说文解字》之后的字词典中很多都运用了部首检字法。随着汉字形体的演变,文字学意义的部首逐渐不能满足检字的需要,首先,汉字形体的变化使得字义和字形之间的关系变得模糊,这为意义部首的判定带来困难;其次,意义部首的位置比较随意,部首不好确定,查检起来也不方便;再次,意义部首的数量多,有些部首较为冷僻,增加了人们记忆的负担也不利于文字的查找,所以后代的部首不断改革,比如《玉篇》增删了《说文》的一些部首,总立542部,《龙龛手镜》设立部首242部,《四声篇海》设立部首444部,《字学集篇》设立部首200部。明代梅膺祚的《字汇》对文字学意义的部首改革得更彻底,部首的性质由文字学性质的部首变为检字法性质的部首,数量上把《说文》以来的部首减少到214部,这214个部首对后世产生了重大影响,其后部首的设立和改革都是以这214个部首为基础的。无论是文字学意义上的部首还是检字法性质的部首都是以当时的文字特点为设定对象,符合当时文字的形体规律,所以在分析东巴文的部首时,也要从东巴文的字形出发。

东巴文"发展水平也远比汉字低,从文字发展史来看,它所处的阶段确乎相当于汉字的童年时代"②,以象形文字居多,字形没有规范,异体较多,字素的位置不固定,构件之间的关系比较复杂,有时相接,有时相离,从文字学的角度去判定部首较为困难,也不方便查检,所以对东巴文部首的判定从检字法的角度入手更合理。下文先以《谱》中的东巴文为对象,依据条目中的字形分析,对东巴文的部首进行判定,再用其他字词典中的东巴文对分析结

① 许慎:《说文解字》,北京:中华书局,1963年,"序",第316页。
② 王元鹿:《汉古文字和纳西东巴文字比较研究》,上海:华东师范大学出版社,1988年,第4页。

果进行验证和补充。《谱》中东巴文部件分析详情如表 3.1 所示。

表 3.1

序号	东巴文	部件	部件种类
1	1 ⌒（天）	⌒	1
2	1 ⋏（天）	⋏	1
3	1 ⋏（天）	⋏	1
4	1 ⋏（天）	⋏、〰	2
5	2 ⊕（日）	⊕	1
6	2 ⊕（日）	⊕	1
7	3 ⌒（月）	⌒	1
8	3 ⌣（月）	⌣	1
9	4 ⚬ ⚬（星）	▱	1
10	4 ⚬ ⚬ ⚬（星）	▱	1
11	5 ⚬（星名）	⚬	1
12	5附 ⊤⊤（看星）	▱、⊤⊤	2
13	5附 ⚬⚬	▱	1
14	5附 ⚬⚬⚬	▱	1
15	5附 ⚬⚬⚬	▱	1
16	5附 ⚬⚬⚬	▱	1
17	5附 ☀（墨池）	❘、☀	2

续表

序号	东巴文	部件	部件种类
18	5 附		1
19	5 附		1
20	5 附		1
21	5 附（红眼）	、	2
22	5 附		1
23	5 附		1
24	5 附		1
25	5 附		1
26	5 附		1
27	5 附		1
28	5 附		1
29	5 附		1
30	5 附		1
31	5 附		1
32	5 附		1
33	5 附		1
34	5 附		1
35	5 附		1

续表

序号	东巴文	部件	部件种类
36	5 附		1
37	5 附		1
38	5 附		1
39	5 附		1
40	5 附		1
41	5 附		1
42	6		1
43	6 附 （星名）		1
44	6 附		2
45	6 附		2
46	6 附		2
47	6 附		2
48	6 附		2
49	6 附		2
50	6 附		2
51	7 （三星座）		1
52	8 （北斗）		1
53	9 （参星）		4

续表

序号	东巴文	部件	部件种类
54	9 （参星）		3
55	10 （商星）		3
56	10 （商星）		3
57	11 （云）		1
58	11 （云）		1
59	11 （云）		1
60	11 （云）		1
61	11 （云）		1
62	11 （云）		1
63	11 （云）		1
64	12 （雾）		2
65	13 （虹）		1
66	13 （虹）		1
67	13 （虹）		1
68	13 （虹）		1
69	14 （雨）		1
70	14 附 （暴雨）		2
71	14 附 （落雨）		2

续表

序号	东巴文	部件	部件种类
72	15 (露)		2
73	15 (露)		2
74	16 (雹)		2
75	16 (雹)		1
76	16 (雹)		1
77	16 (雹)		1
78	17 (雪)		1
79	17 (雪)		1
80	18 (霜)		2
81	19 (电)		1
82	19 (电)		1
83	19 (电)		2
84	20 (电光)		3
85	21 (雷)		2
86	21 (雷)		3
87	21 (雷)		1
88	22 (劈)		2
89	22 (劈人)		2

续表

序号	东巴文	部件	部件种类
90	22 ✦（劈树）	✦、✦	2
91	23 ☰（风）	☰	1
92	23 〰（风）	〰	1
93	24 ◉（旋风）	◉	1
94	24 ☰●（大旋风）	☰、●	2
95	25 ╞（气）	☰、‖	2
96	25 ╞（气）	〰、‖	2
97	25 ╞（气）	〰、∣	2
98	25∣（气）	╠、∣	2
99	26 〰（汽）	∣	1
100	26 ⫴（天汽）	⫴、⩍	2
101	26 ⌒（地汽）	⫴、⩙	2
102	26 ⟋（水汽）	⫴、⟋	2
103	27 ✛（光）	✛	1
104	27 ⋀⋀⋀（火光）	⫴、⋀⋀⋀	2
105	28 ✛（暗）	✛、●	2
106	29 ⌂（繁星）	⌒、▱、⋰	3
107	30 ⌂（陨星）	⌒、▱、ʃ	3

续表

序号	东巴文	部件	部件种类
108	30 （陨星）		3
109	31 （天摇）		2
110	32 （晴）		3
111	32 （晴）		2
112	33 （阴）		2
113	34 （晕）		2
114	35 （明）		3
115	35 （明）		2
116	35 （明）		2
117	36 （光线）		2
118	36 （光线）		3
119	37 （日光所至）		3
120	38 （晚霞）		2
121	39 （夕阳）		2
122	40 （晒）		3
123	41 （晒干）		4
124	42 （月色）		2
125	42 （月色）		4

续表

序号	东巴文	部件	部件种类
126	43 （月光所至）		3
127	44 （曙光、朝）		3
128	45 （天际之间昏黑）		3
129	45 （天际之间昏黑）		3
130	46 （天际之间发白）		2
131	46 （天际之间发白）		3
132	47 （日出）		3
133	48 （日没）		3
134	49 （月出）		3
135	50 （月落）		3
136	51 （日晕）		4
137	52 （月晕）		3
138	53 （日蚀）		1
139	54 （月蚀）		1
140	55 （凶星犯日月）		3
141	55 （凶星犯日月）		2
142	55 （凶星犯日月）		2
143	56 （暮,不）		1

续表

序号	东巴文	部件	部件种类
144	56 ～（暮,不）	～	1
145	57 （年）		1
146	57 （年）		2
147	58 （最初）		2
148	59 （结尾）		2
149	60 （春）		2
150	60 （春）		2
151	61 附（春季）		3
152	62 （夏）		2
153	61 附（夏）		2
154	61 （夏季）		3
155	62 附（秋）		3
156	62 （秋）		2
157	62 附（秋季）		5
158	63 （冬）		2
159	63 （冬）		2
160	63 附（冬季）		3
161	64 （时）		1

续表

序号	东巴文	部件	部件种类
162	64 （时）		1
163	65 （清晨）		2
164	65 附 （明晨）		3
165	66 ⊕（昼）		1
166	67 （午）		2
167	68 （下午）		2
168	69 （夜）		2
169	69 （夜）		2
170	70 （夜半）		3
171	70 （夜半）		2
172	71 （初）		2
173	71 附 （正月）		3
174	71 附 （生肖属虎,正月建寅）		4
175	71 附 （二月）		4
176	71 附 （生肖属兔,二月建卯）		5
177	71 附 （三月）		3

续表

序号	东巴文	部件	部件种类
178	71 附 ⫶⫶⫶ (生肖属龙,三月建辰)		4
179	71 附 ⫶⫶ (四月)		3
180	71 附 ⫶⫶ (生肖属蛇,四月建巳)		4
181	71 附 ⫶⫶ (五月)		3
182	71 附 ⫶⫶ (生肖属马,五月建午)		4
183	71 附 ⫶⫶ (六月)		3
184	71 附 ⫶⫶ (生肖属羊,六月建未)		4
185	71 附 ⫶⫶ (七月)		3
186	71 附 ⫶⫶ (生肖属猴,七月建申)		4
187	71 附 ⫶⫶ (八月)		3
188	71 附 ⫶⫶ (生肖属鸡,八月建酉)		4
189	71 附 ⫶⫶ (九月)		3
190	71 附 ⫶⫶ (生肖属狗,九月建戌)		4

续表

序号	东巴文	部件	部件种类
191	71 附 ⚹（十月）	⚹	3
192	71 附 ⚹（生肖属猪，十月建亥）	⚹	4
193	71 附 ⚹（十一月）	⚹	3
194	71 附 ⚹（生肖属鼠,十一月建子）	⚹	4
195	71 附 ⚹（十二月）	⚹	3
196	71 附 ⚹（生肖属牛,腊月建丑）	⚹	4
197	72 ⚹（天地初开）	⚹	4
198	73 ⚹（天地相应）	⚹	3
199	74 ⚹（天地变化）	⚹	4
200	75 ⚹（普天之下）	⚹	4
201	76 ⚹（天地之中）	⚹	4
202	77 ⚹（地）	⚹	1
203	77 ⚹（地）	⚹	1
204	77 ⚹（地）	⚹	1
205	78 ⚹（世界）	⚹	2
206	79 ⚹（田）	⚹	1

续表

序号	东巴文	部件	部件种类
207	79 ⿰（田）		1
208	80 （良田）		4
209	81 （秧田）		2
210	82 （田间）		2
211	83 （地洞）		3
212	84 （深）		4
213	85 （田埂）		2
214	86 （地裂）		2
215	87 （地震）		2
216	87 （地震）		2
217	87 （地震）		2
218	88 （带草之土块）		3
219	88 （带草之土块）		2
220	89 （草满大地）		3
221	90 （两地交界）		4
222	90 附 （人之地也，在今四川盐源）		2
223	90 附 （人之地也，在今永宁金棉村一带）		2

续表

序号	东巴文	部件	部件种类
224	90 附 ![图] （在丽江坝区，古为通安州）	![图]	3
225	90 附 ![图] （盐源左所）	![图]	3
226	90 附 ![图] （宁浪永宁）	![图]	2
227	90 附 ![图] （木里县无量河边村落）	![图]	3
228	90 附 ![图] （木里县俄又乡）	![图]	3
229	90 附 ![图] （中甸洛吉乡）	![图]	3
230	90 附 ![图] （中甸东坝乡）	![图]	2
231	90 附 ![图] （中甸白地乡）	![图]	3
232	90 附 ![图] （白地东巴教祖师什罗修行处）	![图]	5
233	90 附 ![图] （丽江宝山乡）	![图]	5
234	90 附 ![图] （丽江宝山果洛乡）	![图]	3
235	90 附 ![图] （丽江大巨）	![图]	3
236	90 附 ![图] （丽江白沙）	![图]	3
237	90 附 ![图] （丽江木土司驻地）	![图]	4
238	90 附 ![图] （白沙北岳庙）	![图]	4
239	90 附 ![图] （丽江束河）	![图]	3

续表

序号	东巴文	部件	部件种类
240	90 附（丽江大研镇）		5
241	90 附（丽江七河）		3
242	90 附（鹤庆）		3
243	90 附（永胜）		4
244	90 附（丽江剌是公社）		3
245	90 附（丽江九河）		3
246	90 附（丽江石鼓）		2
247	90 附（丽江巨甸）		3
248	90 附（丽江鲁甸）		2
249	90 附（维西县）		3
250	90 附（丽江塔城）		3
251	90 附（中甸县）		3
252	90 附（藏族地区）		4
253	90 附（西藏拉萨）		3
254	90 附（剑川县）		3
255	90 附（大理）		3
256	90 附（大理三塔寺）		5
257	90 附（昆明）		3

续表

序号	东巴文	部件	部件种类
258	90 附 ☲（汉族地区）	夭、✝、▱	3
259	90 附 ☲（京城）	◉、◈、▱	3
260	90 附 ☲（江边）	◈、▱	2
261	90 附 ☲（高原、山区）	△、↓、厂、▱	4
262	91 △（山）	△	1
263	91 △（山）	△	1
264	91 △（山）	△	1
265	91 △（山）	△、◉	2
266	91 △（山）	△	1
267	92 ◠（坡）	◠	1
268	92 ◠（坡）	◠	1
269	92 ◠（坡）	◠	1
270	93 ◠（岗）	◠、▯	2
271	94 ⋈（坡陀）	⋈	1
272	95 ◠（深山、草原）	△、↓、厂	3
273	95 ◠（茫茫草原）	△、↓、厂、平	4
274	96 △（岭）	△、✳	2
275	97 △（巅）	✳、△	2

续表

序号	东巴文	部件	部件种类
276	98 （山顶）		2
277	99 （山麓）		2
278	100 （高山）		2
279	100 （高山）		2
280	101 （烧山）		2
281	101 （烧山）		2
282	101 （烧山）		2
283	101 附（灰土山）		2
284	101 附（石山）		2
285	101 附（雪山）		2
286	102 （树木满山）		3
287	103 （树木满山）		3
288	103 （谷）		1
289	103 （谷）		1
290	103 （谷）		1
291	104 （深山老箐）		3
292	105 （岩）		2
293	105 （岩）		2

续表

序号	东巴文	部件	部件种类
294	105 （岩）		1
295	105 附（白石岩）		2
296	105 附（黑石岩）		2
297	105 附（红石岩）		2
298	105 附（花石岩）		2
299	105 附（青石岩）		2
300	106 （岩穴）		3
301	106 （岩穴）		1
302	107 （攻劫山寨）		3
303	108 （岩崩）		2
304	108 （岩崩）		2
305	109 （雪山）		2
306	109 附（从雪山白）		3
307	109 附（从雪山黑）		3
308	109 附（从雪山笑）		3
309	110 （岩间回声）		3
310	111 （"居那什罗"山）		3
311	111 附（丽江玉龙山）		3

续表

序号	东巴文	部件	部件种类
312	111 附(丽江文笔山)	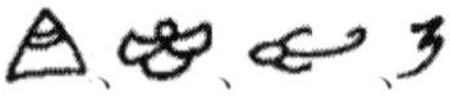	4
313	111 附(丽江马鞍山)		3
314	111 附(永宁干母山)		2
315	111 附(盐源牦牛山)		3
316	111 附(“玛米巴老”山)		3
317	111 附(维西犁地坪山)		4
318	111 附(“达楞”神女岩)		3
319	111 附(石鼓老巴山)		7
320	111 附(中甸白地雪山)		3
321	111 附(玉龙山别名)		4
322	112 (水)		1
323	112 (水)		1
324	112 (水)		1
325	112 (水)		1
326	112 (水)		1
327	113 (泉)		2
328	114 (涌泉)		2
329	115 (温泉)		2

续表

序号	东巴文	部件	部件种类
330	115 （温泉）		2
331	115 （温泉）		2
332	116 （水尾）		2
333	117 （阻水）		2
334	118 （瀑布）		3
335	118 （瀑布）		2
336	119 （洪水）		3
337	119 （山洪）		3
338	120 （泡沫）		2
339	121 （浪）		2
340	122 （冰）		1
341	122 （冰）		1
342	122 （冰）		1
343	123 （江）		2
344	123 （江）		2
345	123 （大水）		1
346	123 （小水）		1
347	124 （渠、沟）		1

续表

序号	东巴文	部件	部件种类
348	125 （海）		1
349	126 （池、潭）		1
350	126 （池、潭）		1
351	126 附 （金沙江）		2
352	126 附 （纳西江）		2
353	126 附 （雅砻江）		2
354	126 附 （无量河）		2
355	126 附 （无量河）		3
356	126 附 （无量河）		2
357	126 附 （澜沧江）		3
358	126 附 （黑白水）		3
359	126 附 （丽江玉河水）		2
360	（白地白水河）		4
361	126 附 （传说之大海）		2
362	126 附 （传说之大海）		3
363	126 附 （泸沽湖）		3
364	126 附 （中海）		2
365	126 附 （拉市海）		3

续表

序号	东巴文	部件	部件种类
366	126 附 （雪山玉湖）		3
367	126 附 （丽江文笔海）		3
368	126 附 （丽江白沙"三思河"）		3
369	126 附 （丽江青龙河）		3
370	126 附 ［石鼓狼淹河（冲江河）也］		3
371	127 （土）		2
372	127 （土）		2
373	127 附 （白土）		3
374	127 附 （黑土）		3
375	127 附 （红土）		3
376	128 （灰）		1
377	128 （灰）		2
378	129 （扬灰）		2
379	130 （泥）		4
380	130 （踩泥）		2
381	130 （和泥）		4
382	131 （沙）		1

续表

序号	东巴文	部件	部件种类
383	131 （河沙）		1
384	132 （石）		1
385	132 （石）		1
386	132 （石）		1
387	132 （传说之巨石）	、	2
388	132 附 （黑石）	、	2
389	132 附 （花石）	、	2
390	132 附 （石裂）	、	2
391	132 附 （石裂）	、	2
392	133 （盐）		1
393	134 （银）		1
394	134 （银）		1
395	134 （银）		1
396	134 附 （银锭）		1
397	135 （金）		1
398	135 （金）		1
399	135 （金）		1
400	135 附 （金锭）	、	2

续表

序号	东巴文	部件	部件种类
401	136 （绿松石）		1
402	136 （绿松石）		1
403	136 （绿松石）		1
404	137 （珠）		1
405	137 （珠）		1
406	137 附 （黑珠）	、	2
407	138 （铜）	、	2
408	138 （铜）	、	2
409	139 （铁）		1
410	139 （铁）		1
411	140 （锡）		1
412	140 （锡）		1
413	140 （锡）		1
414	141 （冠珠）		1
415	141 （冠珠）		1
416	141 （冠珠）		1
417	142 （珊瑚）		1
418	142 （珊瑚）		1

续表

序号	东巴文	部件	部件种类
419	143 ▲▲▲ (火)	▲▲▲	1
420	143 ▲▲▲ (火)	▲▲▲	1
421	143 (火)		1
422	143 (火)		1
423	144 (火花)		1
424	145 (火坑)		1
425	146 (烟)	▲▲▲ |||	2
426	147 (炭)		1
427	147 (炭)		1
428	148 (烧)	、ㅇㅇㅇ	2
429	148 (烧)	、	2
430	149 (炙)	、 、|||	3
431	150 (烧)	、 、|||	3
432	151 (火炬)	、	2
433	151 (火炬)	、	2
434	152 (举火)	、 、|||	3
435	153 (爆竹)	、 、	3
436	153 (爆竹)	、 、	3

续表

序号	东巴文	部件	部件种类
437	154 （火炮）		2
438	155 （燃）		2
439	155 （燃）		2
440	156 （熄）		2
441	156 （熄）		2
442	156 （熄）		1
443	157 （责任）		2
444	158 （东方）		2
445	159 （西方）		2
446	160 （北方）		1
447	160 （北方）		1
448	161 （南方）		1
449	161 （南方）		1
450	162 （中）		1
451	163 （中间）		2
452	164 （上）		1
453	165 （下）		2
454	165 （下）		2

续表

序号	东巴文	部件	部件种类
455	166（左）		1
456	167（右）		1
457	168（内）		2
458	168（内）		2
459	169（外）		2
460	169（外）		3
461	170（树）		1
462	171（林）		2
463	171（林）		3
464	172（木、柴）		1
465	172（木、柴）		1
466	172（木、柴）		1
467	173（松明）		2
468	174（树干）		2
469	175（树枝）		1
470	175（树枝）		1
471	176（树根）		2
472	176（树根）		2

续表

序号	东巴文	部件	部件种类
473	177 叶	![部件]	1
474	177 叶	![部件]	1
475	178 花	![部件]	1
476	178 花	![部件]	1
477	178 花	![部件]	1
478	178 花	![部件]	1
479	179 蕾	![部件]、![部件]	2
480	179 蕾	![部件]、![部件]	2
481	180 果	![部件]、![部件]	2
482	181 刺	![部件]	1
483	181 刺	![部件]	1
484	182 刺枝	![部件]	1
485	183 芽	![部件]、![部件]	2
486	183 芽	![部件]	2
487	184 折	![部件]	1
488	185 弯	![部件]	1
489	186 倒	![部件]	1
490	186 倒	![部件]	1

续表

序号	东巴文	部件	部件种类
491	187 （落）		2
492	187 （落）		2
493	188 （风吹叶落）		3
494	189 （粗）		2
495	190 （细）		2
496	191 （松）		1
497	192 （松子）		1
498	193 （松脂）		2
499	194 （柏）		1
500	194 （柏）		1
501	195 （细叶香木）		1
502	196 （珍叶香木）		2
503	197 （杉）		1
504	197 （大杉林）		3
505	198 （桧）		2
506	198 （桧）		1
507	199 （香樟）		1
508	200 （构）		1

续表

序号	东巴文	部件	部件种类
509	201 （板栗）		1
510	202 （黄栗）		1
511	203 （栗果树）		1
512	204 （核桃）		1
513	205 （野荔枝）		1
514	206 （橘）		1
515	207 （柿）		2
516	208 （梅）		1
517	208 （梅）		1
518	209 （东瓜木）		1
519	210 （椒）		1
520	211 （树名）		1
521	211 （树名）		1
522	212 （藤）		1
523	213 （山柳）		1
524	214 （香椿树）		2
525	215 （桑树）		1
526	216 （白桦树）		2

续表

序号	东巴文	部件	部件种类
527	217 （榨油树）		1
528	218 （小檗树）	、	2
529	218 （小檗树）	、	2
530	219 （刺桐）		1
531	220 （棕）		1
532	220 （棕）		1
533	220 （棕）		1
534	221 （漆树）		1
535	222 （杨柳）		1
536	223 （槲栎）		1
537	224 （野杜鹃）		1
538	225 （白杨）	、 、	3
539	225 （白杨）		1
540	225 （白杨）		1
541	226 （竹）		1
542	226 （竹）		1
543	227 （岩树木）	、 、	3
544	228 （草）		1

续表

序号	东巴文	部件	部件种类
545	228 ↓（草）	↓	1
546	228 ≢（草）	≢	1
547	229 ▦（茅草）	↓ 、▦	2
548	229 ▦（茅草）	↓ 、▦	2
549	230 ⛎（圆茎草）	⛎	1
550	231 ⚘（菖蒲）	⚘	1
551	232 ⚶（艾、蒿）	⚶	1
552	232 ⚶（艾草长坡先于草）	⚶ 、☁ 、⬤	3
553	233 ⚘（草名,烟草）	⚘	1
554	234 ⚘（药草）	⚘ 、⚘	2
555	234 ⚘（药草）	⚘ 、⚘ 、⁝ 、⚒	4
556	235 ⚘（毒草,毒）	⚘ 、⬤	2
557	236 ⎰（蕨）	⎰	1
558	236 ⨍（蕨）	⨍	1
559	236 ⨍（蕨）	⨍	1
560	236 ⋈（蕨）	⨍ 、⋈	2
561	237 ⳾（紫苏）	⳾	1
562	238 ⌀（仙人掌）	⌀	1

续表

序号	东巴文	部件	部件种类
563	239 （葫芦）		1
564	239 （葫芦）		1
565	240 （芭蕉）		1
566	241 （麻）		1
567	241 （麻）		1
568	242 （沾缠草）		1
569	243 （节节草）		1
570	244 （芦苇）		1
571	245 （五谷）	、、	3
572	245 （五谷）		1
573	246 （小麦）		1
574	247 （大麦）	、	2
575	248 （青稞）		1
576	249 （燕麦）	、	2
577	250 （稻）		1
578	250 （谷穗）		1
579	251 （稗子）		1
580	252 （苋米）		1

续表

序号	东巴文	部件	部件种类
581	253 （黍,小米）		1
582	253 （黍,小米）		1
583	253 （黍,小米）		1
584	253 （黍,小米）		2
585	254 （高粱）		1
586	255 （苦荞）		3
587	256 （甜荞）		2
588	257 （黄豆）		1
589	258 （蚕豆）		1
590	258 （蚕豆）		2
591	259 （向日葵）		1
592	260 （南瓜）		1
593	261 （白菜）		1
594	261 （白菜）		1
595	262 （芜菁）		1
596	262 （芜菁）		1
597	262 （芜菁）		1
598	263 （姜）		1

续表

序号	东巴文	部件	部件种类
599	263 （姜）		1
600	263 （姜）		1
601	264 （蒜）		1
602	264 附（蒜苗）		1
603	265 （百合）		1
604	266 （石花菜）		1
605	266 （石花菜）		2
606	267 （菌）		1
607	267 （菌）		1
608	267 （菌）		1
609	267 （菌）		1
610	268 （野甜果）		3
611	268 （野甜果）		1
612	269 （草甜果）		3
613	269 附（稻）		2
614	269 附（林）		3
615	269 附（树）		2
616	269 附（麻）		2

序号	东巴文	部件	部件种类
617	269 附	![]、![]	2
618	269 附	![]、![]	2
619	269 附 ![]（黑白交界处之梅花）	![]、![]、![]	3
620	269 附 ![]（黑树）	![]、![]	2
621	269 附 ![]（龙王家之树）	![]	1
622	269 附 ![]（女神之花）	![]	1
623	270 ![]（鸟总名）	![]	1
624	270 ![]（鸟总名）	![]、![]	2
625	270 ![]（鸟总名）	![]	1
626	271 ![]（飞）	![]	1
627	271 ![]（飞）	![]	1
628	272 ![]（栖）	![]、![]	2
629	272 ![]（栖）	![]、![]	2
630	273 ![]（啼、鸣）	![]、![]	2
631	274 ![]（啄）	![]、![]	2
632	275 ![]（翅）	![]	1
633	275 ![]（翅）	![]	1

续表

序号	东巴文	部件	部件种类
634	275 （翅）		1
635	276 （绒）		1
636	276 （绒）		1
637	277（爪）		1
638	277（爪）		1
639	277（爪）		1
640	278（捕、抓）		2
641	279 （蛋）		1
642	280 （将孵之蛋）		3
643	281 （漏）		2
644	281 （漏）		2
645	282 （蛋水）		2
646	283 （同胞、胞族）		2
647	283 （同胞、胞族）		2
648	284 （后裔）		2
649	285 （抱蛋）		2
650	285 （抱蛋）		3
651	285 （抱蛋）		2

续表

序号	东巴文	部件	部件种类
652	286 （巢）	○ ⸫ ～	3
653	286 （巢）	○ ⸫ ～	3
654	286 （巢）	○ ～	2
655	286 （巢）	○ ～	2
656	287 （鸡冠）	～	1
657	287 （鸡冠）	～	1
658	288 （鸡胃）	～	1
659	288 （鸡胃）	～	1
660	289 （鸡膝）	～ ～	2
661	290 （尾）	～	1
662	291 （孔雀尾）	～	1
663	292 （鸡、公鸡、雄冠）	～	1
664	292附 （鸡）	～ ～	2
665	293 （母鸡）	～	1
666	293 （母鸡）	～ 又	2
667	294 （雉,野鸡）	～	1
668	295 （锦鸡、菁鸡）	～	1
669	296 （鸠）	～	1

续表

序号	东巴文	部件	部件种类
670	297 （鸽）		2
671	298 （白鹇）		1
672	298 （白鹇）		1
673	299 （孔雀）		1
674	299 （孔雀）		2
675	300 （乌鸦）		2
676	300 （乌鸦）		2
677	301 （鹊）		3
678	302 （布谷鸟）		2
679	303 （姑恶鸟）		2
680	304 （白头翁）		3
681	305 （太平鸟）		1
682	306 （金八刀）		5
683	307 （绶带鸟）		2
684	308 （鹝鸰）		3
685	309 （吸风鹰）		1
686	310 （鸬鹚）		1
687	311 （燕）		1

续表

序号	东巴文	部件	部件种类
688	312（雀）		1
689	313（百灵鸟）		3
690	314（鹛、画眉）		3
691	315（琉璃鸟）		3
692	316（鸭）		1
693	317（鹅）		1
694	318（凫，野鸭）		1
695	319（鸳鸯）		2
696	320（鸥）		2
697	321（水鸭）		3
698	322（白鹤）		2
699	323（鹳）		1
700	324（水葫芦）		2
701	325（秧鸡）		2
702	326（鹰）		1
703	327（黄鹰）		2
704	328（恶老鹰）		2
705	329（雕）		1

续表

序号	东巴文	部件	部件种类
706	330 （枭）		1
707	331 （鹦鹉）		1
708	332 （绿翠鸟）		2
709	333 （岩雀）		3
710	334 （报春鸟）		1
711	335 （蝙蝠）		1
712	335 附 （白鹤）		1
713	335 附 （孔雀）		1
714	335 附 （黄鹰）		1
715	335 附 （公雉）		1
716	335 附 （公鸡）		1
717	335 附 （神鸟）		1
718	335 附 （神鸡）		3
719	335 附 （鬼鸡）		2
720	335 附 （神胆药）		2
721	336 （家畜）		1
722	337 （野兽）		1
723	338 （皮）		1

续表

序号	东巴文	部件	部件种类
724	338 （皮）		1
725	338 附（山羊皮）		1
726	338 附（獐皮）		1
727	338 附（虎皮）		1
728	338 附（红皮）	、	2
729	339 （虎纹）		1
730	339 （虎纹）		1
731	340 （毛）		1
732	340 （毛）		1
733	340 （毛）		1
734	341 （羊毛）		1
735	341 （羊毛）		1
736	342 （耳）		1
737	342 （耳）		1
738	342 （耳）		1
739	343 （角）		1
740	343 （角）		1
741	343 （角）		1

续表

序号	东巴文	部件	部件种类
742	344 （鹿茸）		1
743	344 （鹿茸）		1
744	345 （獠牙）		1
745	346 （尾）		1
746	346 （尾）		1
747	347 （爪、虎爪）		1
748	347 （爪、虎爪）		1
749	348 （蹄）		1
750	348 （蹄）		1
751	349 （雄、公）		1
752	349 （雄、公）		1
753	349 （雄、公）		1
754	350 （雌、母）		1
755	351 （跑）		2
756	352 （涉）		2
757	353 （跳跃）		2
758	354 （吼）		2
759	355 （撞）		2

续表

序号	东巴文	部件	部件种类
760	356 （驮）		2
761	357 ［唧（衔）］		2
762	357 ［唧（衔）］		2
763	357 附 （有角之兽）		2
764	357 附 （有爪之兽）		2
765	357 附 （有蹄之兽）		2
766	357 附 （有纹之兽）		2
767	358 （牛）		1
768	358 附 （牲）		1
769	358 附 （财产）		1
770	358 附 （财产）		2
771	359 （水牛）		1
772	360 （牦牛）		1
773	361 （犏牛）		1
774	362 （羊）		1
775	362 附 （福）		1
776	362 附 （福）		2
777	362 附 （满、增）		2

续表

序号	东巴文	部件	部件种类
778	363 （山羊）		1
779	364 （卷角羊）		1
780	365 （犬）		1
781	366 （猎犬）		3
782	366附 （牧犬）		4
783	367 （马）		1
784	368 （骏马）		2
785	369 （骏马生疮）		1
786	370 （骥）		1
787	371 （野马）		2
788	372 （骡）		1
789	373 （驴）		2
790	374 （猪）		1
791	375 （猫）		1
792	376 （鼠）		1
793	377 （虎）		1
794	377 （虎）		1
795	378 （咬）		2

续表

序号	东巴文	部件	部件种类
796	379 （猛兽）		1
797	380 （豹）		1
798	381 （狮）		1
799	381 （狮）		1
800	382 （象）		1
801	382 （象）		1
802	383 （犀）		1
803	384 （熊）		1
804	385 （山骡）		1
805	386 （骆驼）		1
806	387 （狐）		1
807	387 （狐）		1
808	388 （火狐）		1
809	388 （火狐）		1
810	389 （豺）		1
811	390 （狼）		1
812	391 （狗獾）		2
813	392 （猪獾）		2

续表

序号	东巴文	部件	部件种类
814	393 （野猪）		2
815	394 （野猫）		1
816	394 （野猫）		1
817	395 （鹿）		1
818	395 附 （母鹿）		1
819	395 附 （断角黑鹿）		2
820	396 （麂）		1
821	397 （黑麂）		1
822	398 （岩羊）		1
823	399 （獐）		1
824	400 （麝香）		3
825	401 （兔）		2
826	402 （獭）		1
827	403 （獴）		1
828	404 （獴箭）		1
829	405 （穿山甲）		1
830	405 （穿山甲）		1
831	406 （松鼠）		1

续表

序号	东巴文	部件	部件种类
832	407 （猴）		1
833	408 （黄鼠狼）		1
834	409 （壁虎）		1
835	409 （壁虎）		1
836	409 附 （虎）		1
837	409 附 （獐）		1
838	409 附 （羊）		1
839	409 附 （马）		1
840	409 附 （象）		1
841	409 附 （牛）		1
842	409 附 （鼠）		1
843	409 附 （麂）		1
844	409 附 （有斑纹之兽）		1
845	409 附 （有角之兽）		1
846	409 附 （有蹄之兽）		1
847	409 附 （有爪之兽）		1
848	410 （虫）		1
849	410 （虫）		1

续表

序号	东巴文	部件	部件种类
850	411 （惊）		2
851	412 （毛虫）		1
852	413 （蚕）		1
853	413 （蚕）		1
854	413 （蚕）		1
855	414 （蜈蚣）		1
856	415 （蜘蛛）		1
857	415 （蜘蛛）		1
858	416 （蜜蜂）		1
859	417 （岩蜂）		3
860	418 （蛰）		1
861	418 （蛰）		1
862	419 （蝶）		1
863	419 （蝶）		1
864	420 （蛾）		1
865	421 （蝗、蚱蜢）		1
866	421 （蝗、蚱蜢）		1
867	422 （蜻蜓）		1

续表

序号	东巴文	部件	部件种类
868	422（蜻蜓）		1
869	423（蝉）		1
870	424（蝇）		1
871	425（牛蝇）		1
872	426（蚊）		1
873	426（蚊）		1
874	427（蚁）		1
875	427（蚁）		1
876	428（蚤）		1
877	429（牛虱）		1
878	430（蚀木虫）		1
879	430（蚀木虫）		1
880	431（粪虫）		2
881	431（粪虫）		3
882	432（鱼）		1
883	432（鱼）		1
884	433（虾）		2
885	434（蚂蝗）		1

续表

序号	东巴文	部件	部件种类
886	434 （蚂蝗）		1
887	435 （蝌蚪）		1
888	435 （蝌蚪）		1
889	435 （蝌蚪）		1
890	436 （白海螺）		1
891	436 （白海螺）		1
892	436 （白海螺）		1
893	436 （白海螺）		1
894	437 （蚌）		1
895	438 （贝）		1
896	438 （贝）		1
897	438 （贝）		1
898	438 （贝）		1
899	438 （贝）		1
900	439 （蛙）		1
901	439 （蛙）		1
902	439 （蛙）		1
903	439 （蛙）		1

续表

序号	东巴文	部件	部件种类
904	440 （蛇）		1
905	440 （蛇）		1
906	441 （大毒蛇）		2
907	442 （有角之青蛇）		1
908	443 （飞蛇）		1
909	444 （吃）		2
910	445 （龙）		1
911	445 （龙）		1
912	445 （龙）		1
913	445附 （九头蛇）		1
914	445附 （金黄大蛙）		3
915	445附 （狮头龙身之神虫）		1
916	446 （人）		1
917	446 （人）		1
918	446 （人）		1
919	446 （人）		1
920	447 （人）		2
921	447 （人）		1

续表

序号	东巴文	部件	部件种类
922	448（人）		2
923	449（木人）		1
924	450（子、男、丈夫）		2
925	450（子、男、丈夫）		1
926	451（女、妇、妻）		2
927	452（叟、祖父）		3
928	452附（祖父）		5
929	453（妪、祖母）		3
930	453附（祖母）		5
931	454（祖先）		1
932	455（祖先）		2
933	456（死者）		2
934	457（先辈）		2
935	458（代、辈）		1
936	459（父）		2
937	459（父）		3
938	460（母）		3
939	460（母）		3

续表

序号	东巴文	部件	部件种类
940	461（父子）		2
941	462（母女）		3
942	463（孙男）		2
943	463（孙男）		2
944	464（孙女）		3
945	464（孙女）		3
946	465（曾孙男）		2
947	466（曾孙女）		3
948	467（兄）		3
949	468（弟）		3
950	469（兄弟）		3
951	470（姐）		4
952	471（妹）		4
953	472（姐妹）		2
954	473（舅父）		2
955	474（姑母）		4
956	475［侄（姪）男、甥］		2
957	476（侄女、甥女）		3

续表

序号	东巴文	部件	部件种类
958	477 （岳父）		3
959	478 （岳母）		3
960	479 （婿）		2
961	480 （媳）		3
962	480 （媳）		3
963	480 （媳）		4
964	481 （姻缘、配偶）		4
965	482 （配偶、伴侣）		4
966	483 （夫妻）		4
967	484 （夫妻）		1
968	485 （母族）		2
969	486 （父族）		2
970	487 （宗族）		3
971	488 （亲戚）		4
972	489 （父戚）		3
973	490 （母戚）		3
974	491 （亲戚之总称）		3
975	492 （表兄弟）		4

续表

序号	东巴文	部件	部件种类
976	493 （表姐妹）		5
977	494 （客、宾）		2
978	495 （主人）		2
979	495附 （主人）		2
980	496 （主人这一家）		3
981	497 （家庭）		3
982	497 （家庭）		3
983	498 （男奴,奴隶）		2
984	498 （男奴,奴隶）		3
985	499 （女奴）		4
986	500 （背水之女家奴）		5
987	501 （童奴）		3
988	502 （童奴）		4
989	503 （牧奴）		5
990	504 （牧奴逃跑）		4
991	504附 （牧奴集体逃跑）		5
992	505 （敢于反抗之奴）		3
993	505附 （敢于反抗之奴）		3

续表

序号	东巴文	部件	部件种类
994	506 （敢于争论之奴）		3
995	507 （奴隶作偿物）		4
996	508 （作牲品）		2
997	509 （工匠）		3
998	509 （工匠）		2
999	510 （铁匠）		4
1000	511 （王）		2
1001	512 （官）		2
1002	513 （吏）		2
1003	514 （长老）		3
1004	515 （奴隶主）		3
1005	515 （奴隶主）		4
1006	516 （帅,常胜）		2
1007	516 （帅,常胜）		3
1008	517 （臣、军师）		2
1009	517 （臣、军师）		1
1010	518 （能者）		2
1011	518 （能者）		1

续表

序号	东巴文	部件	部件种类
1012	519 ☰(智者)	8、芈	2
1013	519 芈(智者)	芈	1
1014	520 ☰(丈量师)	8、丿	2
1015	520 ☰(丈量师)	王、丿	2
1016	521 ☰(营造师)	8、☰	2
1017	522 ☰(将,能干)	夭、△、甲	3
1018	522 甲(将,能干)	甲	1
1019	523 ☰(勇士)	夭、屮、芈	3
1020	524 ☰(兵)	夭、△、芈	3
1021	524 ☰(兵)	夭、彡、芈	3
1022	525 ☰(巫师)	8、丶、艸	3
1023	526 ☰(卜师,女巫)	王、B、干	3
1024	527 ☰(富、富户)	王、▬	2
1025	528 夭(贫、贫户)	夭、))))	2
1026	529 ☰(匪)	夭、))))、芈	3
1027	530 ☰(仇敌)	夭、屮、芈	3
1028	530 ☰(仇敌)	夭、屮	2
1029	531 夭(盗)	夭、芈、☰	3

续表

序号	东巴文	部件	部件种类
1030	532 ꀥ（乞丐）	ꀥ、ꈜ、ꈜ	3
1031	533 ꀥꀥ（伴、伴侣）	ꀥ、ꁦ	2
1032	534 ꀥꀥ（相识、熟人）	ꀥ、ꈬ	2
1033	535 ꀥ（纳西族）	ꀥ、●、ꆈ	3
1034	535 ꀥ（纳西族）	ꀥ、●	2
1035	535 ꀥ（纳西族）	ꀥ、ꆈ	2
1036	536 ꀥ（买）	ꀥ、ꆈ	2
1037	536 ꆈ（买）	ꆈ	1
1038	537 ꀥ（何）	ꀥ、ꀝ	2
1039	537 ꀝ（何）	ꀝ	1
1040	538 ꀥ（束）	ꀥ、↓、ꈬ	3
1041	538 ꈬ（束）	↓、ꈬ	2
1042	539 ꀥ（叶）	ꀥ、ꆺ	2
1043	539 ꆺ（叶）	ꆺ	1
1044	540 ꀥ（吕西人）	ꀥ、ꇐ	2
1045	541 ꀥ（速西人）	ꀥ、◇	2
1046	542 ꀥ（玛丽玛萨人）	ꀥ、◎、ꀝ	3
1047	543 ꀥ（阮可人）	ꀥ、ꀸ	2

续表

序号	东巴文	部件	部件种类
1048	544（邦西人）		2
1049	545（汉族）		3
1050	546（汉族）		2
1051	547（藏族）		3
1052	547（藏族）		2
1053	547（藏族）		2
1054	548（普米族）		3
1055	548（普米族）		2
1056	548（普米族）		2
1057	549（白族）		2
1058	549附（勒墨族）		3
1059	550（彝族）		2
1060	551（傈僳族）		4
1061	552（蒙古族）		2
1062	552（蒙古族）		2
1063	552附（东方汉族）		5
1064	552附（南方白族）		3
1065	552附（西方藏族）		4

续表

序号	东巴文	部件	部件种类
1066	552附 （北方蒙古族）		3
1067	553 （我）		1
1068	553 （我）		2
1069	554 （我们）		2
1070	554 （我们）		2
1071	555 （你）		2
1072	556 （你们）		3
1073	557 （咱两个或咱们两个）		1
1074	557 （咱两个或咱们两个）		1
1075	558 （他）		4
1076	559 （立）		1
1077	560 （坐）		1
1078	560 （坐）		1
1079	560 （坐）		1
1080	561 （住）		2
1081	562 （靠）		2
1082	562 （靠）		2
1083	563 （蹲）		1

续表

序号	东巴文	部件	部件种类
1084	564（起）		1
1085	565（跪）		1
1086	566（恳求）		2
1087	566（恳求）		1
1088	566（恳求）		1
1089	567（祈祷）		2
1090	568（卧、眠）		3
1091	568（卧、眠）		2
1092	569（梦）		4
1093	570（长寿）		2
1094	570（长寿）		2
1095	571（健康）		4
1096	572（病、痛）		2
1097	572（病、痛）		3
1098	573（死）		2
1099	573（死）		3
1100	574（鬼）		2
1101	575（缢）		3

续表

序号	东巴文	部件	部件种类
1102	576 ▢ (棺)	〰⺉、▢	2
1103	577 ▨ (埋)	〰⺉、〰、■	3
1104	578 ⩍⩍⩍ (火化场)	〰、⬡、↘	3
1105	579 ⩍⩍⩍ (焚尸)	〰、⬡、↘、⺉	4
1106	580 ⬳ (漂、冲)	〰、ᚁ	2
1107	581 ⺕ (跌)	⺕	1
1108	581 ⺕ (跌)	⺕	1
1109	582 ⺈ (抖,装模作样)	⺈	1
1110	582 ⺈ (抖,装模作样)	⺈	1
1111	583 ⺈ (怕、惊)	⺈、‖	2
1112	584 ⺈ (象人摇手而来)	⺈	1
1113	585 ⺈ (游)	⺈、⌒	2
1114	586 ⺕ (匍匐、驼背)	⺕	1
1115	587 ⊿ (躲)	⺕、◿	2
1116	587 ⺕ (躲)	⌐、⺕	2
1117	587 ⺕ (躲)	✶、⺕	2
1118	588 ⺈ (钻)	⺈、⌒	2
1119	589 ⺕ (拖)	⺈、⬡	2

续表

序号	东巴文	部件	部件种类
1120	590 （弃）		2
1121	591 （除秽）		4
1122	591 （除秽）		2
1123	592 （佩、佩剑）		2
1124	593 （负）		2
1125	594 （担）		2
1126	594 （担）		2
1127	595 （戴）		2
1128	595 （戴）		2
1129	596 （穿）		2
1130	596 （穿）		2
1131	597 （手铐）		2
1132	598 （脚镣）		2
1133	598 （脚镣）		2
1134	599 （冷）		2
1135	600 （懒）		1
1136	601 （傻，笨人）		2
1137	602 （舞）		1

续表

序号	东巴文	部件	部件种类
1138	603 （舞）		1
1139	603 （举）		1
1140	603 （举）		2
1141	604 （带,送）		2
1142	605 （接）		1
1143	605 （接）		1
1144	606 （取、捡）		2
1145	607 （执）		2
1146	608 （得）		2
1147	609 （买）		2
1148	610 （卖）		2
1149	611 （纺、搓）		2
1150	612 （纺线）		3
1151	613 （织）		3
1152	613 （织）		1
1153	613 （织）		1
1154	614 （做）		3
1155	614 （做）		2

续表

序号	东巴文	部件	部件种类
1156	614（做）		2
1157	614（做）		2
1158	615（打）		3
1159	616（捞）		2
1160	617（盛）		3
1161	617（盛）		3
1162	618（导）		3
1163	619（砌）		4
1164	620（砍林）		3
1165	620（砍林）		3
1166	621（烧林）		5
1167	621（烧林）		4
1168	622（点种）		3
1169	623（耕）		2
1170	623（耕）		2
1171	623（耕）		4
1172	624（撒种）		3
1173	624（撒种）		4

续表

序号	东巴文	部件	部件种类
1174	625	夭、丿、⬬	3
1175	626	夭、丿、🐂	3
1176	626	夭、丿、🐂	3
1177	627	夭、丶、🐾	3
1178	628	夭、◠、🍃	3
1179	629	夭、丶	2
1180	629	夭、丶、◠	3
1181	630	夭、↓	2
1182	631	夭、⬬、⋮	3
1183	631	夭、⬬	2
1184	632	夭、⏜	2
1185	633	夭、⏜	2
1186	633	🏃	1
1187	634	夭、丿	2
1188	634	⋀、🪜	2
1189	635	夭、◠	2
1190	636	夭、乚	2
1191	636附	夭、乚、⬬	3

续表

序号	东巴文	部件	部件种类
1192	636 附 （降）		3
1193	636 附 （跑）		3
1194	637 （跳）		1
1195	637 （跳）		1
1196	638 （绊）		2
1197	638 （绊）		2
1198	639 （踏、绊）		3
1199	640 （搓）		2
1200	641 （塞）		3
1201	641 （塞）		2
1202	642 （洗）		3
1203	643 （洗头）		5
1204	644 （涂）		2
1205	645 （言）		2
1206	645 （言）		3
1207	646 （喊）		2
1208	646 （喊）		2
1209	646 （喊）		2

续表

序号	东巴文	部件	部件种类
1210	647 （唱）		2
1211	647'（唱）		2
1212	648 （笑）		3
1213	648 （笑）		3
1214	649 （歌咏）		3
1215	650 （唱山歌）		3
1216	651 （踏歌）		3
1217	651 附 （歌舞）		2
1218	652 （吹笛）		3
1219	652 （吹笛）		3
1220	653 （弹口弦）		3
1221	654 （吃）		3
1222	654 （吃）		3
1223	654 （吃）		2
1224	655 （饱）		2
1125	655 （饱）		2
1226	656 （饿）		3
1227	657 （饮）		4

续表

序号	东巴文	部件	部件种类
1228	657 （饮）		2
1229	658 （饮茶）		5
1230	659 （吸烟）		3
1231	660 （唾）		2
1232	661 （吐苦痰）		4
1233	662 （呕吐）		3
1234	663 （咬）		3
1235	663 （咬）		2
1236	664 （罩、盖）		2
1237	664 （罩、盖）		2
1238	665 （头摇晃）		2
1239	666 （妇女长辫）		3
1240	667 （骂，怒言）		2
1241	668 （大脖子）		2
1242	669 （麻风）		2
1243	670 （盲）		3
1244	671 （跛脚）		2
1245	672 （变化发展,性交）		3

续表

序号	东巴文	部件	部件种类
1246	672 （性交）		2
1247	673 （胎儿、婴孩）		2
1248	674 （私生子）		2
1249	675 （遗腹子）		3
1250	675 （孕）		2
1251	676 （孕）		2
1252	677 （育）		2
1253	677 （育）		2
1254	678 （溺）		2
1255	678 （溺）		2
1256	679 （屎）		2
1257	680 （男性生殖器）		2
1258	681 （绝、绝育）		3
1259	682 [针（灸）]		3
1260	682 [针（灸）]		2
1261	682 [针（灸）]		3
1262	683 （灸）		4
1263	683 （灸）		3

续表

序号	东巴文	部件	部件种类
1264	684（火罐取血治病）		3
1265	684（火罐取血治病）		2
1266	684（火罐取血治病）		2
1267	685（祐）		2
1268	685（福气）		1
1269	686（聚）		2
1270	686（聚）		3
1271	687（争执）		2
1272	688（斗）		2
1273	688（斗）		2
1274	688（斗）		2
1275	689（拉）		2
1276	689（拉）		2
1277	689（拉）		2
1278	690（携手）		1
1279	690（携手）		2
1280	691（扛、抬）		2
1281	691（扛、抬）		2

续表

序号	东巴文	部件	部件种类
1282	692 （推）		2
1283	692 （推）		1
1284	693 （抱）		2
1285	693 （抱）		1
1286	694 （踢）		1
1287	694 （踢）		1
1288	695 （争吵）		3
1289	695 （争吵）		3
1290	696 （杀）		2
1291	696 （杀）		2
1292	696 （杀）		2
1293	697 （爱）		3
1294	697 （爱）		3
1295	698 （恋、随）		2
1296	699 （伴歌）		2
1297	700 （交谈）		5
1298	701 [享(向)]		3
1299	701 [享(向)]		6

续表

序号	东巴文	部件	部件种类
1300	702 （迁徙）	夭、ᑫ、乀	3
1301	703 （受祚）	夭、、屮、ᵕ、、丿、	7
1302	704 （完婚）	夭、、⊘、ᑫ	4
1303	705 （身体）		1
1304	706 （肥、胖）		1
1305	707 （腰）		1
1306	707 （腰）		1
1307	708 （头）		1
1308	709 （面）		1
1309	709 （面）		1
1310	710 （耳）		1
1311	711 （目）		1
1312	711 （目）		1
1313	711 （目）		1
1314	712 （眉毛）		1
1315	713 （口）		1
1316	713 （口）		1
1317	714 （鼻）		1

续表

序号	东巴文	部件	部件种类
1318	714 （鼻孔）		2
1319	714 （鼻涕）		2
1320	715 （齿）		1
1321	715 （齿）		1
1322	715 （齿）		1
1323	715 （齿）		1
1324	716 （臼齿）		1
1325	717 （獠牙）		1
1326	717 （獠牙）		1
1327	718 （舌）		1
1328	718 （舌）		2
1329	718 （舌）		1
1330	719 （须）		1
1331	720 （发、毛）		1
1332	720 （发、毛）		1
1333	721 （颈）		1
1334	722 （手）		1
1335	722 （手）		1

续表

序号	东巴文	部件	部件种类
1336	722 手		1
1337	722 手		1
1338	723 （手指甲）	、	2
1339	724 （手纹）	、	2
1340	724 （手纹）		1
1341	725 （膀）		1
1342	725 （膀）		1
1343	726 （肩骨）		1
1344	726 （肩骨）		1
1345	726 （肩骨）		1
1346	726 （肩骨）		1
1347	727 （腿）		1
1348	727 （腿）		1
1349	727 （腿）		1
1350	728 （足）		1
1351	728 （足）		1
1352	729 （足底）		1
1353	729 （足底）	、	2

续表

序号	东巴文	部件	部件种类
1354	730 （戳）		2
1355	731 （心）		1
1356	731 （心）		1
1357	732 （肺）		1
1358	732 （肺）		1
1359	733 （肝）		2
1360	733 （肝）		2
1361	734 （胆）		2
1362	734 （胆）		1
1363	735 （脐）		2
1364	736 （胃）		1
1365	736 （胃）		1
1366	736 （胃）		1
1367	737 （脬）		1
1368	737 （脬）		2
1369	738 （肠）		1
1370	738 （肠）		1
1371	738 （肠）		1

续表

序号	东巴文	部件	部件种类
1372	739 （肠炎）		2
1373	739 （肠炎）		2
1374	740 （肾）		1
1375	740 （肾）		1
1376	741 （胸骨）		1
1377	741 （胸骨）		1
1378	741 （胸骨）		1
1379	742 （骨）		1
1380	743 （骨折）		1
1381	744 （节,骨节）		1
1382	744 （节,骨节）		1
1383	745 （骨架）		1
1384	746 （肋）		1
1385	746 （肋）		1
1386	746 （肋）		1
1387	747 （肉）		1
1388	747 （肉）		1
1389	748 （瘦肉）		2

续表

序号	东巴文	部件	部件种类
1390	749（血）		1
1391	749（血）		1
1392	749（血）		1
1393	750（乳）		1
1394	750（乳）		3
1395	751（闻）		2
1396	751（闻）		2
1397	752（只）		1
1398	753（看）		1
1399	753（看）		2
1400	754（见）		1
1401	754（见）		2
1402	755（读）		2
1403	755（读）		3
1404	756（盲）		1
1405	756（盲）		3
1406	757（闭）		1
1407	758（哭，泪）		1

续表

序号	东巴文	部件	部件种类
1408	758 （哭,泪）		1
1409	758 （哭,泪）	、	2
1410	759 （呵）		1
1411	759 （呵）	、	2
1412	760 （唤）		1
1413	760 （唤）		1
1414	760 （唤）	、	2
1415	761 （恶语）	、	2
1416	762 （笑）		1
1417	762 （笑）		1
1418	762 （笑）	、	2
1419	763 （唱）	、	2
1420	764 （吃）	、	2
1421	765 （吃）	、 、	3
1422	766 （咬）	、	2
1423	766 （咬）	、	2
1424	766 （咬）	、 、	3
1425	766 （咬）	、	2

续表

序号	东巴文	部件	部件种类
1426	766 （咬）	天、<、▨	3
1427	767 （嚼）	<	1
1428	768 （饮）	<、∽	2
1429	768 （饮）	天、<、∽	3
1430	769 （吐）	<、	2
1431	769 （吐）	天、<、	3
1432	770 （吐）	<、▱	2
1433	770 （吐）	天、<、▱	3
1434	771 （甜）	<、	2
1435	772 （苦）	<、●	2
1436	773 （红，口红）	<、	2
1437	774 （拔）	、	2
1438	774 （拔）	天、	2
1439	775 （拾）	、	2
1440	775 （拾）	天、	2
1441	776 （握）	、	2
1442	776 （握）	天、	2
1443	777 （捏）	、	2

续表

序号	东巴文	部件	部件种类
1444	777 （捏）		2
1445	778 （踏）		2
1446	778 （踏）		2
1447	778 （踏）		3
1448	779 （压）		3
1449	779 （压）		3
1450	779 （压）		3
1451	779 （压）		3
1452	780 （去）		2
1453	780 （去）		2
1454	781 （秽气）		1
1455	781 （秽气）		1
1456	781 （秽气）		1
1457	781 （秽气）		1
1458	781 （秽气）		1
1459	781 （秽气）		1
1460	782 （觉）		2
1461	782 附 （想）		2

续表

序号	东巴文	部件	部件种类
1462	782 附 （放心）		2
1463	782 附 （痛心）		2
1464	782 附 （伤心）		2
1465	782 附 （悲哀）		2
1466	782 附 （心烦）		2
1467	782 附 （恶意）		2
1468	782 附 （悸、怕）		2
1469	782 附 （魂魄）		2
1470	782 附 （魂魄）		2
1471	782 附 （招魂）		2
1472	783 （羊毛剪）		1
1473	783 （羊毛剪）		1
1474	784 （毡帘）		1
1475	785 （织篦）		1
1476	786 （梭）		1
1477	786 （梭）		1
1478	786 （梭）		1
1479	786 （梭）		1

续表

序号	东巴文	部件	部件种类
1480	787 ⚘（剪刀）	⚘	1
1481	787 ⚘（剪刀）	⚘	1
1482	787 ⚘（剪刀）	⚘	1
1483	788 ⚘（夹、裁）	⚘、⚘	2
1484	788 ⚘（夹、裁）	⚘、⚘	2
1485	789 ⚘（钳）	⚘	1
1486	789 ⚘（钳）	⚘	1
1487	790 ⚘（针）	⚘	1
1488	790 ⚘（针）	⚘	1
1489	791 ⚘（针线）	⚘、⚘	2
1490	791 ⚘（针线）	⚘、⚘	2
1491	792 ⚘（线）	⚘	1
1492	793 ⚘（团）	⚘	1
1493	794 ⚘（纺）	⚘	1
1494	795 ⚘（纺坠）	⚘、⚘	2
1495	795 ⚘（纺坠）	⚘、⚘	2
1496	796 ⚘（插）	⚘、⚘	2
1497	797 ⚘（毛线）	⚘、⚘	2

续表

序号	东巴文	部件	部件种类
1498	798 （缝、补）		3
1499	799 （织布桩）		1
1500	800 （席）		2
1501	801 （麻布）		1
1502	801 （麻布）		1
1503	801 （布）		1
1504	802 （布、棉布）		1
1505	803 （氆氇）		1
1506	804 （绸缎）		1
1507	805 （衣）		1
1508	805 （衣）		1
1509	805 （衣）		1
1510	806 （牦牛皮衣）		2
1511	807 （披毡）		1
1512	807 （披毡）		1
1513	807 （披毡）		1
1514	808 （羊毛衣）		1
1515	809 （甲）		1

续表

序号	东巴文	部件	部件种类
1516	809 ⛰（甲）	⛰	1
1517	809 ⛰（甲）	⛰	1
1518	809 ⛰（甲）	⛰	1
1519	809 ⛰（甲）	⛰	1
1520	810 ⛰（裤）	⛰	1
1521	810 ⛰（裤）	⛰	1
1522	811 ⛰（白绸裤）	⛰	1
1523	812 ⛰（勇士裤）	⛰	1
1524	813 ⛰（裙）	⛰	1
1525	814 ⛰（帽，斗笠）	⛰	1
1526	815 ⛰（黑毡帽）	⛰ ⛰	2
1527	816 ⛰（白毡礼帽）	⛰	1
1528	817 ⛰（王帽）	⛰	1
1529	818 ⛰（法帽）	⛰	1
1530	819 ⛰（山羊皮礼帽）	⛰	1
1531	820 ⛰（超荐父母时嗣子所戴之帽）	⛰	1
1532	821 ⛰（胄、盔）	⛰	1

续表

序号	东巴文	部件	部件种类
1533	821 （胄、盔）		1
1534	821 （胄、盔）		1
1535	821 （胄、盔）		1
1536	822 （流苏）		1
1537	822 （流苏）		1
1538	823 （妇女之头帕）	、	2
1539	823 （妇女之头帕）		1
1540	823 （妇女之头帕）	、	2
1541	823 （妇女之头帕）	、	2
1542	824 （包头布）		1
1543	825 （腰带）		1
1544	825 （腰带）		1
1545	825 （腰带）		1
1546	826 （手套）		1
1547	827 （鞋）		1
1548	827 （鞋）		1
1549	828 （靴）	、	2
1550	828 （靴）	、	2

续表

序号	东巴文	部件	部件种类
1551	829 （鞍褥）		1
1552	829 （鞍褥）		1
1553	830 （宝物）		1
1554	830 （宝物）		1
1555	830 （宝物）	、	2
1556	831 （玉冠饰、绿松石花首饰）		1
1557	832 （银耳环）		1
1558	832 （银耳环）		1
1559	832 （银耳环）		1
1560	833 （金领扣）		1
1561	833 （金领扣）		1
1562	834 （耳环）	、	2
1563	835 （镯）		1
1564	835 （镯）	、	2
1565	836 （戒指）		1
1566	836 （戒指）		1
1567	836 （戒指）		1

续表

序号	东巴文	部件	部件种类
1568	836 （戒指）	、	2
1569	837 （镜）		1
1570	837 （镜）		1
1571	838 （梳子）		1
1572	838 （梳子）		1
1573	838 （梳子）		1
1574	838 （梳子）		1
1575	839 （篦子）		1
1576	840 （锄）		1
1577	840 （锄）		1
1578	840 （锄）		1
1579	841 （做,工作）	、	2
1580	841 （做,工作）	、	2
1581	841 （做,工作）	、	2
1582	842 （挖、凿）	、	2
1583	843 （钩取）	、、	3
1584	844 （范）		1
1585	844 （范）		1

续表

序号	东巴文	部件	部件种类
1586	845 （来历）		2
1587	846 （犁铧）		1
1588	846 （犁铧）		1
1589	846 （犁铧）		1
1590	847 （犁具）		1
1591	847 （犁具）		1
1592	847 （犁具）		1
1593	848 （耕,犁地）		2
1594	849 （犁枙）		1
1595	850 （犁具连枙之绳）		1
1596	851 （耙）		1
1597	851 （耙）		1
1598	852 （齿锄）		1
1599	853 （镰刀）		1
1600	853 （镰刀）		1
1601	853 （镰刀）		1
1602	854 （获）		2
1603	854 （获）		2

续表

序号	东巴文	部件	部件种类
1604	855 （切）	、	2
1605	855 （切）	、	2
1606	855 （切）	、	2
1607	856（点种之木棒）		1
1608	857（粮架）		1
1609	857（粮架）		1
1610	857（粮架）		1
1611	858（粮枷）		1
1612	858（粮枷）		1
1613	858（粮枷）		1
1614	859（杈子）		1
1615	859（杈子）		1
1616	859（杈子）		1
1617	859（杈子）		1
1618	860（扫谷板）		1
1619	860（扫谷板）		1
1620	860（扫谷板）		1
1621	860（扫谷板）		1

续表

序号	东巴文	部件	部件种类
1622	861 （竹绳）		2
1623	862 （挖泥木铣）		1
1624	863 （风箱）		1
1625	864 （皮袋）		1
1626	864 （皮袋）		1
1627	865 （谷堆）		1
1628	864 （谷堆）		1
1629	866 （仓）		1
1630	867 （富、丰）		3
1631	868 （碓）		1
1632	868 （碓）		1
1633	869 （舂）		2
1634	870 （捕猎之活扣）		1
1635	870 （捕猎之活扣）		1
1636	871 （捕猎之套网）		1
1637	872 （捕猎之网具）		1
1638	872 （捕猎之网具）		1
1639	873 （钓）		2

续表

序号	东巴文	部件	部件种类
1640	873 （钓）		2
1641	874 ［九层围柱（牦牛圈）］		2
1642	875 ［七层拦椿（猪圈）］		2
1643	876 ［千眼篱笆墙（羊圈）］		2
1644	876 （牛圈）		2
1645	877 （灶）		1
1646	877 （灶）		1
1647	877 （灶）		1
1648	878 （铁架）		1
1649	879 （炬）		2
1650	879 （炬）		2
1651	880 （火链）		1
1652	880 （火链）		1
1653	880 （火链）		1
1654	880 （火链）		1
1655	881 （葫芦）		1
1656	882 （锅）		1
1657	882 （锅）		1

续表

序号	东巴文	部件	部件种类
1658	883 （锅盖）		1
1659	883 （锅盖）		1
1660	884 （炒锅）		1
1661	885 （甑）		1
1662	885 （甑）		1
1663	886 （罐）		1
1664	887 （盆）		1
1665	888 （待客）	、	2
1666	889 （桶）		1
1667	889 （桶）		1
1668	890 （水缸）	、	2
1669	891 （瓮）		1
1670	892 （绕、编）	、	2
1671	893 （漏）	、	2
1672	893 （漏）	、	2
1673	894 （瓢）		1
1674	894 （木瓢）		1
1675	895 （勺）		1

续表

序号	东巴文	部件	部件种类
1676	895 〰 (勺)	〰	1
1677	896 (勺取)		2
1678	896 (勺取)	〰 、〇	2
1679	897 (滤子)		1
1680	897 (滤子)		1
1681	898 (俎)		2
1682	899 (砧)		2
1683	900 (筷篮)		1
1684	901 (碗)		1
1685	901 (碗)		1
1686	901 (碗)		1
1687	901 (小碗)	▲	2
1688	901 (大碗)		2
1689	902 (征兆、运气)		2
1690	902 (征兆、运气)		2
1691	903 (满)		2
1692	903 (满)		2
1693	904 (溢)		3

续表

序号	东巴文	部件	部件种类
1694	905（倒）		2
1695	905（倒）		2
1696	906（覆）		1
1697	907（盘）		1
1698	907（盘）		1
1699	908（杯）		1
1700	908（杯）		1
1701	909（筷）		1
1702	910（打酥油茶之罐）		1
1703	910（打酥油茶之罐）		1
1704	911（打酥油茶之桶）		1
1705	912（煨）		2
1706	913（煮）		4
1707	913（煮肉）		4
1708	913（煮）		3
1709	914（煎）		3
1710	915（炒）		2
1711	916（蒸、焖）		3

续表

序号	东巴文	部件	部件种类
1712	917 （炙）		3
1713	917 （炙）		2
1714	918 （沸）		3
1715	919 （发酵）		4
1716	919 （发酵）		3
1717	920 （酒药）		1
1718	920 （酒药）		1
1719	920 （酒药）		1
1720	921 （酒糟）		1
1721	921 （酒糟）		1
1722	921 （酒糟）		1
1723	922 （饭）		1
1724	923 （缺粮）		1
1725	924 （足食）		2
1726	925 （给）		2
1727	926 （苦）		2
1728	927 （汤）		3
1729	927 （汤）		2

续表

序号	东巴文	部件	部件种类
1730	928 （米）		3
1731	928 （米）		1
1732	928 （米）		2
1733	929 （面）		1
1734	929 （面）		2
1735	930 （乳）		1
1736	930 （乳）		1
1737	930 （乳）		2
1738	930 （乳）		2
1739	931 （挤乳）		2
1740	931 （挤乳）		3
1741	932 （油）		1
1742	933 （奶渣）		1
1743	934 （酥油茶）		3
1744	935 （琵琶肉）		1
1745	936 （干肉块）		2
1746	936 （干肉块）		1
1747	937 （酒）		3

续表

序号	东巴文	部件	部件种类
1748	938 ᴜ（饮酒）	ᴜ、|	2
1749	938 （饮酒）	、ᴜ、|	3
1750	939 （茶）	ᴜ、	2
1751	940 （雪茶）	、△、、|	4
1752	941 （药）	ᴜ、	2
1753	942 （饵块）		1
1754	943 （炒面团）	ᴜ、	2
1755	944 ［麦芽糖（白色）］	、▭	2
1756	945 （麦芽糖）	▭、●	2
1757	946 S（干粉皮）	S	1
1758	946 S（干粉皮）	S	1
1759	947 （斧）		1
1760	947 （斧）		1
1761	948 （砍）	、	2
1762	949 （破）	、	2
1763	950 （锤）		1
1764	950 （锤）		1
1765	951 （击）	、	2

续表

序号	东巴文	部件	部件种类
1766	951 （击）		2
1767	951 （击）		3
1768	952 （铸）		2
1769	952 （铸）		2
1770	953 （锻、焠）		2
1771	954 （砍刀）		1
1772	954 （砍刀）		2
1773	955 （锯）		1
1774	955 （锯）		1
1775	956 （凿子）		1
1776	956 （凿子）		1
1777	957 （钉）		1
1778	957 （钉）		1
1779	958 （推刨）		1
1780	958 （推刨）		1
1781	958 （推刨）		1
1782	959 （锥）		1
1783	959 （锥）		1

续表

序号	东巴文	部件	部件种类
1784	960 ⬡ （锉子）	⬡	1
1785	961 ✐ （刺）	✐ ⊃	2
1786	962 ⟜ （刺穿）	⟜ ⊃	2
1787	962 ⟋ （刺穿）	⟋ ⊃	2
1788	963 ⟜➤ （钻）	✐ ⅃	2
1789	964 ⍊ （钻子）	⍊	1
1790	965 ⊨ （木榫）	⊨	1
1791	965 ⊤ （木榫）	⊤	1
1792	966 ⬭ （墨斗）	⬭	1
1793	966 ⤳ （墨斗）	⤳	1
1794	966 ⬬ （墨斗）	⬬	1
1795	967 ⍚ （打）	⊨ ▽	2
1796	968 ▽ （椿）	▽	1
1797	969 ⊥ （塞）	▽、▭	2
1798	970 ∽ （划刀）	∽	1
1799	971 ∫ （胶）	∫	1
1800	971 ∟ （胶）	∟	1
1801	972 ⌂ （屋）	⌂	1

续表

序号	东巴文	部件	部件种类
1802	972 ⌂（屋）	⌂	1
1803	972 ⌂（屋）	⌂	1
1804	972 ⌂（屋）	⌂	1
1805	972 ⌂（屋）	⌂、▨、▨	3
1806	973 ⌂（板房）	⌂、▭	2
1807	974 ⌂（草房）	⌂、▨	2
1808	975 ⌂（楼）	⌂、▨	2
1809	976 ⌂（楼）	⌂、▨	2
1810	977 ⌂（狱）	⌂、●	2
1811	978 ⌂（祖房）	⌂、▨	2
1812	979 ⌂（厨房）	⌂、▨	2
1813	980 ⌂（竹墙房）	⌂、▮	2
1814	981 ⌂（墙）	⌂	1
1815	982 ⌂（房后）	⌂、⊥	2
1816	982 ⌂（房后）	⌂、▨	2
1817	983 ⌂（天井）	⌂、▨	2
1818	984 ⌂（甲第,九间大房）	⌂、▨、▨、▮	4
1819	985 ⌂（烧屋）	⌂、▨、▨	3

续表

序号	东巴文	部件	部件种类
1820	986 （窗）		2
1821	986 （窗）		1
1822	987 （邻居）		2
1823	988 （村落）		2
1824	988 （村落）		2
1825	989 （大村落）		4
1826	990 （富豪之家）		4
1827	991 （贫困户）		3
1828	992 （村寨、庄落）		1
1829	992 附 （石庄）		2
1830	993 （围墙）		1
1831	994 （寨旗）		2
1832	995 （劫寨复仇）		3
1833	996 （倾倒）		1
1834	997 （栅）		1
1835	998 （帐棚、毡棚）		2
1836	998 （帐棚、毡棚）		2
1837	999 （白毡棚）		3

续表

序号	东巴文	部件	部件种类
1838	1000 （简易宿棚）		2
1839	1000 （简易宿棚）		3
1840	1001 （挂架）		1
1841	1001 （挂架）		1
1842	1002 （挂）		2
1843	1003 （搭架）		1
1844	1004 （槽）		2
1845	1005 （门）		1
1846	1006 （开）		2
1847	1006 （开）		2
1848	1006 （开）		2
1849	1007 （关）		2
1850	1008 （门限）		2
1851	1009 （闩）		1
1852	1009 （闩）		1
1853	1010 （梯）		1
1854	1010 （柏梯）		2
1855	1011 （柱）		2

续表

序号	东巴文	部件	部件种类
1856	1012 （飞石柱）		3
1857	1013 （天柱）		3
1858	1014 （板）		1
1859	1014 （板）		1
1860	1015 （裂）		1
1861	1015 （裂）		1
1862	1016 （接）		1
1863	1017 （露宿置记号）		2
1864	1018 （城）		1
1865	1019 （塔）		1
1866	1019 （塔）		1
1867	1019 （塔）		2
1868	1020 （秋千）		1
1869	1020 （秋千）		1
1870	1021 （飞石）		3
1871	1021 （飞石）		3
1872	1022 （庙）		3

续表

序号	东巴文	部件	部件种类
1873	1023 （王者之坚固庄房山寨）		2
1874	1024 （王者之金殿城堡）		1
1875	1025 （床）		1
1876	1025 （床）		1
1877	1026 （桌）		2
1878	1027 （凳）		1
1879	1027 （凳）		1
1880	1028 （灯）		2
1881	1029 （熄）		2
1882	1030 （匣、柜）		1
1883	1031 （竹匣）		1
1884	1031 （竹匣）		1
1885	1031 （竹匣）		1
1886	1032 （皮囊）		1
1887	1033 （麻袋）		1
1888	1034 （皮掮袋）		1
1889	1035 （网斗）		1

续表

序号	东巴文	部件	部件种类
1890	1036 （小布袋）		1
1891	1037 （篮）		1
1892	1037 （篮）		1
1893	1037 （篮）		1
1894	1038 （笭）		1
1895	1039 （簸箕）		1
1896	1040 （粗筛）	、	2
1897	1041 （撮箕）		1
1898	1042 （扫帚）		1
1899	1043 （牦尾单帚）		1
1900	1044 （牦尾毛圈）		1
1901	1045 （猎狗项圈）		1
1902	1045 （猎狗项圈）		1
1903	1046 （纸）		1
1904	1047 （纸）		1
1905	1048 （笔）		1
1906	1048 （笔）		1
1907	1049 （墨）		1

续表

序号	东巴文	部件	部件种类
1908	1050 （墨池）		2
1909	1051 （经书、书）		1
1910	1051 （经书、书）		1
1911	1051 （经书、书）		1
1912	1052 （上册）		2
1913	1053 （中册）		2
1914	1054 （下册）		2
1915	1055 （写）		2
1916	1055 （写）		3
1917	1056 （帐,账目）		3
1918	1057 （卜书）		5
1919	1058 （轴、画卷）		1
1920	1058 （轴、画卷）		1
1921	1058 （轴、画卷）		1
1922	1059 （弓）		1
1923	1059 （弓）		1
1924	1060 ［弓衣（套）］		1
1925	1061 （弯弓）		1

续表

序号	东巴文	部件	部件种类
1926	1061 ß（弯弓）	ß	1
1927	1062 （弩）		1
1928	1063 （矢、箭）		1
1929	1063 （矢、箭）		1
1930	1064 （簇、箭头）		1
1931	1064 （簇、箭头）		1
1932	1065 （箙、箭囊）		1
1933	1066 （利箭）		1
1934	1066 （神箭）		1
1935	1068 （搭箭架）		1
1936	1069 （争执）		1
1937	1069 （争执）		1
1938	1070 （射）	、ß	2
1939	1070 （射）	、ß	2
1940	1071 （矛）		1
1941	1071 （矛）		1
1942	1071 （矛）		1
1943	1071 （矛）		1

续表

序号	东巴文	部件	部件种类
1944	1072 （戳）		2
1945	1072 （戳）		2
1946	1073 （搭矛架）		1
1947	1074 （盾牌）		1
1948	1075 （戟、兵器）		1
1949	1075 （戟、兵器）		1
1950	1076 （大刀）		1
1951	1077 （刀）		1
1952	1077 （刀）		1
1953	1078 （剑）		1
1954	1079 （鞘）		1
1955	1080 （战败）		2
1956	1081 （磨）		2
1957	1082 （磨石）		2
1958	1083 （砍）		2
1959	1083 （砍）		2
1960	1084 （切）		2
1961	1085 （切）		2

续表

序号	东巴文	部件	部件种类
1962	1086 （刺）		2
1963	1087 （宰）		2
1964	1087 （宰）		2
1965	1087 （宰）		2
1966	1088 （割）		2
1967	1088 （割）		2
1968	1089 （铁冠）		2
1969	1089 （铁冠）		1
1970	1089 （铁冠）		1
1971	1090 （号角）		1
1972	1090 （号角）		1
1973	1091 （旗）		1
1974	1091 （旗）		1
1975	1091 （旗）		1
1976	1092 （铜刺铁刺）		2
1977	1093 （铜架铁架）		1
1978	1094 （棍）		1
1979	1095 （尺）		1

续表

序号	东巴文	部件	部件种类
1980	1095（曲尺）		1
1981	1096（量长度）		2
1982	1097（升）		1
1983	1097（升）		2
1984	1098（量粟）		2
1985	1099（秤）		1
1986	1100（秤砣）		1
1987	1101（秤）		1
1988	1102（拓模）		1
1989	1102（拓模）		1
1990	1102（拓模）		1
1991	1102（拓模）		1
1992	1103（筝）		1
1993	1104（口弦）		1
1994	1104（口弦）		1
1995	1105（葫芦笙）		1
1996	1106（笛）		1
1997	1106（笛）		1

续表

序号	东巴文	部件	部件种类
1998	1106 （笛）		1
1999	1107 （鼓）		1
2000	1108 （击鼓）		2
2001	1109 （锣）		2
2002	1110 （钟）		1
2003	1110 （钟）		1
2004	1111 （铃）		1
2005	1111 （铃）		2
2006	1111 （铃）		1
2007	1112 （钹）		1
2008	1113 （绳）		1
2009	1113 （绳）		1
2010	1114 （断）		1
2011	1114 （断）		1
2012	1115 （绕）		2
2013	1116 （缠）		2
2014	1117 （散,解开）		2
2015	1118 ［解(结)］		1

续表

序号	东巴文	部件	部件种类
2016	1119 （结）		2
2017	1120 （解结）		2
2018	1121 （编）		2
2019	1122 （束）		1
2020	1122 （束）		1
2021	1123 （拴）		3
2022	1123 （拴）		2
2023	1124 （活扣）		1
2024	1124 （活扣）		2
2025	1125 （网）		1
2026	1126 （铁链）		1
2027	1127 （钥匙）		1
2028	1127 （钥匙）		1
2029	1128 （锁）		2
2030	1128 （锁）		1
2031	1129 （骰）		1
2032	1130 ［烟锅（烟斗）］		1
2033	1130 ［烟锅（烟斗）］		1

续表

序号	东巴文	部件	部件种类
2034	1131（路）		1
2035	1131（路）		1
2036	1132（叉路口）		1
2037	1132（叉路口）		1
2038	1133（路途）		2
2039	1134（大路）		2
2040	1135（直路、近路）		2
2041	1136（远路）		1
2042	1137（山路）		2
2043	1138（交道口）		2
2044	1138（交道口）		2
2045	1139（桥）		2
2046	1139（桥）		2
2047	1139（桥）		2
2048	1140（石桥）		3
2049	1141（宝山大石桥）		4
2050	1142（铁索桥）		2
2051	1143（船、猪槽船）		1

续表

序号	东巴文	部件	部件种类
2052	1143 （船、猪槽船）		1
2053	1143 （船、猪槽船）		1
2054	1144 （桨）		1
2055	1144 （桨）		1
2056	1145 （划、划船）	、、	3
2057	1146 ［过江口（不用船）］	、、	3
2058	1147 ［渡口（用船）］	、、	3
2059	1148 （冬过江口）	、、	3
2060	1149 （夏过江口）	、、	3
2061	1150 （革囊）		1
2062	1150 （革囊）		1
2063	1151 （筏）	、	2
2064	1152 （悬空索道）	、	2
2065	1153 （索道木槽）		1
2066	1154 （木轮车）		1
2067	1154 （木轮车）	、、	3
2068	1155 （车）		1
2069	1155 （车）	、、	3

续表

序号	东巴文	部件	部件种类
2070	1156		1
2071	1156		1
2072	1156		1
2073	1157	、	2
2074	1158		1
2075	1159		1
2076	1160	、	2
2077	1160	、	2
2078	1161		1
2079	1162		1
2080	1163		1
2081	1163		1
2082	1164		1
2083	1165	、	2
2084	1166	、	2
2085	1167		1
2086	1167附	、	2
2087	1167附	、	2

续表

序号	东巴文	部件	部件种类
2088	1167 附 （大篮）		2
2089	1168 （快）		3
2090	1169 （慢）		3
2091	1170 （直）		1
2092	1170 附 （抵）		2
2093	1171 （曲）		1
2094	1172 （圆）		2
2095	1173 （宽）		2
2096	1174 （覆、罩）		1
2097	1175 （压）		2
2098	1176 （抽）		2
2099	1177 （悬、吊）		1
2100	1178 （分）		1
2101	1178 （分）		3
2102	1179 （招）		2
2103	1180 （增）		2
2104	1181 （满）		3
2105	1182 （夹）		2

续表

序号	东巴文	部件	部件种类
2106	1183 △△△（红）	△△△	1
2107	1184 （金）		1
2108	1185 （绿）		1
2109	1186 （白）		2
2110	1187 （白）		1
2111	1188 （黑）		1
2112	1188 附 （大山）		2
2113	1188 附 （黑色衣服）		2
2114	1188 附 （剧毒）		2
2115	1188 附 （陈酒）		3
2116	1188 附 （吐苦痰）		4
2117	1189 （杂色）		1
2118	1190 （美）		2
2119	1190 （美）		2
2120	1191 （好）		1
2121	1192 （给、送）		2
2122	1193 （置）		2
2123	1194 （一）		1

续表

序号	东巴文	部件	部件种类
2124	1195 𝟏𝟏（二）	𝟏	1
2125	1196 𝟏𝟏𝟏（三）	𝟏	1
2126	1197 𝟏𝟏 𝟏𝟏（四）	𝟏	1
2127	1198 𝟏𝟏𝟏 𝟏𝟏（五）	𝟏	1
2128	1199 𝟏𝟏𝟏 𝟏𝟏𝟏（六）	𝟏	1
2129	1200 𝟏𝟏𝟏𝟏 𝟏𝟏𝟏（七）	𝟏	1
2130	1201 𝟏𝟏𝟏𝟏 𝟏𝟏𝟏𝟏（八）	𝟏	1
2131	1202 𝟏𝟏𝟏 𝟏𝟏𝟏（九）	𝟏	1
2132	1203 ㄨ（十）	ㄨ	1
2133	1203 ㄨㄨ（二十）	ㄨ	1
2134	1203 ㄨㄨㄨ（三十）	ㄨ	1
2135	1203 ㄨㄨㄨㄨ（九十）	ㄨ	1
2136	1204 十（百）	十	1
2137	1205 米（千）	米	1
2138	1206 夲（万）	夲	1
2139	1207 ☐（亿）	☐	1
2140	1208 O（兆）	O	1
2141	1209 米o（千千万万）	米、O	2

续表

序号	东巴文	部件	部件种类
2142	1210（支）		1
2143	1210 附（五十）		1
2144	1210 附（二十五）		2
2145	1210 附（三百六十）		2
2146	1210 附（一千五百）		2
2147	1210 附（一万六千）		3
2148	1211（祭,木偶）		1
2149	1211（祭,木偶）		1
2150	1212（开坛经）		3
2151	1213（木偶）		1
2152	1214（会跳之木偶）		1
2153	1215（木偶之一种,祭天时用）		1
2154	1216（吃素木偶）		1
2155	1217（除秽木偶）		1
2156	1218（神石、门神）		2
2157	1219（面偶）		3
2158	1219（面偶）		2

续表

序号	东巴文	部件	部件种类
2159	1220（会笑之面偶）	〓、〓、〓	3
2160	1221（山神龙王之面偶）	〓、〓、〓	3
2161	1222（龙鹏狮三神面偶）	〓、〓、〓	3
2162	1223（风神树）	〓	1
2163	1223（风神树）	〓	1
2164	1224（祭笼）	〓、〓	2
2165	1225（幡柱）	〓、〓	2
2166	1226（丧幡）	〓、〓	2
2167	1227（龙塔）	〓、〓、〓	3
2168	1228（柏树塔）	〓、〓	2
2169	1228（柏树塔）	〓	1
2170	1229（鬼牌）	〓	1
2171	1230（赶鬼竹刺）	〓	1
2172	1231（打鬼竹杈）	〓	1
2173	1232（隔鬼）	〓	1
2174	1233（经坛）	〓、〓、〓	3
2175	1234（祭天米笼）	〓、〓、〓	3
2176	1235（祭米）	〓、〓、〓	3

续表

序号	东巴文	部件	部件种类
2177	1236 （香条）		1
2178	1237 （香火）	、	2
2179	1238 （大香柱）		1
2180	1239 （香炉）		1
2181	1240 （送鬼碗）	、 、	3
2182	1241 （贝）		1
2183	1241 （贝）		1
2184	1241 （贝）		1
2185	1242 （神座）		1
2186	1243 （五佛冠）		1
2187	1244 （宝物）		1
2188	1244 （宝物）		1
2189	1245 （如意结）		1
2190	1246 （宝伞）		1
2191	1247 （象征鬼蜮）		1
2192	1247 （象征鬼蜮）		1
2193	1248 （剑树）		1
2194	1249 （祭水）	、 、	3

续表

序号	东巴文	部件	部件种类
2195	1250 （祭水壶）		3
2196	1251 （镇妖器）		1
2197	1252 （降魔杵）		1
2198	1252 （降魔杵）		1
2199	1253 （大法帽）		2
2200	1254 （法杖）		1
2201	1254 （法杖）		1
2202	1254 （法杖）		1
2203	1255 （法轮）		1
2204	1255 （法轮）		1
2205	1256 （法珠串）		1
2206	1256 （法珠串）		2
2207	1257 （法螺）		1
2208	1257 （法螺）		1
2209	1258 （板铃）		1
2210	1259 （手鼓）		1
2211	1260 （抵响）		1
2212	1261 （卜卦画）		2

续表

序号	东巴文	部件	部件种类
2213	1262（撒祭米）		3
2214	1263（抵灾）		2
2215	1263（抵灾）		2
2216	1264（许愿）		2
2217	1265（烧天香）		5
2218	1266（除秽）		3
2219	1267（魂、魂魄）		2
2220	1267（魂、魂魄）		2
2221	1268（招魂）		3
2222	1268（招魂）		2
2223	1269（遗福、遗物）		2
2224	1270（驱鬼火石）		2
2225	1271（掷贝卜）		3
2226	1272（保佑）		2
2227	1273（宗教巫师东巴）		3
2228	1274（相传为东巴教始祖"丁巴什罗"）		5
2229	1274附（什罗执法器跳神）		4

续表

序号	东巴文	部件	部件种类
2230	1275 （巫）		3
2231	1276 （巫）		3
2232	1277 （喇嘛）		2
2233	1278 （善卜之"替罗"人）		2
2234	1278 （善卜之"替罗"人）		2
2235	1278 附 （岩间替罗三兄弟）		3
2236	1279 （纳西人占"帕左"卜课）		3
2237	1280 （傈僳人搓竹片卜）		3
2238	1281 （"久阿"人占"左拉"卜课）		4
2239	1282 （彝人烧羊髀骨占卜）		3
2240	1283 （"鲁鲁"人打鸡骨卜）		3
2241	1284 （藏族解结绳卦）		3
2242	1285 （白族置海贝卜）		5
2243	1286 （"盘"神）		1
2244	1287 （"禅"神）		1
2245	1288 （威灵）		1

续表

序号	东巴文	部件	部件种类
2246	1289 （"窝"神）		1
2247	1290 （"恒"神）	、	2
2248	1291 （男神（阳））	、	2
2249	1292 ［女神（阴）］	、	2
2250	1293 （三尊神名）	、 、 、 、	5
2251	1294 （大力神）	、 、	3
2252	1295 （生育之神）	、 、	3
2253	1296 （"白沙禅东"神，"北岳大帝"）	、 、	4
2254	1297 （战神）	、 、	3
2255	1298 （四头武神）		1
2256	1299 （神名，"依古窝格"）		1
2257	1300 （"东格"武神）		1
2258	1301 （"尤麻"武神）		1
2259	1302 （山神）		1
2260	1303 （龙王）		1
2261	1304 （家神）		1
2262	1305 （家神祭笼）		1

续表

序号	东巴文	部件	部件种类
2263	1306 （畜神）		2
2264	1307 （五谷神）		1
2265	1308 （猎神）		1
2266	1309 （瘟神）		2
2267	1310 （鬼）		2
2268	1311 （鬼名）		2
2269	1312 （"苏"鬼）		3
2270	1313 （"毒"鬼）		2
2271	1314 （"争"鬼）		2
2272	1315 （飞鬼）		3
2273	1316 （"霉"鬼）		3
2274	1317 （水鬼）		1
2275	1318 （水怪）		2
2276	1319 （恶鬼）		1
2277	1320 （恶鬼）		2
2278	1321 （吊死鬼）		3
2279	1322 （情死鬼）		3
2280	1323 （口舌鬼）		3

续表

序号	东巴文	部件	部件种类
2181	1324 ꎂ（火鬼）	ꇁ、ꀕ、ꀕꀕ	3
2282	1325 ꎂ（秽鬼）	ꇁ、ꀕ、ꀘ	3
2283	1325 ꎂ（秽鬼）	ꇁ、ꀕ、ꀘꀘ	3
2284	1326 ꎂ（绝后鬼）	ꇁ、ꀕ、ꁒ	3
2285	1327 ꁒ（傻鬼）	ꁒ	1
2286	1327 ꁒ（傻鬼）	ꁒ	1
2287	1328 ꎂ（病鬼）	ꉙ、ꀸ、ꇁ	3
2288	1329 ꎂ（饿鬼）	ꇁ、ꀕ、○	3
2289	1330 ꎂ（女魔王）	ꇁ、ꁒ、ꎂ、ꀘꀘ、ꀘ、ꀕ、ꀘ	7
2290	1331 ꎂ（西方魔王）	ꇁ、ꀕ、ꎂ	3
2291	1332 ꎂ（祖老阿谱天神）	ꀆ、ꎂ	2
2292	1333 ꎂ（泽恒阿祖天妻）	ꎂ、ꁒ、ꀕ、ꀘ	4
2293	1334 ꎂ（王、帝）	ꎂ、ꀘ	2
2294	1335 ꎂ（善神）	ꁒ、ꁒ	2
2295	1336 ꎂ（善神之妻）	ꁒ、ꁒ、ꀆ、ꎂ、ꀘ、ꀘ	6
2296	1337 ꇁ（崇则利恩）	ꇁ	1
2297	1337 附 ꎂ（崇则利恩）	ꇁ、ꎂ、ꀘ	3

续表

序号	东巴文	部件	部件种类
2298	1338（择恒布白命）	...	3
2299	1339（高勒趣）	...	2
2300	1340（金命金兹）	...	3

上面表格中有字也有字组，比如（十月），是由四个东巴文组成的，因为字组不是字，组成部分也不能看作字的部件，分析字的部件时应当将其排除在外，但是因为字组的组成部分也属于东巴文的范围，所以表格也将字组列出。东巴文的部件划分的最终层次为基础部件。东巴文部件的书写采用《谱》中对应的书写方式，如果《谱》中没有对应的写法，就按字中的写法呈现。东巴文中含有多个相同的部件时，只列出一个。

上述表格包括的基础部件如下。

1. 　2. 　3. 　4. 　5. 　6. 　7. 　8.
9. （星）10. 　11. （绳）12. 　13. 　14. （笔）15. 　16.
17. 　18. 　19. 　20. 　21. 　22. 　23. 　24.
25. 　26. 　27. 　28. （木）29. 　30. 　31. 　32.
33. 　34. 　35. 　36. 　37. 　38. 　39.
40. （土块）41. （摇动）42. 　43. 　44. 　45. 　46. 　47.
48. 　49. 　50. （河沙）51. 　52. 　53. 　54. 　55.
56. 　57. 　58. 　59. 　60. （光线）61. 　62. 　63. 　64.
65. 　66. 　67. 　68. 　69. 　70. 　71. 　72. 　73.

74. 75. 76. 77. 78. 79. 80. 81. 82.

83. 84. 85. 86. 87. 88. 89. 90. 91.

92. 93. 94. 95. 96. 97. 98. 99. 100. 101.

102. 103. 104. 105. 106. 107. 108. 109.

110. 111. 112. 113. 114. 115. 116. 117.

118. 119. 120. 121. 122. 123. 124. 125.

126. （蛋）127. 128. 129. 130. 131. 132.

133. 134. 135. 136. 137. 138. 139.

140. 141. 142. 143. 144. 145. 146. 147.

148. 149. 150. 151. 152. 153. 154. 155.

156. 157. 158. 159. 160. 161. 162. 163.

164. 165. 166. 167. 168. 169. 170. 171.

172. 173. 174. 175. 176. 177. 178. 179.

180. 181. 182. 183. 184. 185. 186. 187. 188.

189. 190. （水）191. 192. 193. （池、潭）194.

195. 196. 197. 198. （大）199. 200. 201.

（大水）202. 203. 204. 205. ［冒出（象水）］206. （汽）

207. （水泡）208. （水泡）209. 210. （表示"多"）211. （泡沫）

212. （波）213. 214. 215. 216. 217. 218.

219. （泥）220. （沙）221. 222. 223. 224. 225.

226. 227. 228. 229. 230. 231. 232.

233. 234. 235. 236. 237. 238. 239. 240.

241. 242. 243. 244. 245. （酒药）246. 247.

248. 249. 250. 251. 252. 253. 254.

255. 256. 257. 258. 259. 260. 261. 262.

263. 264. 265. 266. 267. 268. 269.

270. 271. 272. 273. 274. 275. 276. 277. 278. （果实）279. 280. 281. 282. （芽）283. 284. 285. 286.

287. 288. 289. （脂）290. 291. 292. 293. 294.

295. 296. 297. 298. 299. 300. 301. 302. 303.

304. 305. 306. 307. 308. 309. 310. 311. 312.

313. 314. 315. 316. 317. 318. 319. 320. 321.

322. 323. 324. 325. （松）326. 327. （结）328.

329. 330. 331. 332. 333. 334. 335. 336.

337. 338. 339. 340. 341. 342. 343. 344. 345.

346. 347. 348. 349. 350. 351. 352. 353. 354.

355. 356. 357. 358. 359. 360. 361. 362. 363. 364.

365. 366. 367. 368. 369. 370. 371. 372.

373. 374. 375. 376. 377. 378. 379. 380.

381. 382. 383. 384. 385. 386. 387. 388.

389. 390. 391. 392. 393. 394. 395. 396. 397.

398. 399. 400. 401. 402. 403. 404.

405. 406. 407. 408. 409. 410. 411.

412. 413. 414. 415. 416. 417. 418. 419.

420. 421. 422. 423. 424. 425. 426. 427.

428. 429. 430. 431. 432. 433. 434. 435.

436. 437. 438. 439. 440. 441. 442. 443.

（笔）444. 445. 446. 447. 448. 449. 450.

451. 452. 453. 454. 455. 456. 457.

458. 459. 460. （胆）461. 462. 463. 464. 465.

466. 467. 468. 469. 470. 471. 472. 473.

474. 475. 476. 477. 478. 479. 480. 481.

482. 483. 484. 485. 486. 487. 488. 489.

490. （食物）491. 492. 493. 494. 495. 496. 497.

498. 499. 500. 501. 502. 503. 504.

505. 506. 507. 508. 509. （吐）510. 511. 512.

513. 514. 515. 516. 517. 518. 519. 520.

521. 522. 523. 524. 525. 526. 527.

528. 529. 530. 531. 532. 533. 534. 535.

536. 537. 538. 539. 540. 541. 542.

543. 544. 545. 546. 547. 548. 549. 550.

551. 552. 553. 554. 555. 556. 557. 558.

559. 560. 561. 562. 563. 564. 565. 566.

567. 568. 569. 570. 571. 572. 573. 574. 575.

576. 577. 578. 579. 580. 581. 582. 583.

584. 585. 586. 587. 588. 589. 590. 591.

592. 593. 594. 595. 596. 597. 598. 599.

600. 601. 602. 603. 604. 605. 606. 607. 608.

609. 610. 611. 612. 613. 614. 615. （铁）

616. 617. 618. 619. 620. 621. 622. 623.

624. 625. 626. 627. 628. 629. 630. 631.

632. 633. （棺）634. 635. 636. 637. 638. 639.

640. 641. 642. 643. 644. 645. 646. 647.

648. 649. 650. 651. 652. 653. 654. 655. （棒）

656. 657. 658. 659. 660. 661. 662. 663.

664. 665. 666. 667. （物）668. （腹有食物）669. （腹无食物）670. 671. （吸管）672. 673. 674. 675. （针）

676. 677. 678. 679. 680. 681. 682. 683. 684. （木）685. 686. 687. 688. 689. 690. 691.

692. 693. 694. 695. 696. （ ）697.

698. 699. 700. 701. 702. 703. 704.

705. 706. 707. 708. 709. 710. 711. 712.

713. 714. 715. 716. 717. 718. 719.

720. 721. 722. 723. 724. 725. 726.

727. 728. 729. 730. 731. 732. 733. 734.

735. 736. 737. 738. 739. 740. 741.

742. 743. 744. 745. 746. 747. 748. 749. 750.

751. 752. 753. 754. 755. 756. 757.

758. 759. 760. 761. 762. 763. 764. 765.

766. 767. 768. 769. 770. 771. 772. 773.

774. 775. 776. 777. 778. 779. 780. 781. 782.

783. 784. 785. 786. 787. 788. 789. 790.

791. 792. 793. 794. 795. 796. 797. 798.

799. 800. 801. 802. 803. 804. 805. 806.

807. 808. 809. 810. 811. 812. 813. 814.

815. 816. 817. 818. 819. 820. 821. 822.

823. 824. 825. 826. 827. 828. 829. 830. 831.

832. 833. 834. 835. 836. 837. 838. 839.

840. 841. 842. 843. 844. 845. 846. 847.

848. 849. 850. 851. 852. 853. 854. 855.

856. 857. 858. 859. 860. 861. 862. 863. 864.

865. 866. 867. 868. 869. 870. 871. 872.

873. 874. 875. 876. 877. 878. 879. 880.

881. 882. 883. 884. 885. 886. 887.

888. 889. 890. 891. 892. 893. 894. 895. 896.

897. 898. 899. 900. 901. 902. 903. 904.

905. 906. 907. 908. （碗）909. 910. 911. 912.

913. 914. 915. 916. 917. 918. 919. 920.

921. 922. 923. 924. 925. 926. 927. （干肉块）

928. 929. 930. 931. 932. 933. 934. 935.

936. 937. 938. 939. 940. 941. 942. 943.

944. 945. 946. 947. 948. （胶）949. （胶）950. 951.

952. 953. 954. （窗）955. 956. 957. 958. 959.

960. 961. 962. 963. 964. 965. 966. 967.

968. 969. 970. 971. 972. 973. 974. 975.

976. 977. 978. 979. 980. 981. 982. 983. 984.

985. 986. 987. 988. 989. 990. 991. 992.

993. 994. 995. 996. 997. 998. 999. 1000.

1001. 1002. 1003. 1004. 1005. 1006.

1007. 1008. 1009. 1010. 1011. 1012. 1013. 1014.

1015. 1016. 1017. 1018. 1019. 1020. 1021. 1022.
1023. 1024. 1025. 1026. 1027. 1028. 1029
1030. 1031. 1032. 1033. 1034. 1035. 1036. 1037
1038. 1039. 1040. 1041. 1042. 1043. 1044.
1045. 1046. 1047. 1048. 1049 1050.
1051. 1052. 1053. 1054. 1055. 1056.
1057. 1058. 1059. 1060. 1061. 1062. 1063.
1064. 1065. 1066. 1067. 1068. 1069. 1070. 1071.
1072. 1073. 1074. 1075. 1076. 1077. 1078. 1079.
1080. 1081. 1082. 1083. 1084. 1085. 1086. 1087.
1088. 1089. 1090. 1091. 1092. 1093. 1094.
1095. 1096. 1097. 1098. 1099. 1100. 1101. 1102.
1103. 1104. 1105. 1106. 1107. 1108. 1109.
1110. 1111. 1112. 1113. 1114. 1115. 1116.

　　这些部件在字符中的位置并不固定,比如 可以位于字的上方,可以位于字的内部,也可以位于字的左方;部件在字中的功能也不相同,有时充当声符,有时充当义符,有时充当衬符,比如 在 中充当义符,指明"汽"的类型;在 中充当衬符,表明电光的位置。所以设立部首的标准不同,会得出不同的结果。

　　东巴文部首的取部规则可以借鉴汉字检字法。陈燕对 20 世纪 30 年代以来汉字取部的研究进行了论述,指出 20 世纪 30 年代黎锦熙设立的部首取部位置是左、上、左上方,20 世纪 60 年代汉字检字法工作组设定的部首取部原则是在左、右、上、下、外、中坐、左上角 7 个固定位置,1983 年汉字部首排检法工作组拟定的《统一部首表(征求意见稿)》又增加了左下角、右下角、右下角 3 个取部位置。陈燕对可能有争议的部首取部位置进行了深入研究,指出汉字的取部位置应该设立上、下、左、右、外、内、偏旁、起笔 8 个[①]。东巴文的结构是能够判定的,上述表格就显示出一些结构类型,如下所示。

　　包围结构,如 1 〔东巴文〕、〔东巴文〕在外,〔东巴文〕在内;〔东巴文〕、〔东巴文〕在内,〔东巴文〕在外;

　　上下结构,如 12 〔东巴文〕,〔东巴文〕在上,〔东巴文〕在下。

　　左右结构,如 6 〔东巴文〕,〔东巴文〕在左,〔东巴文〕在右。

　　上中下结构,如 164 〔东巴文〕,〔东巴文〕在上,〔东巴文〕在中,〔东巴文〕在下。

　　相嵌结构,如 18 〔东巴文〕、〔东巴文〕和〔东巴文〕的构字成分分别相连。

　　但是东巴文和汉字的形体结构毕竟存在差异,比如汉字部件的位置关系明确,而东巴文整体性较强;汉字部件的界限明晰,东巴文的部件之间笔画相连的情况较多;汉字形近部件较少,东巴文的形近部件较多,比如"线""点"所代表的意义较多;汉字部件的写法固定,东巴文的部件可能存在多种写法,比如"线"的写法,有时写为 〔东巴文〕,有时写为 〔东巴文〕;汉字部件的朝向固定,东巴文的构字部件的朝向会发生改变,比如东巴文 〔东巴文〕的朝向在有些字中朝上,在有些字中朝左上,所以在对东巴文的部首进行设定的时候要考虑到东巴文的形体特征,综合多方面的因素,东巴文的取部规则设定如下。

　　左右结构的东巴文,一般取左边的部件为部首。

　　上下结构的东巴文,一般取上边的部件为部首。

<hr />

① 　陈燕:《汉字部首法取部位置的研究》,《语言文字应用》2006 年第 3 期,第 49–56 页。

包围结构的东巴文,一般取外在的部件为部首。

镶嵌结构的东巴文,选取相对上方、左方、外部的部件为部首。

当左方、上方、外部的部分不能独立表意或表示多个意义或表意不明确时,选择其他部位的部件为部首。

有些构件在字中的位置是固定的,比如 ⌇、▱ 等一般在字的下方,这些部件和其所代表的事物"水"和"地"的实际方位相对应,在字中的位置显著,所以被选为部首。

同形字、形体十分相近的字可以归为一类,但必须予以说明。

异体字虽然写法不同,但一般不单独设立条目,为了方便查找,都归入相同的部首中。

设立笔画部首的条目,收录无法归入构字部件的东巴文。

如果部首的位置不符合提取部首的最佳位置,但是其他部分不能独立成字,仍然把这个字归入部首中。比如, 应该选择外部的构字部件为部首,但是这个构件不是东巴文,所以这个字归入内部的部首 中。

部首的写法发生改变时仍将其归入这个部首中。比如, 也写为 ,仍将 归入 部中。如果部首变形后又参与造字,也将这个新字归入相同的部首中。

如果有些字划分后的部件可以再次划分,而且再次划分后的部件仍可作部首,这些字就收录到再次切分后的部首中。比如, 先切分出两个 , 再切分出 和 ,所以 就归入 部中。

部首的字形发生改变,不易辨认的,虽然位置占优势,但不宜归入其中,比如日晕不归入云部。

按照以上原则对《谱》的构字部件进行分析得出了检字法部首。为了证明部首检字法的可行性,按照相同的方法对其他字词典中的检字法部首进行了分析,如表3.2所示。

表3.2　不同字词典的检字法部首

序号	《谱》	《么象》	《纳英汉》	《纳象》
1				
2				
3				
4				
5				
6				
7				
8				
9				
10				
11				
12	（星）、（蛋）、（镜）、（兆）、（物）、（油）	（星）、（镜）、（油）	（星）、（蛋）、（酥油）	（星）、（蛋）、（兆）、（镜）
13				

294 /纳西语字词典研究

续表

序号	《谱》	《么象》	《纳英汉》	《纳象》
14				
15				
16				
17				
18				
19				
20				
21				
22				
23				
24				
25				
26				
27				
28				
29				
30				

续表

序号	《谱》	《么象》	《纳英汉》	《纳象》
31				
32				
33				（　）
34				
35				
36				（种子）
37				
38				
39				
40				
41				
42				
43				
44				
45				
46				
47				
48				

续表

序号	《谱》	《么象》	《纳英汉》	《纳象》
49				
50				
51				
52				
53				
54				
55				
56				
57				
58				
59				
60				
61				
62				
63				
64				
65				
66				

续表

序号	《谱》	《么象》	《纳英汉》	《纳象》
67				
68				
69				
70	（虫）、（蚕）	（虫）		（虫）
71				
72		（）		
73				
74				
75				
76				
77				
78	、（十）			
79				
80				
81				
82				
83	（）			

续表

序号	《谱》	《么象》	《纳英汉》	《纳象》
84				
85				
86				
87				
88				
89				
90				
91	（板）、（柱）、（糖）	（板）、（柱）、（糖）、（田）、（口）	（板）	、（板）
92				
93				
94				
95				
96				
97				
98				

续表

序号	《谱》	《么象》	《纳英汉》	《纳象》
99				
100				
101				
102				
103				
104				
105				
106				
107				
108				
109	十			
110				
111				
112				
113				
114	（禽爪）、（兽爪）	（禽爪）、（兽爪）		（禽爪）
115				

续表

序号	《谱》	《么象》	《纳英汉》	《纳象》
116				
117				
118			（ ）	（ ）
119				
120				
121				
122				
123				
124				
125				
126				
127				
128				
129				
130				
131				
132				
133				

续表

序号	《谱》	《么象》	《纳英汉》	《纳象》
134				
135				
136				
137				
138				
139				
140				
141				
142				
143				
144	（珊瑚）、（鹿茸）			（鹿角）
145				
146				
147				
148				
149	（粮架）、（围栏）；			

续表

序号	《谱》	《么象》	《纳英汉》	《纳象》
150				
151				
152				
153				
154				
155				
156				
157				
158				
159				
160				
161				
162				
163				
164				
165				
166				
167				

续表

序号	《谱》	《么象》	《纳英汉》	《纳象》
168				
169				
170				
171				
172				
173				
174				
175				
176				
177				
178				
179				
180				
181				
182				
183				
184				
185				

续表

序号	《谱》	《么象》	《纳英汉》	《纳象》
186				
187				
188				
189				
190				
191				
192				
193				
194				
195				
196				
197				
198				
199	（酒药）			
200				
201				
202				
203				

续表

序号	《谱》	《么象》	《纳英汉》	《纳象》
204				
205				
206				
207				
208				
209				
210				
211				
212				
213				
214				
215				
216				
217				
218				
219				
220				
221				

续表

序号	《谱》	《么象》	《纳英汉》	《纳象》
222				
223				
224				
225				
226				
227				
228				
229				
230				
231				
232				
233				
234				
235				
236				
237				
238				
239				

续表

序号	《谱》	《么象》	《纳英汉》	《纳象》
240				
241				
242				
243				
244				
245				
246				
247	●	●	●	●
248	⌒	⌒	⌒	⌒
249	∫	∫	∫	∫
250	→	→	→	→
251								
252	—	—	—	—
253				
254				
255				
256				
257				

续表

序号	《谱》	《么象》	《纳英汉》	《纳象》
258				
259				
260				
261				
262				
263				
264				
265				
266				
267				
268				
269				
270				
271				
272				
273				
274				
275				

续表

序号	《谱》	《么象》	《纳英汉》	《纳象》
276				
277				
278				
279				
280				
281				
282				
283				
284				
285				
286				
287				
288				
289				
290				
291				
292				
293				

续表

序号	《谱》	《么象》	《纳英汉》	《纳象》
294				
295				
296				
297				
298				
总计	252	165	91	175

　　表格显示,各字典的检字法部首的数量不同,部首内容也不完全相同。形成这种情况的原因是多方面的:一方面和字典的收录范围有关,比如《谱》中有 部并有相关的属字,但是其他字典中或者没有收录这个部首,或者收录了但是部首下无属字;另一方面也和东巴文的特点有关,东巴文存在着历时变化、地域差异、个人书写的差别,所以各字典收录的东巴文字形或有不同,据形归纳的部首也不尽相同。表格也说明了东巴文检字法部首的数量较多,这主要是因为东巴文多为象形字,区别特征明显,概括性较弱。然而,四本字词典的很多检字法部首是相同的,说明东巴文的基础部件具有能产性,很多东巴文的字形具有相关性,所以检字法部首能够归纳东巴文的字形特征,有利于东巴文的检索,因此,东巴文字词典中设立部首检字法是可行的。

第三节　本章小结

　　现有的东巴文字词典中的检字法有合理之处,也存在不足,不足之处会降低字词典的使用效率,增加使用者的查检难度,因此,部首检字法,可以作为东巴文字词典检字法的补充,为东巴文检索提供更多便利,但是这种方式仍然需要进一步研究,具体体现在以下三方面。

一、检字法部首的数量和形体仍需探索

不同字词典的收字数量和字形都对部首的确定产生影响,所以随着东巴文研究的深入,东巴文数量和形体也会不断被挖掘,在此基础上可以对检字法部首进一步研究,使其更规范合理。

二、属字数量少的部首的研究

属字较少的部首,归纳性不强,产字能力弱,增加了东巴文部首的数量,降低了查检效率,因此,在文字的发展过程中,我们必须对部首存在的合理性以及发展趋势进行持续的观察和考量。

三、笔画部首仍有不足

首先,起笔的判定有难度。东巴文中的象形字多为对事物的描述,笔画的概念较差且没有规范,起笔的确定需要予以规定,可以按照左方、上方、外围的取部原则来确定。其次,有些笔画部首中的属字数量大、种类多,查检起来也比较困难,而且这些属字的排列方式也需要合理安排。

部首检字法虽然增加了字词典的检索方式,但是它仍有不足之处,所以字词典中可以同时收录多种检索方式,从而方便使用者查检,提高检索效率。

第四章
纳西标音文字字典研究

《么些标音文字字典》《纳西象形文字谱》《纳西语英语汉语词汇》《纳西象形文字》中都收录了标音文字。《么标》是专门的标音文字字典,《谱》中有一部分内容是专门介绍标音文字的,《纳英汉》中标音文字和其他条目排列在一起,《纳象》的附录中列出了"常用格巴文与象形文字对照"[①]。四本书中收录的标音文字不同,不仅总量不同,而且记录每个音节的哥巴文也不相同。比较四本书中标音文字的收录情况,可以对字词典以及标音文字有更深入的了解。

第一节　字词典的体例

纳西族的哥巴文是一种标音文字,有些字词典对哥巴文进行了说明。李霖灿指出"音字亦是为么麼些族的巫师多巴[$to^{33}mba^{31}$]使用,音字和形字一样都是因宗教上的需要而产生的文字。么麼些巫师称这种音字为'歌巴'[$g\Lambda^{31}ba^{31}$],用形字写起来是 ，用音字写起来是' '，意思可作徒弟或门徒讲,是经典中很常见的一个名词"[②]。方国瑜也有相关说明"标音文字,本语称为 $gə^{21}ba^{21}$;所谓 ba^{21} 即呼唤,$gə^{21}$ 即发作,意即看字发音;以简单

---

① 丽江东巴文化学校编、木琛编写:《纳西象形文字》,昆明:云南人民出版社,2003 年,第 171 页。
② 李霖灿编著、张琨标音、和才读字:《么些象形文字 标音文字字典》,台北:文史哲出版社,1972 年,标音文字字典部分"序言",第 1 页。

的笔画写成文字,有固定音读"①。哥巴文的创制时间不详,一般认为晚于象形文字②。哥巴文是用来记录音节的,"音字是一个个单独的符号,以一个符号代表一个固定的么些语音音节。所以么些族的音字也是一种音节文字(Syllabic scripts)而不是所谓的字母文字(Alphabetic scripts)"③。方国瑜指出"纳西标音文字是用简单笔画作符号,有固定音读,一字一音,凡同音(不类声调)的语词用同一符号"④;毛远明指出哥巴文"借用的东巴字符已经作为记音的符号,直接同纳西语音相联系,记录与该字符同音的所有的词"⑤。

关于哥巴文的数量,毛远明统计《么标》中有 2464 个⑥;王娟统计《么标》中有 2334 个⑦;笔者统计《么标》正文部分有 2406 个,索引部分有 2453个;李晓亮统计《纳英汉》中有 800 个⑧;笔者统计《谱》中有 687 个,《纳象》中有 267 个。《纳象》中哥巴文的数量较少,主要是因为它只收录了常用的哥巴文,《谱》中的哥巴文数量少的原因也是"只摘录较普遍的形体,不求甚全"⑨。常用字符,毛远明根据《音字简表》统计《么标》中有 239 个,判定《谱》中有 206 个⑩。字词典中收录的标音文字的数量不同,对标音文字的编排也不完全相同,具体如下。

---

① 方国瑜编撰、和志武修订:《纳西象形文字谱》,昆明:云南人民出版社,2005 年,"绪论",第 37-38 页。

② 和志武:《纳西族古文字概论》,《云南社会科学》1982 年第 5 期,第 85 页。

③ 李霖灿编著、张琨标音、和才读字:《么些象形文字 标音文字字典》,台北:文史哲出版社,1972 年,标音文字字典部分"序言",第 1 页。

④ 方国瑜编撰、和志武修订:《纳西象形文字谱》,昆明:云南人民出版社,2005 年,第 46 页。

⑤ 毛远明:《哥巴文性质再认识》,载白庚胜、和自兴主编《玉振金声探东巴——国际东巴文化艺术学术研讨会论文集》,北京:社会科学文献出版社,2002 年,第 644 页。

⑥ 毛远明:《哥巴文性质再认识》,载白庚胜、和自兴主编《玉振金声探东巴——国际东巴文化艺术学术研讨会论文集》,北京:社会科学出版社,2002 年,第 637 页。

⑦ 王娟:《纳西东巴文辞书研究——方国瑜、李霖灿、洛克字词典的比较》,北京:民族出版社,2018 年,第 37 页。

⑧ 李晓亮:《洛克〈纳西语英语百科辞典〉研究》,西南大学硕士论文,2011 年,第 65 页。

⑨ 方国瑜编撰、和志武修订:《纳西象形文字谱》,昆明:云南人民出版社,2005 年,第 367-368 页。

⑩ 毛远明:《哥巴文性质再认识》,载白庚胜、和自兴主编《玉振金声探东巴——国际东巴文化艺术学术研讨会论文集》,北京:社会科学出版社,2002 年,第 638 页。

一、《谱》的编排方式

《谱》(367 页)中对哥巴文的编排方式进行了说明。

"文字编排次序,以读音为主,先声母,后韵母"。

"每一声母之下的音读,以韵母为次。各声母所拼韵读之数不同,其中有音而无适当词汇或只有借词音读的,只要缺如。

每一音读之下,分列语调。以低降"↘"、中平"╪"、高平"═"、低升"◢"为次,同音同调的词录在一起。至于词语的次序没有一定,因为随想随录,先后没有关联。

词语单音不记音标,只记语调符号,如 pi 音下,↘胶,应读 pi ↘;╪漂,应读 pi ╪。复音词一般放在第一音节之后,如 pi ╪li ↘笛,只在 pi ╪音节后,不在 li ↘音节中。又复音词第一音节用省略号～,如 pi ╪li ↘笛,写作～li ↘"。

"此编收录纳西语二千多词,读音以丽江大研镇为准(浊音无清浊和鼻浊之分),且只为大研镇词语的一部份,较冷僻者不收,汉语借词只收音变较大的一部分,其余大量借词不录。又词语只记音读,不作解说,因附录在象形文字简谱之后,作为音读索引,不能如词典之求详了"。

二、《么标》的编排方式

《么标》中哥巴文的排列顺序,字典中也有说明①。

"这本书内音字排列的先后,依照着国际音标声母韵母的次序"(具体次序在下文的注音系统中列出)。

"拼的次序是先拿第一个声母,依次把十一个韵母拼完,然后又拿第二

① 李霖灿编著、张琨标音、和才读字:《么些象形文字 标音文字字典》,台北:文史哲出版社,1972 年,标音文字字典部分"凡例",第七-八页。

个声母（pʰ）照样来拼，如此照推下去，一直到拼完为止"。

（若音字没有某一个音节，那个音节就从略，上面所列的是现在所发现的全部音韵系统，音字本身还没有这么完全。）

音字每一个音节，常读为三种声调：高平调┑、中平调┤和低平调┘，（此外还有一个低升调┛，不过很不常见）就依照着这个次序排列声调的先后，在声调后列举如此读法的各种解释，在声调下列举由它组成的各种词底含意。若某一个声调的音字还没有发现，就从略。

大多数的例，是一个音字可以根据由于需要任读那一种声调，这时音字不论有多少种写法，都写在这一个音节的后面。若这个音字的声调已经凝固了，就改写在声调的后面，把解释又推下一格。

在各声调条下，列举有由它组成的各种词的读音和解释，在这里以一个"—"的符号，代替本音节本声调的读音。各种调的排列，先看它是由几个音节组成的，两个音节组成的词在前，三个、四个、五个音节组成的词在后。同样数目音节组成的词，又按音韵系统中所列的次序排列它们的先后。

由两个音节组合成的各种词，若想全用音字写出，就把这两个音节的音字排列起来，排列的样子是横行式，由左向右。三个音节、四个音节组成的词，若想用音字写出，亦是用同样的方法。一个音节有很多音字的话，随便用哪一个都可以。

在每一页靠近中缝的上面，都有一个方括号[　]，这里边写的是这一页开头的音字读音，使检查起来比较方便。

这里的方法，是由读音找字形和解释用的，若想由字形想找它的读音和解释，请查后面的"音字索引"和"音字简表"。

三、《纳英汉》的编纂体例

《纳英汉》中的标音文字用"标音符"注明，位于读音相同的条目后面，按音序排列,如图 4.1 所示。

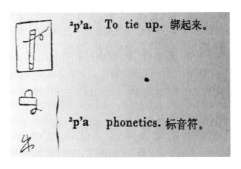

图 4.1　《纳英汉》第 482 页

四、《纳象》的编纂体例

第一页表格的上方列出这一页所涉及的零声母音节的韵母、部分声母,第二页开始每一页的表格上方列出本页涉及的声母。每一页分为三列,从左到右、从上到下依次列出本页涉及的音节,不同声母的音节用横线隔开。每一竖格中又列为四列,分别为声母、音节、东巴文和哥巴文,其中声母只在分割线下的第一行中列出,如图 4.2 所示。

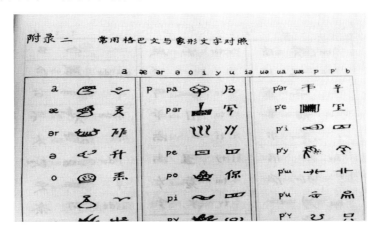

图 4.2　《纳象》第 171 页

按照《纳象》的书写原则,可以判定,木琛认为有些哥巴文和音节以及和东巴文的关系已经固定了。

第二节　字词典的注音系统

　　字词典的注音方式不同,依据的方言土语不同,因此声母、韵母和声调不完全相同。注音方式方面:《谱》和《么标》采用国际音标注音,《纳英汉》采用洛克音标标音,比如《谱》、《么标》中的声母 p,《纳英汉》对应的是 bp。《纳英汉》之所以采用洛克音标是因为"IPA(国际音标协会)所采用的字母并未完全包含表达纳西语中某些复合音的字母,所以有必要发明一些新的标识符号。另外,对于其他语种的人来说,纳西语中某些音是很难发的,而且仅根据 IPA 所用的字母来把纳西语音完全正确地标出是不可能的"[1]。依据的方言土语:《谱》依据的是丽江大研镇的读音[2];《么标》的注音依据是从"丽江县城附近、南山一带,还包括有巨甸乡和鲁甸乡"[3]搜集的材料;《纳英汉》依据的是金沙江河谷中丽江北部和西部村子中所说的纳西语[4]。

一、字词典的注音系统

　　(一)《谱》的注音系统[5],如表 4.1 所示。

---

① 洛克编著:《纳西语英语汉语语汇》(第一卷),和匠宇译,郭大烈、和力民校,昆明:云南教育出版社,2004 年,"引言",第 26 页。

② 方国瑜编撰、和志武修订:《纳西象形文字谱》,昆明:云南人民出版社,2005 年,"绪论",第 81 页。

③ 李霖灿编著、张琨标音、和才读字:《么些象形文字 标音文字字典》,台北:文史哲出版社,1972 年,标音文字字典部分"序言",第一页。

④ 洛克编著:《纳西语英语汉语语汇》(第一卷),和匠宇译,郭大烈、和力民校,昆明:云南教育出版社,2004 年,"引言",27 页。

⑤ 注音系统参照方国瑜编撰、和志武修订:《纳西象形文字谱》,昆明:云南人民出版社,2005 年,"绪论",第 82—87 页。

表 4.1　《谱》的声母、韵母和声调

发音方法 ＼ 发音部位・名称			双唇	唇齿	齿尖	舌尖	卷舌	舌面	舌后
上部			上唇	上齿	上下齿	齿龈	硬腭	硬腭	软腭
下部			下唇	下唇	舌尖	舌尖	舌面前	舌面	舌根
破裂声	不带音	纯	P			t			k
破裂声	不带音	吐气	pʰ			tʰ			kʰ
破裂声	带音		b			d			g
鼻音			m			n		ȵ	ŋ
破裂擦声	不带音	纯			ts		tʂ	tɕ	
破裂擦声	不带音	吐气			tsʰ		tʂʰ	tɕʰ	
破裂擦声	带音				dz		dʐ	dʑ	
擦声	不带音			f	s		ʂ	ɕ	h
擦声	带音			(v)	z		ʐ		r
边音						l			
元音			V　　　ɿ　　　　　（ʅ） 　　　　i　　　y　　　ɯ　　u 　　　　　e　　　ə 　　　　　æ　　ər 　　　　　a　　　　　o							

关于声母

1.西部方言大部分地区的浊声母分清浊和鼻浊：b　mb、d　nd、g　ng、dz ndz、dʐ　ndʐ、dʑ　ndʑ。唯大研镇土语不分清浊和鼻浊，读音时一般都带有同部位的鼻音，因不区别音位，故省鼻音符号。

2.舌面音 tɕ、tɕʰ、dʑ、ȵ、ɕ 的发音部位，比汉语普通话的 j、q、x 稍靠后，但不到舌面中的程度。

3.舌后清擦声 h 与舌后高元音相拼时,读小舌清擦声 ✗,但不区别音位,故不再分别标出。

4.舌尖音 t tʰ d n l 与韵母 ɯ、ə、ər 相拼时,实际音值为 t̠ t̠ʰ d̠ n̠ l̠,但不区别音位。

5.唇齿擦音 v 和半元音 ʋ 不区分音位,故只用韵母 ʋ。

关于韵母

韵母有单韵母 12 个和复韵母 9 个。

单韵母:ɿ i y e æ a o u ʋ ɯ ə ər

复韵母:iæ iɑ iə uæ ua ue uə ye yæ

1.齿尖韵母 ɿ 和卷舌韵母 ʅ 不区别音位,故用作 ɿ。

2.e 的读音稍开,但未至 ɛ 的程度;y 的音读亦稍开,但未至 Y 的程度。

3.ə 是央元音,ər 是卷舌元音,不同音位。

4.单元音 ʋ 与 u 区别音位,不能混淆。

5.现代纳西语复韵母多作汉语借词之用。

关于声调

纳西语有 4 个声调:低调 21、中调 33、高调 55、低升调 24。

(二)《么标》的注音系统[1]

关于声母

p　pʰ　b　mb　m　f　v

pj　pʰj　bj　mbj　mj

t　　tʰ　　d　nd　n　　　　　l

tɯ

ts　tsʰ　dz　ndz　　　s　z

---

[1]　李霖灿编著、张琨标音、和才读字:《么些象形文字 标音文字字典》,台北:文史哲出版社,1972 年,标音文字字典部分"凡例",第七—八页。

sw

t	tʰ	ḍ	nḍ			
tw		ḍw	nḍw			
tʂ	tʂʰ	dʐ	ndʐ	ʂ	ʐ	ɻ(1)
tʂɯ	tʂʰɯ	dʐɯ	ndʐɯ	ʂɯ	ʐɯ	ɻɯ
tɕ	tɕʰ	dʑ	ndʑ	ȵ	ç	
k	kʰ	g	ŋg	ŋ	h	
kw	kʰw		ŋgw		hw	
ʔ						
	J	w	ɥ			

关于韵母

α　　æ　　ɛ　　i　　ʌ(2)　　ʌr　　ɯ(3)　　o　　u　　ur(4)　　y

注：

①作声母用时读似闪音 ɾ，作韵尾时表示该韵腹元音有卷舌性。

②在 ts、tsʰ、s 等声母后读似 ɿ，同时嘴角向两旁扯。

③在 ts、tsʰ、s 等声母后读同 ɿ，在 tʂ、tʂʰ、ʂ 等声母后读同 ʅ。

④在双唇声母后读似 ʉ，在其他声母后读似 v。

关于声调

低平调、中平调、高平调、低升调

（三）《纳英汉》的注音系统

《纳英汉》没有直接列出声母和韵母，但在《纳西语洛克音标与国际语音协会（IPA）音标对照表》中列出了能够和国际音标对应的洛克音标，并指出"某些复合音在 IPA 系统中是无法标出的，因为缺乏相应的字母"①，而在

---

① 洛克编著：《纳西语英语汉语语汇》（第一卷），和匠宇译，郭大烈、和力民校，昆明：云南教育出版社，2004 年，"引言"，第 33 页。

《纳西语复合音》中收录了纳西语的复合音,所以可以根据《纳西语洛克音标与国际语音协会(IPA)音标对照表》和《纳西语复合音》以及正文内容推断出《纳英汉》的声母和韵母。

《纳英汉》中声母和韵母的数量比较多,也比较复杂,李晓亮对《纳英汉》的声母和韵母进行了统计。(参见李晓亮,2011,26-28)但有些声母和韵母仍需讨论。比如 b'a 是由 b 和 'a 组合而成的,t'gkh 在正文的音节中没有出现;dgku、gyi、dgy、ndjy、khu 都是声母和韵母的拼合,不能简单地称为声母。韵母收录的不全面,比如正文的音节中的韵母 ǎ、à、ěr̠、on̠、erh、wùa、wuà、wùo、yě、iu、üe、uo、uàn̠、uèn̠、wai 没有收录;韵母和音节中的写法不同,比如列出的韵母 ùan、ùen 在正文音节中写为 ùan̠、ùen̠。

(四)《纳象》的注音系统

《纳象》的附录一为"国际音标简表",包括元音表、辅音表,并附有纳西语基本声调①,具体情况如表4.2所示。

1.辅音表

表 4.2 《纳象》的声母

发音方法 \ 发音部位			双唇	唇齿	舌尖齿背	舌尖齿龈	舌面前腭	舌面中腭	舌根后腭	喉
塞音	清	不送气	P			t			kʰ	
		送气	pʰ			tʰ			k	
	浊		b			d			g	
擦音	清			f	s		ʂ	ç	x	h
	浊			v	z		ʐ		ɣ	
鼻音	浊		m			n		ȵ	ŋ	
边音	浊					l				

---

① 丽江东巴文化学校编,木琛编写:《纳西象形文字》,昆明:云南人民出版社,2003 年,第169-170 页。

续表

发音方法 \ 发音部位			双唇	唇齿	舌尖齿背	舌尖齿龈	舌面前腭	舌面中腭	舌根后腭	喉
塞擦音	清	不送气			ts		tʂ	tɕ		
		送气			tsʰ		tʂʰ	tɕʰ		
	浊				dz		dʐ	dʑ		
半元音	浊		v							

2.元音表

单元音:ɿ ʅ i y ɯ u o ɔ ə ɚ æ a

复元音:[iæ]、[iə]、[ua]、[uæ]、[uə]

3.声调

声调有4个,分别是中平调,调值为33;低降调,调值为21;高平调,调值为55;中升调,调值为24。

二、字词典的声母对应关系

李晓亮将《纳英汉》《谱》《字典》的声母、韵母进行了对比分析,并制作了《声母对照表》和《韵母对照表》①,这对于了解三本字词典声母和韵母的异同是一个很有意义的研究。

1.声母的对应关系

	《谱》	《么标》	《纳英汉》	《纳象》
b	b	b	b、b'	b
p	p	p	bb,bp	p

---

① 李晓亮:《洛克〈纳西语英语百科辞典〉研究》,西南大学硕士论文,2011 年,第26~28 页。

pʰ	pʰ	pʰ	p'、pp'	pʰ
m	m	m	m	m
f	f	f	f、ff	f
ts	ts	ts	dz、ds	ts
tsʰ	tsʰ	tsʰ	ts'	tsʰ
dz	dz	dz	dz	dz
s	s	s	ss	s
z	z	z	z、z'	z
d	d	d、ɖ	d、dd	d
tʰ	tʰ	tʰ、ʈʰ	tʰ	tʰ
t	t	t、ʈ	dt	t
n	n、ŋ	n、ŋ	n、nn	n
l	l	l、r	l、ll	l
tʂ	tʂ	tʂ	dsh、ch	tʂ
tʂʰ	tʂʰ	tʂʰ	ch'	tʂʰ
dʐ	dʐ	dʐ	dzh、dz'	dʐ
ʂ	ʂ	ʂ	sh	ʂ
ʐ	ʐ	ʐ	zh	ʐ
ȵ	ȵ	ȵ	ny	ȵ
tɕʰ	tɕʰ	tɕʰ	t'gkh	tɕʰ
tɕ	tɕ	tɕ	tgk、dgku	tɕ
dʑ	dʑ、t	dʑ	gyi、dgy	dʑ
ç	ç	ç	kh	ç
g	g	g	gg	g
k	k	k	gk	k
kʰ	kʰ	kʰ	k'	kʰ
h	h	h	h、khu	h

2.韵母的对应关系

	《谱》	《么标》	《纳英汉》	《纳象》
ɑ	ɑ	ɑ	a	a
æ	æ	æ	ā、'a、a<u>n</u>	æ
i	i	i	I	i
ɿ	ɿ	ɯ	ǐ	ɿ
u	ɯ	ɯ	ùe<u>n</u>、ùa<u>n</u>、wuo	u
o	o	o	o、ō、ǒ	o
y	y	io	yü	y
e	e	e	e	e
v	v	v	v、vu、ǔ	v
i	i	i、ji	yi	i
uɑ	uɑ	wɑ	oa、wua	uɑ

3.声调的对应关系

四本书中的声调虽然调值相同,名称有别,但是可以相互对应,比如《纳英汉》的低降调分别对应《谱》的低调和《纳象》的低降调以及《纳英汉》的低平调,平声调对应《谱》的中调、《纳象》和《纳英汉》的中平调,高短调对应《谱》的高调、《纳象》和《纳英汉》的高平调,由低转到高对应《谱》和《纳英汉》的低升调以及《纳象》的中升调。

标音文字是记录音节的,所以通过四部书中的声母、韵母和声调的对应关系,可以对四部书中的标音文字进行分析。

第三节 记录相同音节的标音文字

《么标》《谱》《纳英汉》《纳象》中相同音节对应的哥巴文数量不同,哥巴文和声调的对应关系不同。哥巴文数量不同和各书的收字范围有关,《么标》几乎将文献中出现的哥巴文全部收录了,《谱》和《纳象》收录的是常用的、有代表性的哥巴文。关于哥巴文和声调的对应关系,李霖灿指出,"么些经典中常用的声调有三个:高平调⌐,中平调┤和低平调⌐,(此外另有一个低升调⌐,不过很不常用)。这几个声调若各用一个音字来表示,那本是最合理的办法,但是'多巴'们却认为这是太繁杂了,因为他们在读形字经典的时候,早已养成了随时变换字音的声调以求迎合经文情节的本领,所以认为这样详细的区分是不需要的。因之现在虽然有一些音字的声调有趋向凝固的意思,但大部分的音字却都是只有一个读音而没有固定的声调,这表示说它可以任读那一种声调,须看经文中的情况才能决定"①,所以《么标》中哥巴文的位置是"一个音字若它的声调已经凝固了,便把它放在某项声调专条的后面,若它的声调还没确定,那就放在读音总条的后面,表示它可以任读下面的那一种声调,任作那一项的解释"②。方国瑜认为"纳西标音文字是用简单笔画作符号,有固定音读,一字一音,凡同音(不类声调)的词语用同一符号"③,所以《谱》中凡是记录同一音节(不论声类)的哥巴文与声调不对应。《纳英汉》中的哥巴文和声调是对应的,而且洛克认为有些哥巴文和所记录的词语的关系也比较固定,比如书中第 284 页的条目,如图 4.3 所示。

---

① 李霖灿编著、张琨标音、和才读字:《么些象形文字 标音文字字典》,台北:文史哲出版社,1972 年,标音文字字典部分"序言",第 4 页。

② 李霖灿编著、张琨标音、和才读字:《么些象形文字 标音文字字典》,台北:文史哲出版社,1972 年,标音文字字典部分"序言",第 4 页。

③ 方国瑜编撰、和志武参订:《纳西象形文字谱》,昆明:云南人民出版,2005 年,第 46 页。

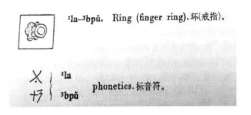

图 4.3　《纳英汉》第 284 页

词语¹la-³bpǔ 环（戒指）的下方列出了记录这个词的哥巴文 X 和 抙，

作者认为 X 和 抙 与 ¹la-³bpǔ 的关系比较固定。

《纳象》中哥巴文和音节的声调没有对应关系，但是和音节（没有声调）以及东巴文是对应的。

四本辞书中相同音节对应的标音文字举例如下。

一、p

1.pa。《纳英汉》中对应的音节是 bpa。《么标》（1 页）中列出的字为 ♄、
β、β、β、β、β、β、《字典》（438 页）中列出的字有 ♄、β、
β、β、β、β、β，字数比《么标》少一个，字的写法和《么标》略有不同，记录的是 pa 的低平调、中平调、高平调和低升调。《谱》（370 页）中列出的字为 β、王，记录的是 pa 低调、中调、高调和低升调。《纳英汉》（36 页）中列出的字为 β、β、王，记录的是 bpa 的平声调。《纳象》（171 页）中收录的标音文字是 β，β 对应的东巴文是 🐸。四本书中共同收录的标音文字是 β。《么标》中 β、β、β、β、β 都可看作和 β 有关系，♄、β 和 β 可以看作是 β 的省体，《纳英汉》中的 β 可以看作是 β 的省体。《全集》的用例中 pa 的记录用字都为 β，记录的是 pa³³ 和 pa⁵⁵，写为 β、β、

[东巴文字符] 、[东巴文字符] 。

2.pu。《纳英汉》中对应的音节是 bpu。《么标》(2 页)中列出的字为 [东巴文字符] ,记录的是 pu 的高平调、中平调和低平调;《谱》(371 页)中列出的字为 [东巴文字符] ,记录的是 pu 的中调和高调;《纳英汉》(45-46 页)中记录 bpu 的平声调的是 [东巴文字符] ,高短调的是 [东巴文字符] 、[东巴文字符] 。《纳象》(171 页)中收录的是 [东巴文字符] ,[东巴文字符] 对应的东巴文是 [东巴文字符] 。《谱》和《纳象》都收录了标音文字 [东巴文字符] 。《么标》中的 [东巴文字符] 和《纳英汉》中的 [东巴文字符] 形体相近,其他音字都不相同。《么标》中的 [东巴文字符] 在《谱》中记录的是 pv 的低声调和高平调。《谱》中的 [东巴文字符] 在《么标》中记录 po 的高平调、中平调和低平调。《全集》中 pu 的记录用字为 [东巴文字符] 、[东巴文字符] ,[东巴文字符] 是借用 pʰu 的音字来记录的。

二、pʰ

1.pʰa。《纳英汉》中对应的音节是 p'a。《么标》(3 页)记录 pʰa 的中平调的字是 [东巴文字符] ,低平调的是 [东巴文字符] 、[东巴文字符] 、[东巴文字符] 、[东巴文字符] 、[东巴文字符] 、[东巴文字符] 。《谱》(374 页)中列出的字为 [东巴文字符] 、[东巴文字符] 、[东巴文字符] ,记录的是 pʰa 的低调和中调。《纳英汉》(481-482 页)中记录 p'a 的低降调的是 [东巴文字符] 、[东巴文字符] 、[东巴文字符] 、[东巴文字符] 、[东巴文字符] ,平声调的是 [东巴文字符] 、[东巴文字符] 。《纳象》(171 页)中收录的标音文字是 [东巴文字符] 和 [东巴文字符] ,[东巴文字符] 对应的东巴文是 [东巴文字符] ,[东巴文字符] 对应的东巴文是 [东巴文字符] 。四本书中收录的相同的标音文字为 [东巴文字符] ,《么标》《谱》《纳英汉》中收录的相同的标音文字为 [东巴文字符] 。《么标》和《纳英汉》记录的形同的标音文字还有 [东巴文字符] 。《么标》中 [东巴文字符] 和 [东巴文字符] 的字形基本相同,[东巴文字符] 和 [东巴文字符] 、[东巴文字符] 相比上方笔画的写法存在差异,[东巴文字符] 和 [东巴文字符] 最下方笔画的写法存在不同。《谱》中 [东巴文字符] 和

的写法基本相同,上方的写法存在相交和相离的差别。《纳英汉》中和

的上部的笔画存在相离和相交的区别,和笔画的多少存在不同。

《么标》中的与《谱》中的形体相近,在《谱》中记录的是 py 的

低降调、中平调和高平调。《全集》中常用的字是,有时用。

2.pʰi。《纳英汉》中对应的音节是 p'i.《么标》(4 页)中列出的字是

、、、(房)①、(免)、(六)、(写)、(亥)、(反)、

(马)、(弓)、(元)(元)、(久)、(狗)、(云)、

(与)、、、(言)、(完)、、(头),《字典》(443 页)中

多了字,记录的是 pʰi 的高平调、中平调和低平调。《谱》(373 页)中列出

的字为、,记录的是 pʰi 的低调、高调和中调。《纳英汉》(485)中记

录 p'i 的高短调的字是、、低降调的是。《纳象》(171 页)中收录的

标音文字是,对应的东巴文是。四本书中都收录的标

音文字是。《么标》中有些字的形体相关,比如和,和。

《词汇》中和的字形相近,只是笔画的写法和位置存在着差异。《全集》

中 pʰi 的记录用字多为、,有时也用和。

3.pʰu。《纳英汉》中对应的音节是 p'u。《么标》(5 页)中列出的字是

、、、、(壁)、、、、、、,记录的是 pʰu 的高平

调和中平调。《谱》(375 页)中列出的字为、、,记录的是 pʰu 的低

调、高调和中调。《纳英汉》(487-488 页)中记录 p'u 的平声调的是、、

——————————————

① 字形选自《么标》,如果字不清楚,就在字后的括号内列出《纳西族象形标音文字字典》中的字。

[字形] [字形] 、 [字形] 、 [字形] ，高短调的是 [字形] 、 [字形] ，既记录平声调又记录高短调的是 [字形] 。《纳象》（171 页）中收录的标音文字是 [字形] ， [字形] 对应的东巴文是 [字形] 。《谱》和《纳象》中都收录了标音文字 [字形] 。《么标》和《纳英汉》中都收录的标音文字是 [字形] 。《么标》中 [字形] 、 [字形] 、 [字形] 、 [字形] 、 [字形] 的字形相关， [字形] 、 [字形] 可以看作是 [字形] 的省体， [字形] 可以看作是 [字形] 的省体。《谱》中的标音文字之间也存在着字形变化关系， [字形] 和 [字形] 可以看作是 [字形] 的省体。《纳英汉》中的 [字形] 和《谱》中的 [字形] 形体相近。此外，《纳英汉》中 [字形] 、 [字形] 和 [字形] 的形体只有细微的差别。

三、b

1.ba。对应的标音文字，《么标》（6 页）中是 [字形] 、 [字形] （ [字形] ）、 [字形] 、 [字形] 、 [字形] 、 [字形] （ [字形] ）、 [字形] 、 [字形] 、 [字形] 、 [字形] 、 [字形] 、 [字形] 、 [字形] 、 [字形] 、 [字形] 、 [字形] 、 [字形] （ [字形] ）、 [字形] （ [字形] ）、 [字形] 、 [字形] 、 [字形] 、 [字形] 、 [字形] （《么标》中不清晰的字在括号后列出《字典》中的字体，下同），《纳西族象形标音文字字典》（446 页）中没有收录 [字形] ，收录的是 [字形] ，记录的是 ba 的中平调和低平调。《谱》（379 页）中对应的标音文字为 [字形] 、 [字形] 、 [字形] 、 [字形] 、 [字形] 、 [字形] ，记录的是 ba 的低调、高调和中调。《纳英汉》中记录 ba（16 页）的低降调的是 [字形] 、 [字形] 、 [字形] 。《纳象》（171 页）中记录 ba 的是 [字形] 和 [字形] ，其中 [字形] 对应的东巴文是 [字形] ， [字形] 对应的东巴文是 [字形] 。几本书中相同的哥巴文是 [字形] ，其他的标音文字不相同。《么标》中的 [字形] 、 [字形] 、 [字形] 、 [字形] 、 [字形] 、 [字形] 之间存在着字体变化关系，比如 [字形] 可以看作是 [字形] 的省体； [字形] 可以看作是

的省体。《谱》中 ⿰ 是 ⿰ 的省体。《么标》中的 ⿰、⿰ 在《谱》中记录的

是 tse。《全集》中记录用字写为 ⿰，与字词典中的标音文字写法不太相同。

2.bi。对应的标音文字，《么标》(7 页)中记录 bi 的高平调的是 ⿰、⿰、

⿰、⿰、⿰、⿰、⿰，中平调的是 ⿰，低平调的是 ⿰(⿰)、⿰(⿰)、⿰

(⿰)、⿰、⿰、⿰。《谱》(376 页)中对应的标音文字为 ⿰、⿰、⿰、⿰、

⿰、⿰，记录的是 bi 的低调、中调和低升调。《纳英汉》(29—30 页)中记

录 bi 的低降调的是 ⿰，平声调的是 ⿰、⿰、⿰、⿰。《纳象》(172 页)中收

录的是 ⿰ 和 ⿰，其中 ⿰ 对应的东巴文是 ⿰，⿰ 对应的东巴文是 ⿰。

《谱》和《纳英汉》中收录了相同的标音文字 ⿰。《谱》和《纳象》收录的共

同的标音文字是 ⿰。《么标》中 ⿰ 和 ⿰ 的笔画的多少存在着差异。《么

标》中的 ⿰ 和 ⿰ 在《谱》中记录 gə 的低降调、中平调和高平调。

3.bu。对应的标音文字，《么标》(8 页)中是 ⿰、⿰、⿰、⿰、⿰、⿰、

⿰(⿰)、⿰(⿰)、⿰、⿰、⿰、⿰、⿰、⿰(⿰)、⿰、⿰、⿰、⿰、⿰、

⿰，记录的是 bu 的高平调、中平调和低平调。《谱》(379 页)中对应的标音

文字为 ⿰、⿰、⿰、⿰、⿰、⿰，记录的是 bu 的低调和中调。《纳英汉》

(47 页)中 ⿰、⿰、⿰ 记录的是 bu 的低降调。《纳象》(172 页)记录的是

⿰ 和 ⿰，其中 ⿰ 对应的东巴文是 ⿰，⿰ 对应的东巴文是 ⿰。《谱》《纳

英汉》和《纳象》中记录的相同的标音文字是 ⿰，《谱》和《纳英汉》中记录

的相同的标音文字是 ⿰，但是记录的音节不尽相同，字词典中其他的标音

文字都不相同。《么标》中的 ⿰、⿰、⿰、⿰、⿰、⿰、⿰、⿰、⿰ 的字体

之间存在着关系，如□可以看作是□的省体，也可以看作是□的省体，□和□的字体存在着关系。《谱》中□、□、□的形体存在着繁简关系。《纳英汉》中□和□形体有关。《谱》中的□在《么标》中记录的 mbo 的中平调和高平调。

四、m

1.ma。《么标》(11 页)中对应的标音文字是□、□、□、□、□(□)、□、□、□，记录的是 ma 的高平调、中平调和低平调。《谱》(384 页)中对应的标音文字为□、□、□，记录的 ma 的是低调、中调、高调和低升调。《纳英汉》(324 页)中对应的标音文字为□、□，记录的是 ma 的低降调。《纳象》中收录的标音文字是□、□对应的东巴文是□。四本书中都收录了标音文字□，《么标》(174 页)中列出的标音文字之间存在着形体关系，如□为□的省写，《谱》中□和□的形体也存在着关系，《谱》和《纳英汉》中还收录了共同的标音文字□，但是这些标音文字记录的音节的声调不完全相同，字词典中其余的标音文字不同。《全集》中 ma^{21} 记录用字为□。

2.mæ。《纳英汉》中对应的音节是 man_。《么标》(12 页)中收录的标音文字是□、□、□、□、□、□，记录的是高平调、中平调和低平调。《谱》(383 页)中收录的标音文字是□、□，记录的是低调、中调和高调。《纳英汉》(326 页)中记录 man_ 的平声调的是□。《纳象》(174 页)中收录的标音文字是□、□对应的东巴文是□。四本书中收录的相同的标音文字是□。

《么标》中的哥巴文字形之间存在着联系，比如 ⿰ 为 ⿰ 的省体，⿰ 和 ⿰ 首笔的写法有差异，⿰ 的书写方向和其他字相反，字形也有变化，⿰ 和 ⿰ 相比，竖画改为竖弯钩。

3.mi。《么标》（13 页）中对应的标音文字是 ⿰、⿰、⿰、⿰、⿰、⿰、⿰、⿰，记录 mi 的高平调、中平调和低平调。《谱》（382 页）中对应的标音文字为 ⿰、⿰、⿰，记录 mi 的低调、中调和高调。《纳英汉》（347 页）中对应的标音文字为 ⿰、⿰、⿰、⿰、⿰，前三个记录的是 mi 的平声调，后两个记录的是 mi 的高短调。《纳象》（174 页）中收录的标音文字是 ⿰，⿰ 对应的东巴文是 ⿰。四本书中都收录了标音文字 ⿰。《么标》的标音文字的字体之间存在着关系，比如 ⿰、⿰ 和 ⿰ 的字体朝向不同，再如 ⿰ 和 ⿰ 的区别在于中间的竖线的写法，⿰ 的来源不好判定。《谱》中的标音文字 ⿰ 和 ⿰ 字形相近，只是笔画的曲和直的区别。《纳英汉》中标音文字的形体之间也存在着关系，如 ⿰ 可以看作是 ⿰ 的省笔。《么标》中的 ⿰，《谱》中的 ⿰，《纳英汉》中的 ⿰ 字形相近，字的朝向不同，但是应该认定为相同的字，所以三本字词典收录了相同的标音文字，只是在不同的字词典中相同的标音文字记录的音节的声调不完全相同。《全集》中常用字为 ⿰、⿰、⿰。

五、tʰ

1.tʰa。《纳英汉》中对应的音节是 tʼa。《么标》（19 页）中对应的标音文字是 ⿰、⿰、⿰（⿰）、⿰、⿰（⿰）、⿰、⿰、⿰、⿰（⿰）、⿰（⿰）、⿰（⿰）、

【符号】（【符号】）、【符号】【符号】【符号】（【符号】）、【符号】【符号】【符号】（【符号】），记录的是 t^ha 的高平调、中平调和低平调。《谱》（393 页）中对应的标音文字为【符号】、【符号】、【符号】、【符号】，记录的是 t^ha 的低调、中调、高调和低升调。《纳英汉》（554 页）中对应的标音文字为【符号】、【符号】、【符号】、【符号】、【符号】，记录的是 $t'a$ 的高短调。《纳象》（172 页）收录的是【符号】和【符号】，这两个标音文字对应的东巴文都是【符号】。四本书中都收录的标音文字是【符号】，《么标》《谱》《纳英汉》中都收录的标音文字是【符号】，记录的音节声调不尽相同，《么标》中有些字的字形之间有关系，比如【符号】、【符号】、【符号】、【符号】、【符号】、【符号】、【符号】、【符号】、【符号】，其中【符号】和【符号】的笔画存在撇和捺的区别，【符号】和【符号】的笔画写法不同，【符号】和【符号】的形体存在着繁简的区别。《谱》中的【符号】和【符号】的笔画存在撇和捺的区别，【符号】是【符号】的省体。《纳英汉》中的【符号】和【符号】的笔画多少有别。三部字词典中都有【符号】，对应的声调不尽相同。三本字词典中其他标音的文字都不同。《全集》中常用【符号】、【符号】、【符号】。

2.t^hi。《纳英汉》中对应的音节是 $t'i$。《么标》（20 页）中对应的标音文字是【符号】、【符号】、【符号】、【符号】、【符号】（【符号】）、【符号】【符号】，记录的是 t^hi 的高平调、中平调和低平调。《谱》（393 页）中对应的标音文字为【符号】，记录的是 t^hi 的低调和中调。《纳英汉》（558 页）中对应的标音文字为【符号】，记录的是 $t'i$ 的低降调。《纳象》（172 页）中收的标音文字是【符号】，对应的东巴文是【符号】。《么标》、《谱》和《纳象》中收录了相同的标音文字【符号】。《么标》中除【符号】外，其他字的字形都存在着关系，比如【符号】和【符号】的书写方向相反，【符号】和【符号】的书写方向相反，【符号】是【符号】的省体。

3.t^ho。《纳英汉》中对应的音节是 $t'o$。《么标》（20 页）中对应的标音文字是⟨字形⟩、⟨字形⟩、⟨字形⟩、⟨字形⟩、⟨字形⟩(⟨字形⟩)、⟨字形⟩(⟨字形⟩)、⟨字形⟩(⟨字形⟩)、⟨字形⟩(⟨字形⟩)、⟨字形⟩(⟨字形⟩)、⟨字形⟩、⟨字形⟩、⟨字形⟩(⟨字形⟩),记录的是 t^ho 的高平调、中平调和低平调。《谱》(394页)中对应的标音文字为⟨字形⟩、⟨字形⟩、⟨字形⟩、⟨字形⟩、⟨字形⟩,记录的是 t^ho 的低调、中调和高调。《纳英汉》(575页)中对应的标音文字是⟨字形⟩、⟨字形⟩、⟨字形⟩,记录的是 t'o 的低降调,⟨字形⟩、⟨字形⟩、⟨字形⟩、⟨字形⟩记录的是 t'o 的平声调。《纳象》(172页)中收录的标音文字是⟨字形⟩,对应的东巴文是⟨字形⟩。《谱》和《纳象》中都收录了⟨字形⟩。《么标》中的⟨字形⟩、⟨字形⟩字形相近,《谱》中的⟨字形⟩、⟨字形⟩是一个字的不同写法,《纳英汉》中的⟨字形⟩、⟨字形⟩的书写方向不同,它们可以看作是同一个字的不同变体,在不同的字词典中记录的音节的声调不同。字词典中其他的标音文字都不相同。《么标》中⟨字形⟩和⟨字形⟩的字向相反。《谱》中⟨字形⟩和⟨字形⟩的方向相反,⟨字形⟩是⟨字形⟩的省体,⟨字形⟩和⟨字形⟩的字体相近。⟨字形⟩、⟨字形⟩、⟨字形⟩的字体之间存在着关系。《么标》中的⟨字形⟩在《么标》中用来记录 ku。《全集》常用的哥巴文是⟨字形⟩、⟨字形⟩、⟨字形⟩、⟨字形⟩。

六、n

na。《么标》(24页)中对应的标音文字是⟨字形⟩、⟨字形⟩、⟨字形⟩、⟨字形⟩、⟨字形⟩、⟨字形⟩、⟨字形⟩、⟨字形⟩、⟨字形⟩、⟨字形⟩、⟨字形⟩、⟨字形⟩,记录的是 na 的高平调、中平调和低平调。《谱》(401页)中对应的标音文字为⟨字形⟩、⟨字形⟩、⟨字形⟩,记录的是 na 的低调、中调、高调和低升调。《纳英汉》(387–388页)中对应的标音文字为⟨字形⟩、⟨字形⟩、⟨字形⟩,记录的是 na 的低降调。《纳象》(174页)中收录的标音文字是⟨字形⟩,对应的东巴文是⟨字形⟩。四本书中记录的相同的标音文字是⟨字形⟩,只是写法稍有差别。《么标》中□、□、□、□、□、□、□、□、□、□的字形之间存在着关系，如□为□的省写，□与□的笔画写法不同。《谱》中的标音文字□是□的省体，□和□的不同是笔画写法的不同。《纳英汉》的标音文字字形也存在着联系，□是□的省体，□和其余两个字相比，左右两边的笔画写法不同。《么标》的□，《谱》中的□，《纳英汉》中的□是相同的，所以三部字词典收录了相同的标音文字，但是这些字记录的音节的声调不相同，《么标》中的□、□、□在《谱》和《纳英汉》中都没有收录。《全集》中常用的哥巴文是□。

七、l

1.la。《么标》(26页)中对应的标音文字是□、□、□、□、□、□、□、□，记录的是 la 的高平调、中平调和低平调。《谱》(405页)中对应的标音文字为□、□、□，记录的是 la 的低调、中调、高调和低升调。《纳英汉》(282—283页)中对应的标音文字为□、□、□、□，前三个记录的是 la 的低降调，第四个记录的是 la 的高短调。《纳象》(175页)中收录的标音文字是□和□，其中□对应的东巴文是□，□对应的东巴文是□。四本书中收录了相同的标音文字□。《么标》中□、□、□、□、□的字形相近，《谱》中的三个字的字体之间有联系，□和□是□的省体，《纳英汉》中□和□是□的变体，□的笔画写法变化明显。此外，《么标》中还收录了□、□、□，《纳英汉》中还收录了□。《全集》中的记录用字为□、□。

2.li。《么标》(29 页)中对应的标音文字是 〔字符〕、〔字符〕、〔字符〕、〔字符〕、〔字符〕、〔字符〕、〔字符〕，记录的是 li 的高平调、中平调和低平调。《谱》(403 页)中对应的标音文字为 〔字符〕〔字符〕，记录的是 li 的低调、中调和高调。《纳英汉》(302 页)中对应的标音文字为 〔字符〕、〔字符〕、〔字符〕、〔字符〕，前三个记录的是 li 的低降调，第四个记录的是 li 的高短调。《纳象》(175 页)中收录的标音文字是 〔字符〕，对应的东巴文是 〔字符〕。《么标》的几个字中除了 〔字符〕、〔字符〕外字形相关，如 〔字符〕可以看作是 〔字符〕的省体，〔字符〕可以看作是 〔字符〕的省体，〔字符〕和 〔字符〕可以看作是 〔字符〕的变形。《纳西汉》中 〔字符〕、〔字符〕、〔字符〕的形体也存在着关系，〔字符〕是 〔字符〕的简体，〔字符〕是 〔字符〕的简体。《谱》中的 〔字符〕可以看作是 〔字符〕的变形，《么标》中的 〔字符〕可以看作是 〔字符〕的省体，说明三部字词典收录了相同的标音文字，但记录的语言单位不完全相同。《全集》中的记录用字为 〔字符〕。

3.lo。《么标》(29 页)中对应的标音文字是 〔字符〕、〔字符〕、〔字符〕、〔字符〕(〔字符〕)、〔字符〕(〔字符〕)、〔字符〕(〔字符〕)、〔字符〕(〔字符〕)、〔字符〕(〔字符〕)、〔字符〕(〔字符〕)、〔字符〕(〔字符〕)、〔字符〕(〔字符〕)、〔字符〕、〔字符〕(〔字符〕)、〔字符〕(〔字符〕)、〔字符〕(〔字符〕)，记录的是 lo 的高调、中调、低调和低升调。《谱》(406 页)中对应的标音文字为 〔字符〕、〔字符〕、〔字符〕、〔字符〕、〔字符〕、〔字符〕、〔字符〕，记录的是 lo 的低降调、中平调和高平调。《纳英汉》(309 – 310 页)中对应的标音文字为 〔字符〕、〔字符〕、〔字符〕、〔字符〕、〔字符〕、〔字符〕、〔字符〕、〔字符〕记录的是 lo 的低降调，〔字符〕、〔字符〕记录的是平声调。《纳象》(175 页)中收录的标音文字是 〔字符〕和 〔字符〕，其中 〔字符〕对应的东巴文是 〔字符〕，〔字符〕对应的东巴文是 〔字符〕。四本书中都收录的标音文字是 〔字符〕。

《么标》中的 🔣、🔣、🔣、🔣、🔣、🔣、🔣、🔣 等的字形存在联系，🔣、
🔣 的字形之间存在联系，如 🔣 为 🔣 的省体。《谱》中的标音文字的字形之
间也存在着关系，如 🔣 为 🔣 的省体，🔣 和 🔣 的笔画写法不同，🔣 与 🔣
的笔画写法不同，🔣 是 🔣 的省体。《纳英汉》中的标音文字的字形也存在着
联系。比如 🔣 应该是由 🔣 演变而来，🔣、🔣、🔣、🔣 之间形体相近写法
有细微差异。三部字词典中收录了相同的标音文字 🔣，并且很多标音文
字和 🔣 的字形有联系，所以三本字词典收录的大部分字都是由一个字逐
渐演变的，字词典中相同的标音文字记录的音节的声调不同。此外，《么标》
中还收录了 🔣、🔣 和 🔣，这是其他两本字词典没有收录的。《全集》中
的记录用字为 🔣、🔣、🔣。

4.ly。《纳英汉》对应的拼音是 lü。《么标》(29 页)中对应的标音文字是
🔣、🔣、🔣、🔣、🔣、🔣、🔣，记录的是 ly 的高平调、中平调和低平调。《谱》(404
页)中对应的标音文字为 🔣、🔣，记录的是 ly 的低调、中调、高调。《纳英
汉》(316 页)中记录 ly 的平声调的是 🔣、🔣，记录 ly 的高短调的是 🔣、🔣。
《纳象》(175 页)中收录的标音文字是 🔣，对应的东巴文是 🔣。《么标》
《谱》《纳英汉》中收录的相同的标音文字是 🔣。《么标》中 🔣、🔣、🔣、🔣 的
字形之间存在着联系。《纳英汉》中的 🔣 和 🔣 的形体有联系。《全集》中常
用的记录用字为 🔣、🔣。

八、ts

1.tsi。《纳英汉》中对应的读音是 dsǐ。《么标》(30 页)中收录的标音文

字是 、、、，记录的是 tsi 的高平调。《谱》（454 页）中收录的标音文字是 ，记录的是 tsi 的低调、中调、高调和低升调。《纳英汉》（94 页）中收录的标音文字是 ，记录的是 dʑi 的高短调。《纳象》（175 页）中收录的标音文字是 ，对应的东巴文 。四本书中都收录了 ，只是最后一笔的写法有差异。《么标》中有些字的字形存在联系，比如 应该是 、 的省写。

2.tsɿ。《么标》中对应的音节为 tsɯ，《纳英汉》中对应的读音是 dʑi。《么标》（31 页）收录的标音文字是 、、、、、、、、、、、、、、，记录的是 tsɯ 的高平调、中平调和低平调。《谱》（453 页）中收录的标音文字是 、、、、，记录的是 tsɿ 的低调、中调、高调。《纳英汉》（133–134 页）中记录 dʑi 的平声调的是 、、、，高短调的是 、。《纳象》（175 页）中收录了 ，对应的东巴文是 。四本书中都收录了 ，笔画的位置稍有不同。《么标》中的 、、、、、、、、 的字形之间有联系， 是 的省体， 是 的省体， 和 、 和 形体相关， 和 的笔画有差异， 和 、 和 的形体有关。《谱》中 和 的形体有联系。《纳英汉》中 和 的形体有联系。

3.tso。《纳英汉》中对应的读音是 dso。《么标》（31 页）中收录的标音文字是 、、（）、（）、（）（有些字不清晰，括号中列出《字典》中相应的字），记录的是 tso 的高平调、中平调和低平调。《谱》（455 页）中收录的标音文字是 ，记录的是 tso 的低调、中调、高调和低声调。《纳英汉》(99 页)中收录的标音文字是 ⊤、⛾ ,记录的是 dso 的低降调。《纳象》(175 页)中收录的标音文字是 ⊤ ,对应的东巴文是 🐟 。四本书中都收录了 ⊤ 。《么标》中有些字的字形有联系,比如 ⊤、₼、⊐ 。

九、tsʰ

tsʰo。《么标》(33 页)中记录 tsʰo 的高平调的是 ◻◻◻、◻◻◼ ,中平调的是 ₻、∧ ,低平调的是 ⊏、Ꮛ、Ꮛ、Ꮛ、ゼ、号、号、号、号 。《谱》(459 页)中收录的标音文字是 ⊿、万、只 ,记录的是 tsʰo 的低调、中调和高调。《纳英汉》(588 页)中记录低降调的是 ⊏ ,记录平声调的是 δ 。《纳象》(175 页)中收录的标音文字是 ⊏ ,对应的东巴文是 🐢 。四本书中都收录了 ⊏ ,写法略有区别。《么标》中有些字的字形有联系,比如 ⊏、Ᏼ、Ꮪ、Ᏼ、ゼ、⊏、Ᏼ 比 Ᏼ、ゼ、Ꮪ 的笔画简省。

十、dz

dzo。《么标》(34 页)中收录的标音文字是 全 ,记录的是 dzo 的中平调和低平调。《谱》(463 页)中收录的标音文字是 全、军、全 ,记录的是 dzo 的低调和中调。《纳英汉》(141 页)中收录的标音文字是 全、ᄃ、Ᏼ ,记录的是 dzo 的低降调。《纳象》(175 页)中收录的标音文字是 军 和全,军 对应的东巴文是 ⋈ ,全 对应的东巴文是 🐛 。《谱》中 全 和 军 的形体有联系。

十一、s

1.sʅ。《么标》中对应的音节是 sɯ，《纳英汉》中的读音为 ssu。《么标》中注明 ɯ 在 s 后读同 ʅ。《么标》(37 页)中记录高平调的是 □、□、□、□、□、□，记录中平调的是 □、□、□、□、□、□、□、□、□、□、□、□、□、□、□，记录低平调的是 □、□、□、□、□、□、□、□、□、□。《谱》(464 页)中收录的标音文字是 □、□、□、□、□、□、□、□、□、□，记录的是低调、中调和高调。《纳英汉》(530~532 页)中记录低降调的是 □、□，记录平声调的是 □、□、□、□，记录高短调的是 □、□、□。《纳象》(173 页)中收录的标音文字是 □，对应的东巴文是 □，四本书中都收录了 □。《么标》中很多字的形体存在着关系，比如 □、□、□、□ 的形体存在笔画书写的不同，它们可以看作是 □ 的省体，□ 和 □ 的笔画写法不同，□、□、□、□、□ 和 □ 的笔画写法不同。《谱》中 □ 和 □ 形体相关，□ 和 □ 的笔画写法有差别，□、□、□ 的笔画写法有关系。《纳英汉》中 □、□、□ 的形体之间存在联系。

2.so。《纳英汉》中对应的音节是 sso。《么标》(38 页)中对应的标音文字是 □、□、□(□)、□、□、□、□、□(□)、□(□)、□(□)、□(□)、□、□、□、□，《字典》(494 页)中多收录了 □，记录的是 so 的高平调、中平调和低平调。《谱》(467 页)中对应的标音文字为 □、□、□，记录的是 so 的低调、中调和高调。《纳英汉》(527 页)中收录的标音文字是 □ 和 □，记录的是 sso 的平声调。《纳象》(173 页)中收录的标音

文字是 ⊡，对应的东巴文是 ⊡。《么标》《谱》和《纳象》中都收录了 ⊡。《么标》中的字形之间存在联系，比如 ⊡ 可以看作是 ⊡ 的省体，⊡ 可以看作是 ⊡ 的省体，⊡、⊡、⊡、⊡、⊡、⊡、⊡ 是 ⊡ 的变体，⊡、⊡ 在 ⊡ 的基础上增加了笔画，⊡、⊡ 是 ⊡ 的省体。《谱》中 ⊡ 是 ⊡ 的省体，而 ⊡ 是 ⊡ 的省体。《纳英汉》中的 ⊡ 可以看作是 ⊡ 的省体。《么标》中的 ⊡，《谱》中的 ⊡，《纳英汉》中的 ⊡ 是相同的标音文字，只是字的书写方向不同。三本字词典收集的标音文字 ⊡（⊡）以及 ⊡（⊡、⊡）可以看作是相同的。《全集》中的记录用字为 ⊡、⊡。

3.sy。《纳英汉》中读音为 ssü。《么标》（38 页）中收录了标音文字 ⊡、⊡、⊡、⊡、⊡、⊡、⊡、⊡、⊡、⊡、⊡，记录的是高平调、中平调和低平调。《谱》（465 页）中收录了标音文字 ⊡、⊡，记录的是低调、中调和高调。《纳英汉》（546-547 页）中记录低降调的是 ⊡，记录高短调的是 ⊡、⊡、⊡、⊡。《纳象》（173 页）中收录的标音文字是 ⊡，对应的东巴文是 ⊡。《么标》《谱》和《纳象》中都收录了 ⊡。《么标》中 ⊡、⊡、⊡ 和 ⊡ 以及 ⊡、⊡、⊡、⊡、⊡ 和 ⊡ 的字形之间存在着联系，⊡ 和 ⊡ 可以看作是 ⊡ 的省体，⊡ 和 ⊡ 的笔画的长短不同，⊡ 可以看作是 ⊡ 的变体，⊡、⊡、⊡、⊡、⊡、⊡ 之间存在着联系。《谱》中的 ⊡ 可以看作是 ⊡ 的省体。《纳英汉》中 ⊡ 可以看作是 ⊡ 的省体，⊡ 和 ⊡ 之间存在着联系。

十二、z

1.zo。《么标》（40 页）中收录的标音文字是 ⊡、⊡、⊡、⊡、⊡、〇、〇,记录的是 zo 的中平调和低平调。《谱》(471 页)中收录的标音文字是 〇、〇、〇,记录的是 zo 的低调和中调。《纳英汉》(655 页)中收录的标音文字是 〇、〇,记录的是 zo 的平声调。《纳象》(174 页)中收录的标音文字是 〇,〇 对应的东巴文是 〇。《么标》《谱》《纳英汉》中都收录了 〇。《纳英汉》中的 〇 和 〇 存在着字形繁简的差异。

2.zɿ。《么标》中对应的读音为 zɯ,《纳英汉》中对应的读音为 szɿ。《么标》(40 页)中收录的标音文字是 〇、〇、〇、〇、〇、〇、〇、〇、〇、〇、〇、〇、〇、〇、〇,记录的是 zɯ 的高平调、中平调和低平调。《谱》(469 页)中收录的标音文字是 〇、〇、〇、〇、〇、〇、〇,记录的是 zɿ 的低调、中调和高调。《纳英汉》(549 页)中记录 szɿ 的低降调的是 〇,平声调的是 〇、〇、〇、〇、〇。《纳象》(174 页)中收录的标音文字是 〇,对应的东巴文是 〇。《么标》中有些字的字形存在联系,比如 〇 和 〇 的笔画写法不同。《谱》中 〇、〇、〇 的笔画写法有区别。《纳英汉》中 〇 和 〇,〇 和 〇 的笔画数量和写法有差别。

十三、tʂʰ

tʂʰi。《么标》对应的读音为 tʂʰɯ,《纳英汉》对应的音节是 chʰi。《么标》(45 页)中对应的标音文字是 〇,记录的是 tʂʰɯ 的高平调、中平调和低平调。《谱》(443 页)中收录的标音文字是 〇、〇、〇,记录 tʂʰi 的低调、中调和高调。《纳英汉》(55 页)记录 chʰi 的平声调的是 〇,高短调的是 〇。《么标》《谱》《纳英汉》中都收录了 〇,笔画的写法有一些差异。《谱》

的字形之间存在着笔画数量和写法的区别。《纳象》中 ⬚ 记录的是 tsʰ ʅ。

十四、ʂ

1. ʂʅ。《么标》对应的读音为 ʂɯ，《纳英汉》对应的读音为 shi。《么标》(49 页)中记录高平调的是 ⬚，记录中平调的是 ⬚、⬚、⬚、⬚、⬚、⬚、⬚、⬚、⬚、⬚、⬚，记录低平调的是 ⬚。《谱》(448 页)中收录的标音文字是 ⬚、⬚、⬚，记录的是 ʂʅ 的高调、中调和低调。《纳英汉》(497 页)中记录低降调的是 ⬚、⬚，记录平声调的是 ⬚、⬚、⬚、⬚，记录高短调的是 ⬚、⬚。《纳象》中收录的标音文字是 ⬚ 和 ⬚，⬚ 对应的东巴文是 ⬚，⬚ 对应的东巴文是 ⬚。四本书中都收录了 ⬚，但是写法稍有不同。《么标》(174 页)中有些字的字形存在联系，比如 ⬚、⬚、⬚、⬚、⬚、⬚、⬚ 的字形之间存在笔画多少和位置的不同。《纳英汉》中 ⬚ 和 ⬚ 的笔画写法有区别，⬚ 和 ⬚ 之间存在着笔画多少的关系，⬚ 和 ⬚ 的笔画数量不同。

2. ʂu。《纳英汉》中对应的音节为 shu。《么标》(50 页)中对应的标音文字是 ⬚、⬚、⬚、⬚、⬚(⬚)、⬚(⬚)、⬚(⬚)、⬚、⬚、⬚、⬚、⬚、⬚、⬚、⬚，记录的是 ʂu 的高平调、中平调和低平调。《谱》(448 页)中对应的标音文字为 ⬚、⬚、⬚、⬚、⬚，记录的是 ʂu 的低调、中调和高调。《纳英汉》(503 页)中记录 shu 的低降调的是 ⬚、⬚，高短调的是 ⬚。《纳象》(174 页)中收录的标音文字是 ⬚，对应的东巴文是 ⬚。《谱》《纳英汉》《纳象》中都收录了标音文字 ⬚，《谱》和《纳英汉》中收录了共同的标音文字🖻。《么标》中🖻、🖻、🖻的字形存在联系。《谱》中🖻和🖻的字形存在联系。《全集》的记录用字为🖻、🖻、🖻。

3. ṣuɑ。《么标》对应的读音为 ṣwɑ，《纳英汉》对应的读音为 shwua。《么标》（55 页）中收录的标音文字是🖻、🖻，记录的是高平调、中平调和低平调。《谱》（450 页）中收录的标音文字是🖻、🖻、🖻，记录的是低调、中调和高调。《纳英汉》（505 页）中记录低降调的是🖻、🖻、🖻。《纳象》（174 页）中收录的标音文字是🖻，对应的东巴文是🖻。四本书中都收录了🖻。《么标》中🖻和🖻的字形有联系，《谱》和《纳英汉》中的三个字的笔画写法、位置有变化。

十五、tɕ

tɕi。《纳英汉》中对应的音节是 gkyi。《么标》（56 页）中记录 tɕi 的高平调和中平调的是🖻、🖻、🖻、🖻、🖻、🖻、🖻、🖻、🖻，记录低平调的是🖻、🖻、🖻、🖻。《谱》（429 页）中收录的标音文字是🖻、🖻、🖻，记录的是 tɕi 的低调、中调和高调。《纳英汉》（185 页）中记录 gkyi 的低降调的是🖻、🖻，高短调的是🖻、🖻、🖻、🖻。《纳象》（176 页）中收录的标音文字是🖻，对应的东巴文是🖻。四本书中都收录了🖻，写法略有区别。《么标》中有些字的字形之间存在联系，比如🖻、🖻、🖻、🖻、🖻、🖻之间。《谱》中的字形之间也存在省体和简体的区别。

十六、tɕʰ

tɕʰi。《纳英汉》中对应的音节是 t'khi。《么标》（57 页）中收录的标音文

字是 ⛏、卅、干、⼭、⼊、⾆、权、⼉、⼕，记录的是 tɕʰi 的高平调、中平调和低平调。《谱》(433 页)中收录的标音文字是 ⋈、⊠、⋈、⛏、⛭，记录的是 tɕʰi 的低调、中调和高调。《纳英汉》(560 页)中记录 tʼkyi 的低降调的是 ⛏，平声调的是 ⋈、⾼，高短调的是 ⋈。《纳象》中收录的标音文字是 ⋈，对应的东巴文是 ⼁。《谱》和《纳象》中都收录了 ⋈。《谱》中 ⋈ 和 ⋈ 的书写方向相反。

十七、ç

çi。《纳英汉》中对应的音节是 khi。《么标》(61 页)中收录的标音文字是 Ⅎ、⍭、互、气、正、土、士、至、⼭、⍺、气、主、⼷、⼷、⼞，记录的是 çi 的高平调、中平调和低平调。《谱》(439 页)中收录的标音文字是 ⍭、⼞，记录的是 çi 的低调、中调和高调。《纳英汉》(244 页)中记录 khi 的低降调的是 ℰ，平声调的是 ⼭、⼈、⼷。《纳象》(174 页)中收录的标音文字是 ⼷，对应的东巴文是 ⍲。《么标》中有些字的字形存在联系，比如 Ⅎ、⍭、土、至、⍺、气、⼷ 的笔画写法不同。

十八、k

1.kæ。《纳英汉》中对应的音节是 gkan。《么标》(63 页)中收录的标音文字是 ⼽、⼳、⼌、⼛、⼮、同、⼂、⼲、⼳、⼲、⼦，记录的是 kæ 的高平调、中平调和低平调。《谱》(410 页)收录的标音文字是 ⼝、⼣、⼦、而、⼤、⼆，记录的是 kæ 的低调、中调、高调和低升调。《纳英汉》

（163页）中记录 gkan 的低降调的是□，平声调的是□、□、□。《纳象》（173页）中收录的标音文字是□，对应的东巴文是□。《么标》中有些字的字形之间存在着联系，比如□、□、□的笔画数量和写法有区别，《谱》中的□、□和□、□和□之间的笔画的写法存在差异。《纳英汉》中□可以看作是□的省体。

2.ko。《纳英汉》中对应的音节是 gko。《么标》（65页）中对应的标音文字是□、□、□、□、□、□、□、□、□、□，记录的是 ko 的高平调和中平调。《谱》（411页）中对应的标音文字为□、□、□、□、□，记录的是 ko 的低调、中调和高调。《纳英汉》（167—168页）中记录 gko 的低降调的是□，记录 gko 的平声调的是□，记录 gko 的高短调的是□、□。《纳象》（173页）中收录的标音文字是□和□，□对应的东巴文是□，□对应的东巴文是□。《么标》中□、□、□、□、□、□、□、□的形体有联系，比如□和□中笔画"横"的位置不同，前者"横"在中间，后者"横"在底部。□、□、□和□有关，□是□的省体，□、□和□有关，可以推断这些字的字源都是"麦架"，后来成为两个主字形□和□。《谱》中□是□的省写。《谱》的□、□和《么标》中的□字形有关，□和《么标》中的□字形相近。《纳英汉》中的□和《么标》中的□字形有关，□和《么标》中的□字形相近。此外，字词典中还各自收集了一些不同的标音文字。《全集》的记录用字为□。

十九、ua

《么标》中对应的音节是 wa,《纳英汉》中对应的音节是 wua。《么标》(79 页)中收录的标音文字是 𝇍 𝇍 𝇍 𝇍 𝇍 𝇍 𝇍 𝇍 𝇍 𝇍 𝇍、𝇍 𝇍 𝇍 𝇍 𝇍 𝇍 𝇍 𝇍 𝇍,记录的是 wa 的高平调、中平调和低平调。《谱》(480 页)中收录的标音文字是 𝇍,记录的是 ua 的低调、中调和高调。《纳英汉》(616 页)中记录 wua 的平声调的是 𝇍、𝇍、𝇍、𝇍、𝇍。《纳象》(171 页)中收录的标音文字是 𝇍,对应的东巴文是 𝇍。《么标》中有些字的字形有联系,比如 𝇍、𝇍、𝇍、𝇍、𝇍 的笔画写法、数量有变化。

二十、uæ

《么标》中对应的音节是 wæ,《纳英汉》中对应的音节是 wan。《么标》(80 页)中收录的标音文字是 𝇍,记录的是 wæ 的中平调。《谱》(480 页)中收录的标音文字是 𝇍,记录的是 uæ 的中调和高调。《纳英汉》(612 页)中记录 wan 的平声调的是 𝇍、𝇍。《纳象》(171 页)中收录的标音文字是 𝇍,对应的东巴文是 𝇍。《么标》和《纳英汉》中都收录了 𝇍,《谱》和《纳象》中都收录了 𝇍。

二十一、i

《纳英汉》中对应的音节是 yi。《么标》(81 页)中记录高平调和中平调的标音文字是 𝇍、𝇍、𝇍(𝇍)、𝇍(𝇍)、𝇍(𝇍)、𝇍(𝇍)、𝇍、𝇍、𝇍、𝇍(𝇍)、𝇍、𝇍(𝇍)、𝇍(𝇍)、𝇍、𝇍(𝇍)、

□、□、□(□)、□、□、□、□(□)、□(□)、□(□)、□(□)、□、□(□)、□(□)、□(□)、□(□)、□(□)、□(□)、□(□)，记录低平调的是□。《谱》(472页)中收录的标音文字是□、□、□，记录的是低调、中调和高调。《纳英汉》(620-629页)中收录的标音文字是□、□、□、□、□、□，记录的是低降调，□、□、□、□、□、□、□记录的是中平调。《纳象》(171页)收录的标音文字是□、□，□对应的东巴文是□，□对应的东巴文是□。

第四节　相同标音文字的字词典分布

有一些标音文字，均被几本字词典收录，详情举例如下。

1.□。《么标》(3页)记录的是 py 的高平调、中平调和低平调，《谱》(369-370页)中记录的是 py 的低调、中调、高调，《纳英汉》(43页)中记录的是 bpö(pœ)的低降调音节，《纳象》(171页)记录的是 py。

2.□。《么标》(14页)中记录的是 mʌ 的中平调。《谱》(385页)记录的是 mə，中调、低升调的音节都可以记录，《纳英汉》(371页)中记录的是 man̲ 的平声调的音节。《纳象》(174页)记录的是 mə。

3.□。《么标》(15页)中记录的是 mo 的中平调。《谱》(385页)记录的是 mu 的低调、中调和高调，《纳英汉》(355页)中记录的是 miu 的低降调。《纳象》(174页)记录的是 mu。

4.□。《么标》(21页)中记录的是 da 的低平调、中平调和高平调。《谱》(396页)记录的是 dæ 的低调和中调。《纳英汉》(68页)中记录的是

dʼa 的低降调。《纳象》(172 页)记录的是 dæ。

5. **小**。《么标》(25 页)中记录的是 nu 的高平调、中平调和低平调。《谱》(402 页)记录的是 nɣ的低调、中调和高调,《纳英汉》(450 页)中记录的是 nun 的低降调。《纳象》(175 页)记录的是 nɣ。

6. **㳰**。《么标》(33 页)中记录的是 dzɛ 的低平调和中平调。《谱》(462 页)中记录的是 dze 的低调和中调。《纳英汉》(129 页)中记录的是 dze(ᴣe) 的平声调。《纳象》(175 页)记录的是 dze。

7. **━ ━**。《么标》(36 页)中记录的是 sɛ 的高平调、中平调和低平调,《谱》(465 页)中记录的是 se 的低调、中调和高调。《纳英汉》(516 页)中记录的是 ssä(sɛ)的低降调。《纳象》(173 页)记录的是 se。

8. **𝟛**。《么标》(36 页)中记录的是 sɛ 的高平调、中平调和低平调,《谱》(465 页)中记录的是 se 的低调、中调和高调。《纳英汉》(516 页)中记录的是 ssä(sɛ)的低降调。《纳象》173 页记录的是 se。

9. **下**。《么标》(37 页)中记录的是 sɯ 的中平调和低平调,《谱》(464 页)中记录的是 sɿ 的低调、中调和高调。《纳英汉》(531 页)中记录的是 ssu 的低降调。《纳象》(173 页)记录的是 sɿ。

10. **ᵏ**。《么标》(43 页)中记录的是 tʂʌr 的低平调、中平调和高平调。《谱》(443 页)中记录的是 tʂər 的低调、中调和高调。《纳英汉》(52 页)中记录的是 chěr 的高短调。《纳象》(175 页)记录的是 tʂər。

11. **ᵗ**。《么标》(43 页)中记录的是 tʂʌ 的低平调、中平调和高平调。《谱》(442 页)中记录的是 tʂə 的低调、中调和高调。《纳英汉》(93 页)中记录的是 dsho 的平声调。《纳象》(176 页)记录的是 tʂə。

12. **≍**。《么标》(45 页)中记录的是 tʂʰʌ 的低平调、中平调和高平调。《谱》(444 页)中记录的是 tʂʰə 的低调、中调、高调和低升调。《纳英汉》(57

页)中记录的是 ch'ou 的高短调。《纳象》(176 页)记录的是 tʂʰə。

13. **乥**。《么标》(49 页)中记录的是 ʂo 的高平调、中平调和低平调，《谱》(448 页)中记录的是 ʂu 的低调、中调和高调。《纳英汉》(503 页)记录的是 shu(ʂu)的低降调。《纳象》(174 页)记录的是 ʂu。

14. **𝌕**。《么标》(64 页)中记录的是 kʌ 的高平调、中平调和低平调。《谱》(413 页)中记录的是 kə 的低调、中调和高调。《纳英汉》(168 页)中记录的是 gko(ko)的高短调。《纳象》(173 页)记录的是 kə。

15. **┦**。《么标》(65 页)中记录的是 ku 的高平调、中平调和低平调。《谱》(412 页)记录的是 kɣ 的低调、中调和高调。《纳英汉》(178 页)中记录的是 gkv 的平声调。《纳象》(173 页)记录的是 kɣ。

16. **⫽**。《么标》(70 页)中记录的是 gʌ 的中平调和低平调。《谱》(421 页)中记录的是 gə 的低调、中调和高调。《纳英汉》(151 页)中记录的是 ggǒ(ggɔ)的平声调。《纳象》(173 页)记录的是 gə。

17. **Ŧ**。《么标》(73 页)中记录的是 hɑ 的高平调、中平调和低平调。《谱》(425 页)中记录的是 hɑ 的低调、中调和高调。《纳英汉》(219 页)中记录的是 haw(hɔ)的平声调和高短调。《纳象》(174 页)记录的是 hɑ。

18. **ℿ**。《么标》(74 页)中记录的是 hɛ 的中平调和低平调。《谱》(424 页)中记录的是 he 的低调和中调。《纳英汉》(224 页)中记录的是 hä 的平声调。《纳象》(174 页)记录的是 he。

19. **升**。《么标》(78 页)中记录的是 ʔɛ 的低平调、中平调和高平调，《谱》(476 页)中记录的是 ə 的低调、中调和高调。《纳英汉》(9 页)中记录的是 ä(ɛ)的中平调。《纳象》(171 页)记录的是 ə。

20. **Ƕ**。《么标》(82 页)中记录的是 o 的中平调。《谱》(475 页)中记录的是 u 的高调、低调和中调。《纳英汉》(613 页) 中记录的是 wu 的低降调。《纳象》(171 页) 记录的是 u。

21. 丫。《么标》(80 页) 中记录的是 qo 的低平调、中平调和高平调。《谱》(473 页) 中记录的是 y 的高调、低升调和中调。《纳英汉》(637 页) 中记录的是 yü 的低降调。《纳象》(171 页) 记录的是 y。

22. 全。《么标》(34 页) 中记录的是 dzo 的中平调和低平调。《谱》(463 页) 中记录的是 dzo 的低调和中调。《纳英汉》(407 页) 中记录的是 ndso 的低降调。《纳象》(175 页) 记录的是 dzo。

23. 你。《么标》(2 页) 记录的是 po 的高平调、中平调和低平调,《谱》(371 页) 中记录的是 po 的低调、中调和低调,《纳英汉》(24 页) 中记录的是 bbū 的高短调,《纳象》(171 页) 中记录的是 po。

24. 凸。《么标》(5 页) 中记录的是 pʰu 的高平调和中平调。《谱》(375 页) 中记录的是 pʰɣ 的低调、中调和高调,《纳英汉》(491 页) 中记录的是 p'u 的平声调。《纳象》(171 页) 记录的是 pʰɣ。

25. 去。《么标》(9 页) 中记录的是 mba 的中平调和低平调。《谱》(379 页) 中记录的是 ba 的低降调、中平调和高平调。《纳英汉》(331 页) 中记录的是 mba 的平声调。《纳象》(171 页) 中记录的是 ba。

26. 卜。《么标》(11 页) 中记录的是 mbur 的低平调。《谱》(381 页) 中记录的是 bər 的低调、中调和高调。《纳英汉》(339 页) 中记录的是 mbĕr 的低降调。《纳象》(171 页) 中记录的是 bər。

27. 冒。《么标》(20 页) 中记录的是 tʰɛ 的高平调、中平调和低平调。《谱》(393 页) 中记录的是 tʰe 的低调、中调和高调,《纳英汉》(556 页) 中记录的是 t'ä 的低降调。《纳象》(172 页) 记录的是 tʰe。

28. 止。《么标》(20 页) 中记录的是 tʰu 的高平调、中平调和低平调。

《谱》（394 页）中记录的是 tʰv 的低调、中调和高调。《纳英汉》（606 页）中记录的是 tʰu 的平声调。《纳象》（172 页）记录的是 tʰv。

29. ⟨字⟩。《么标》（47 页）中该字记录的是 ndzʌr 的中平调和低平调。《谱》（447 页）中记录的是 dzˌər 的低调和中调。《纳英汉》（405 页）中记录的是 ndshěr 的平声调。《纳象》（176 页）记录的是 dzˌər。

30. ⟨字⟩。《么标》（47 页）中记录的是 ndzˌɯ 的中平调和低平调。《谱》（446 页）中记录的是 dzˌɻ 的低调和中调。《纳英汉》（406 页）中记录的是 ndshěr 的平声调。《纳象》（176 页）记录的是 dzˌɻ。

31. ⟨字⟩。《么标》（66 页）中记录的是 kʰɑ 的高平调、中平调和低平调。《谱》（416 页）中记录的是 kʰæ 的低调和中调。《纳英汉》（242 页）中记录的是 kʼwa（kʼɔ）的平声调。《纳象》（173 页）记录的是 kʰa。

32. ⟨字⟩。《么标》（68 页）中记录的是 kʰɯ 的高平调、中平调和低平调。《谱》（418 页）中记录的是 kʰɯ 的低调、中调和高调。《纳英汉》（269 页）中记录的是 kʼö 的平声调。《纳象》（173 页）收录的是 kʰɯ。

33. ⟨字⟩。《么标》（69 页）中记录的是 kʰo 的高平调、中平调和低平调。《谱》（417 页）中记录的是 kʰu 的低调、中调和高调。《纳英汉》（274 页）中记录的是 kʼu 的平声调。《纳象》（173 页）收录的是 kʰu。

34. ⟨字⟩。《么标》（72 页）中记录的是 ngu 的高平调、中平调和低平调。《谱》（420 页）中记录的是 gv 的低调、中调和高调。《纳英汉》（195 页）中记录的是 gv 的高短调。《纳象》（173 页）记录的是 gv。

第五节　音字的检索方式

《么标》有一个特色，那就是设立了音字索引，具体内容在书中有所说明。

"前面字典的本义是依照音韵系统排列的,是为了先知道音而去检查字形、字义用的,现在的索引这一部分,用处正好相反,是为了见到音字字形再去检查字音用的,知道了它的读音,就可以在字典本文中找到这个音字的各种含义。

检查的方法是先看这个音字的字形,看它属于那一类中,再于那一类中依照笔画的多少去找它。

字形共分了十五类,依照先后的次序排列在下面:

1. ● 凡是字形中带有一点"●"的都归在这一类中。

2. ⌐ 凡是字形中带有这么一弯钩"⌐"的,都归在这一类中。

3. ╱ 凡是字形中带有一斜道"╱"或"╲"的,都归在这一类中。

4. ｜ 凡是字形中带有一竖道"｜"的,都归在这一类中。

5. ⊙ 凡是字形中带有一个圆圈"⊙"的,都归在这一类中。

6. ⸾ 凡是字形中带有不规则的弯曲线条"⸾"的,都归在这一类中。

7. 一 凡是字形顶上有这么一横平道"一"和,"⌐、⌐"的,都归在这一类。

8. ⸮ 凡是字形中带有这么一卷扭"⸮"的,都归在这一类中。

9. ∶ 凡是字形中带有两个"点"的,都归在这一类中。

10. ∧ 凡是字形顶上有 ∧, 八, 或 Y, ∨ 的,都归在这一类中。

11. ✝ 凡是全用直划及横划组成的字,都归在这一类中。

12. ⸪ 凡是字形中带有三个"点",或三个以上的"点"时,都归在这一类中。

13. △ 凡是字形中带有三角形"△"的,都归在这一类中。

14. ▢ 凡是字形中带有方框子"▢"四方形的,都归在这一类中。

15. ⊗ 凡是以上十四类中归纳不进去的音字,都归在这一类中。

笔画的算法,凡一笔都算作一画,如 △ 算成三划, ▢ 算成四划,弯曲不规则的 ⌁ 、 ⌐ 、 ⌒ 、 ⌐ 、 ⌣ 、 ⬭ ……等都算作一画。显明的曲折,每一转折算作一画画,如"⌇"便算作两画,算时全个字都算在内,不像汉文那样要把"部首"除去。

假如一个音字可以分别归入两类或两类以上的,请看那一类比较显明注目些,如 ⬭ 、 ⌣ 、 ● 、 △ 、 ▢ ,就比丨,一, ／ 等要引惹人注意,那便到使引人注意的一类中去找,若那两类都很显明,就两类中都可以找到它,如'◉',既见于第五类的圆圈 ⬭ 里,同时它亦在第一类的'点' ● 中出现"。

"索引由左向右分三项排列,左边一项是音字,中间的是见于字典中的页数,最右边的是它的读音"①。

该索引以笔画为依据,笔画设定考虑到了哥巴文的笔画特点,字的归类也考虑到了检索的效度和便捷性,因此是非常有意义的创新,但是,该索引也存在一些不足之处,比如在目录中没有注明每个字母的起止页码,不方便查找。相较于《么标》,《谱》的目录对字母的起止页码进行了标注,查找起来更加便捷,但是要准确地找到音节还需要花费一些功夫。《纳英汉》中没有任何方式的索引,哥巴文的查找比较困难。实践证明,为了提高检索效率,字词典应该加注拼音索引和笔画索引。

---

① 李霖灿编著、张琨标音、和才读字:《么些象形文字 标音文字字典》,台北:文史哲出版社,1972 年,"标音文字字典"部分,第84页。

第六节　本章小结

综上所述,在不同字词典中,相同音节(不论声调)下收录的标音文字并不完全相同,有些标音文字是几本字词典都收录的,有些标音文字只收录于个别字词典中,后一种情况较多。

字词典中标音文字的数量不同。《么标》收录了 2406 个标音文字,《谱》收录了 687 个标音文字,《纳英汉》收录了 800 个标音文字。标音文字数量的差异必然会造成不同字词典中相同音节(不论声调)的标音文字的数量不完全相同。

通过对不同字词典中的标音文字进行比较得出以下结论:记录同一音节的标音文字的数量是不固定的,标音文字与声调的对应关系还没有完全固定,标音文字的写法也没有完全固定;记录音节的标音文字的数量不同,有些音节没有相应的标音文字,这些都说明了标音文字和语言单位的关系还没有完全固定,标音文字还处在不断发展的阶段,字形、字构还没有规范。

第五章

纳西语词典研究

　　词是语言中最小的能够独立运用的音义结合体,每个词都蕴含着一定的文化信息,要学习纳西语,了解纳西族文化,首先要学习纳西语的词语。纳西族历史文化悠久,随着社会的进步和发展,词语也会发展变化,主要表现在旧词的消亡和新词的产生,并且词义也会发生改变;纳西语的方言土语存在差异,具体到词语往往也有读音、意义、数量的区别,所以要了解纳西语的词语需要借助纳西语词典。现有的纳西语辞书中都有对词语的解释说明,然而专门以"词"为说明对象的主要是《纳西语常用词汇》和《纳西汉英词典》,因此下文主要对这两本辞书进行分析。

第一节　词语的收录情况

　　《词汇》和《词典》出版时间相近,都以纳西语词语为收录对象,两本词典对于学习和研究纳西语大有裨益,但是两本词典的内容不完全相同,具体表现如下。

一、收录范围不同,收词数量不同

　　《词汇》中"收录的词汇主要是和即仁、和志武同志于 20 世纪 50 年代搜集的",还有很多同志也进行了词语收集①,"本词汇共收纳西部方言常用词

---

① 和即仁、赵庆莲、和洁珍编著:《纳西语常用词汇》,昆明:云南民族出版社,2011 年,"前言",第 1 页。

汇6000余条,词条读音以西部方言丽江坝口语为主","现代汉语在借词原则上不收入本词汇中,但少部分借词已成纳西语常用词的,收入本词汇中"①。

《词典》收录了4418个词语,是孙堂茂研究纳西语16年的成果,"为了编纂这部词典,我采用了好几种办法来搜集数据。刚开始学习说纳西语的那段时间,我直接从纳西族朋友那里采用情境学习的方法获取词汇、短语和句子。后来,我开始搜集各种文体的非正式文本。这些文本既有书面文本,也有录音文本。从这些文本当中,我更为精细、深入地了解了许多词语和短语的含义,本词典所用的例句大多出自这些文本。有少量数据,尤其是有关其他方言的数据,是其他研究纳西语的同行分享给我们的。有关各个方言的数据大都是朋友们提供给我的,有些数据甚至来自我有幸遇到的某个人。有时,我把来自其他方言的数据纳入一小部分,这样可以让读者体会到纳西语方言的丰富多彩。要想穷尽这些方言的数据,短时间内恐难做到"②。通过比较可知,两本词典收录的范围不同,收录的词语的数量也不同。

二、收词类别和说明方式不同

(一)《词汇》的收词类别和说明方式

1.条目中标注的类别

有些条目的结尾处用括号标出词语类型,主要包括:

①口头词

例如:(1页)adia /ɑ³³tiɑ³³/好脏(口头词)③,

有的标注为"口头语"。

---

① 和即仁、赵庆莲、和洁珍编著:《纳西语常用词汇》,昆明:云南民族出版社,2011年,"凡例",第1页。
② 孙堂茂:《纳西汉英词典》,昆明:云南民族出版社,2012年,"序",第1页。
③ 《词汇》、《词典》中的词条都没有序号,为指明位置,在词的前方括号中标出所在页码。

例如:(4 页)anief/α^{33}ŋə^{13}/我看(口头语),

有的标注为"口头应语"。

例如:(133 页)gguef /guə^{13}/是(口头应语)

②儿语

例如:(1 页)afwu$_1$/α^{13}u^{33}/野兽(儿语)

③地名

例如:(1 页)Aiqgvrhee/a^{31}kv^{33}dʐɯ^{33}/梓里街(地名)

④古语

例如:(25 页)bbee$_2$/mbɯ^{33}/女性(古语)

有时标注为"古"。

例如:(36 页)bbuq$_4$/bu^{31}/ 妻(古)

⑤连接词

例如:(195 页)leelseif /lɯ^{55}se^{13}/假如……的话(连接词)

⑥虚词

例如:(310 页)teiq$_1$/t^{h}e^{31}/虚词,表示状态

条目中没有标注的词按照字母的顺序先后排列。

2.条目中没有标注类别的

条目中没有标注类别的,可以从以下几个方面进行归类:

(1)与词义有关的类别

①单义词

《词汇》中收录的词大多数为单义词,例如(1 页)aigaiqssee /a^{33}ka^{31}zɯ^{33}/丈夫。

②多义词

多义词的义项用逗号或分号隔开,比如:

(352 页)zhuq$_1$/tʂu^{31}/把,盘,张

（50 页）coco /tsʰo³³tsʰo³³/蹦跳；调皮

逗号隔开的义项类别相同，意义相关，分号隔开的义项类别不同。

③同义词

同义词分别设目，排列在一起，比如：（2 页）aiqbbeereefleeq /a³¹bɯ³³z̩ɯ¹³lɯ³³/蚯蚓（3 页）aiqbbeereeq /a³¹bɯ³³z̩ɯ¹³/蚯蚓

（2）与读音有关的类别

《词汇》中收录了一些同音异义词，处理方式是将同形词分别立目，列在一起，在词语的右下角标注数字，例如：

（53 页）cheechee₁/tʂʰɯ³³tʂʰɯ³³/跟随

（53 页）cheechee₂/tʂʰɯ³³tʂʰɯ³³/往下拉

右下角的数字说明同音词有两个。

（3）与词性有关的类别

《词汇》的条目中没有标明词性，但根据释义可以对词性进行判定，收录的词类有：

名词。比如：（52 页）chaqhuq /tʂʰa³¹xu³¹/茶壶

动词。比如：（71 页）diudiu /ty³³ty³³/掷，碰撞

形容词。比如：（140 页）hai /xa³³/愚、钝

代词。比如：（53 页）chee₁/tʂʰɯ³³/这

量词。比如：（5 页）ba₄/pa³³/把 *ddv ddeeba/dv³³dɯ³³pa³³*/一把犁

叹词。比如：（1 页）aiflei /a¹³le³³/哎嘞

助动词。比如：（1 页）ai₄/a³³/应该

数词。比如：（150 页）hol₁/xo⁵⁵/八

副词。比如：（213 页）me₁/mə³³/不，无，未，否（表示否定）

连词。比如：（235 页）neif/ne¹³/和，与，同，以及

语尾词。比如：（331 页）ye₂/iə³³/语尾词

介词。比如:(170 页)jjuq₅/ndʐy³¹/在

助词。比如:(116 页)gol₉/ko⁵⁵/宾语助词

(二)《词典》的收词类别和说明方式

1.条目中标注类别的

例如:(3 页)afwu[ʔɑ¹³wu³³] COM 名,n<mei>怪物(儿语,可怕的动物) monster(term used by children)。这个词条中注明这个词是"儿语",全书仅此条中标注了类别,其他的词条中没有相关说明。

2.条目中没有标注类别的

条目中没有标注类别的,可以从以下几个方面进行归类:

(1)与词义有关的类别

①单义词

例如:(11 页)bafyui[pa¹³ɥe³³] COM 名,n 八月 August

②多义词

一个词有多个义项,例如:(15 页)bbai₃[ba³³] COM❶名,n<bbai>空地 open area of ground➡ rel:*bbainil*,*sseebbai*❷量,*cls* 块(用于空地)for open areas of ground

(2)与读音有关的类别

《词典》中收录了一些同音词,处理方式是将各个意思分别立目,列在一起,在词语的右下角标注数字,例如:

(27)bbel₁[bɣ⁵⁵] TA ❶动,*vi* 发呆,愣住 to be dumbfounded, to stare blankly(as a result of a shock):*Ezee bbel neiq shel? Ddeemerq chuq ha zzee*! 发什么愣呢? 快吃饭! What are(you) staring at? Quickly come and eat.➡ syn:*ddo₂*❷形,*adj* 笨,傻 foolish,stupid:*Xi nee gua bel jji neiq seiq la me zhelddee chee,neeq ddaf. Jjaiq bbel ye.*你真笨! 被人骗了也不知道。You're so dumb that （you）don't even know when people are deceiving（you）.

bbel₂［bɣ⁵⁵］*COM*;［mbɣ⁵⁵］*OLD* 形,*adj* 差劲 bad,terrible

bbel₃［bɣ⁵⁵］*LQ* 助,*ptcl*➡*bel*

（3）与词性有关的类别

《词典》的条目中都标明了词性,收录的词类有:

名词。比如:（385 页）xiji［çi³³ci³³］*LQ* 名,*n*<gvl>独生子女 only child

动词。比如:（337 页）sei₁［se³³］*COM* 动,*vi* 完 to finish◇ siul sei *COM* 动,*vt* 杀光,消灭光 to kill all,to exterminate

形容词。比如:（16 页）bbaiq₃［ba²¹］*COM*;［mba²¹］*OLD* 形,*adj* 骚（指举止轻佻、作风下流）flirtatious,coquettish

代词。比如:（382 页）wulchee［wu⁵⁵tʂʰɻ³³］*TA* 代,*pron* 这些（有限定的用法）these（used in a restricted way）

量词。比如:（10 页）ba₃［pa³³］*COM* 量,*cls* 口（痰）,条（鼻涕）,泡（屎）for certain bodily fluids or ercretions（i.e.saliva,nasal mucus,feces）:*Tee mieqliu kee tvl gv me liuq yil,kee qer ddeeba gol teiq tvl heq,zai shee seiq.*她走路也不看着脚下,结果踩到一泡狗屎,脏死了。She wasn't watching where（she）stepped,so（she）stepped into a pile of dog poo,and got filthy.

叹词。比如:（41 页）bbvwu［bv³³wu³³］*COM* 叹,*interj* 糟糕 too bad

助动词。比如:（54 页）bvl₅［pv⁵⁵］*COM* 助动,*auxv*（逗引孩子）使（哭）to make（a child cry by teasing）◇ngvqbvl *COM* 短语,phr 逗引（孩子）使哭 to make（a child）cry by teasing◇ssiul ngvq bvl*COM* 短语,phr 惹孩子哭 to make a child cry

数词。比如:（335 页）seeqxi［sɻ²¹çi³³］*COM* 数,*num* 三百 three hundred

连词。比如:（21 页）bbee'la［bɯ³³la³³］*COM* 连,*conj* 即使,即便 even if:*Meheeq neef shee bbee'la,ssiulssiuq gol bbeibbeiq yi heel me niq nee*! 即使再怎么生气,也不能打孩子耳光呀! Even if（you）are raging mad,（you）cannot slap a child on the cheek!

副词。比如：(12 页) bailyil [pa⁵⁵ ji³³] *COM* 副，*adv*❶故意 intentionally，deliberately，willfully：*Ngeq tee ddoq bbeq me mi yil ，bailyil bbei tee gai nai neiq meq.*我是因为不想见他，才故意躲着他的。I don't want to see him ，so（I'm）intentionally hiding from him.❷假装，做作 insincerely，artificially

介词。比如：(248 页) mail₁[ma⁵⁵] *COM*❶后置，*postp* 后 back，behind（i.e.location），after（i.e.location or time），backward➡ant：*gai*₁

助词。比如：(88 页) ddaq₅[da²¹] *COM* 助，*ptcl*（用于强调主语的行为选择权）（emphasizes that the action to be done is the choice of the subject of the clause）●放在主语后，主语多为第二、第三人称形式。Used immediately following the subject of the clause，and usually only when the subject is second or third persong：*Wu ddaq sseif cheecai yuq me gua seiq.*随便你拿哪一本。Take whichever book you want.|*Tee ddaq teiq bbei zherq hol.*由她去吧。Let her do as（she）pleases.

尾。比如：(121 页)f[¹³] *COM* 尾，*suf*（加于某些人称名词或代词末尾，表示多数）（rising tone forms the plural of human nouns and pronouns）◇ninvqmei-ninvqmeif *COM* 名，*n* 妇女-妇女们 marride women-married women◇seeqzzee - seeqzzeef*COM* 名，*n* 老师—老师们 teacher - teachers ◇sso'qu - sso'quf*COM* 名，*n* 男人-男人们 man-men

后置。比如（143 页）gguq₂ [gu²¹] *COM* 后置，*postp* ❶跟 with（accompaniment marker）：*Nge gguq lee yel.*请跟我来。Please come with me.❷之后 after，following➡rel：*mailgguq*◇chee gguq cheeni *COM* 名，*n* 第二天 the next day

比较可知，两本词典收录的词类基本相同，但是收录的词语数量不同。此外，两本词典都收录了短语，短语一般列于条目中，比如《词汇》的 46 页

ceel₉中列出了"zzerqgv ceel 停在树上",《词典》的124页 ga₃中收录了"ga zerq",注明为短语,解释为"用力,努力"。

第二节　词条内容比较

两本词典都是按照字母的顺序对词汇进行的排列,不同的是《词汇》的每一页都将词汇从上到下排列,而《词典》的每页分为两栏,将词汇按序从左到右排列。两本词典的条目内容有相同也有不同之处,相同的地方是两本词典都采用纳西拼音注音,拼音后标注国际音标,不同的是《词典》注明了词语所属地域,两书的释义内容也不完全相同。

一、注音差异

两本词典的注音大部分是相同的,但是也有一些注音存在差异。

1.声母不同

《词典》的注音中都有喉塞音、鼻辅音,《词汇》中却没有,例如以 a 开头的词语, ai 在《词典》(3 页)的注音是[$ʔɑ^{33}$],在《词汇》(1 页)的注音是/a^{33}/。bbaiq 在《词典》(16 页)中的注音为/ba^{21}/,在《词汇》(21 页)中的注音为[ba^{31}]。

2.韵母不同

比如舌位的前后不同,aiqko《词典》(6 页)的注音为[$ʔa^{21}k^ho^{33}$],《词汇》(3 页)中的注音为/$a^{31}k^ho^{33}$/。[ø]为舌面前半高圆唇元音,[o]为舌面后半高圆唇元音。

3.声调不同

比如 babaq,《词典》(11 页)中的注音为[$pɑ^{33}pɑ^{21}$],《词汇》(6 页)中的

注音为/$pa^{33}pa^{31}$/。

二、注释内容存在差异

《词汇》的条目内容为：词语，国际音标，汉译，词组的纳西拼音、国际音标和汉译。《词典》的条目内容为：词语，国际音标，所属地域，词性，汉译，英译，例句的纳西拼音、汉译、英译，同义词，短语的纳西拼音、汉译、英译。

当然，条目内容根据实际情况会有增减，比如，如果没有对应的短语，那么相应的短语内容将会省略。对比两本词典的条目内容，《词典》的条目包含的内容更多。

三、索引内容的差异

《词汇》的索引为"汉纳索引"，即按照汉语的首字母排列词语，每一页分为两栏，每一栏左边为汉语词语，右边是对应的纳西词语。

《词典》的索引包括"汉—纳西索引"以及"英—纳西索引"。"汉—纳西索引"中每页分为两栏，每一栏的左边为汉语词语，中间为词性，右边是对应的纳西词语。"英—纳西索引"中每页也分为两栏，每一栏的左边为英语词语，中间为词性，右边是对应的纳西词语。

相比较而言，《词典》的索引方式种类更多，更能满足不同人群的查检需求。

四、同音词的数量不同

比如 bal，《词汇》(7-8 页)中收录的同音词共有七个，《词典》(13-14 页)中收录的同音词有五个。两本词典中这种情况较多，说明编纂者收录的范围不同，对词语的统计数量也不相同，也说明词语的释义、同音词的数量需要更多的资料作证明。

五、释义内容的不同

1.有些词语的释义相同,但用语不同

《词汇》和《词典》对同一个词用了同义词释义。比如 aiq 的一个意义,《词汇》(2 页)释为"惦念",《词典》(5 页)释为"牵挂"。

2.词汇的释义不同

(1)单义词和多义词的区别

两本词典有相同的释义,但是有的词语词典还有其他的义项。例如 bba'laq,《词汇》(22 页)中的注释为"衣服",《词典》(17 页)中的注释为"❶有袖子的衣服,上装❷衣服,衣着"。《词汇》的释义是单义词,《词典》的释义是多义词。

(2)上下义位的不同

例如 bbeilbbei,《词汇》(28 页)释为"冠",《词典》(26 页)释为"鸡冠",《词汇》的释义是《词典》释义的上位义。再如 caiqpaiq,《词汇》(43 页)释为"茶盘",《词典》(57 页)释为"大圆盘子",《词典》的释义是《词汇》释义的上位义。

3.两本词典的释义不同

(1)释义部分相同

比如:aiq 的一个条目,《词汇》(2 页)的释义为"塞",《词典》(5 页)的释义为"❶噎、卡❷塞,阻塞",《词汇》和《词典》的释义中都有"塞",此外,《词典》的释义中还有其他的意义。

(2)释义完全不同

比如 afwu,《词汇》(1 页)的释义为"咬"、"野兽",《词典》(3 页)的释义为"怪物",词义不相关。bbai,《词汇》(19 页)的释义为"草坪,草地",《词

典》(15 页)的一个条目为"❶n 空地❷cls 块(用于空地)",两本词典的释义
不同。

两本词典中释义不同的条目较多,表 5.1 中将分别列出。列表规则:如
果两本词典中某个词都只列出一个条目,则将不同的意义在一行中分别列
出;如果有几个条目,则将两本词典中释义不同的条目分别列出;每个条目
的义项如果有同也有异,那么就将有差别的义项列出;不同的义项中最左边
的括号表示这个词语在词典中所在的页码,括号后边的数字表示同音词的
序号,这个序号和词典中词语的右下角的数字相同,之后列出词典中的相关
内容。

表 5.1　《词汇》和《词典》释义的差异

词语	《词汇》	《词典》
afwu	(1)2 咬(儿语)	(3)名,*n*<mei>怪物(儿语,可怕的动物)
ail	(2)2 辣疼	
aiq	(2)3 惦念	(5)2 动,*vt* 牵挂
	(2)4 塞	(5)3 动,*vi*❶噎,卡❷塞,阻塞
	(2)5 争执	
aiqceelcee	(3)鸡豌豆	(6)名,*n* 鸡豆
aiqko	(3)崖洞	(6)名,*n*<ko>山洞
aishuq	(3)挑衅	(8)动,*vt* 逗,找碴儿
aq	(4)1 一亿	
ba	(5)6 浸透,透彻,通	
	(5)7 透	
		(10)2 动,*vi* 发(例:芽,牙齿等)
baba	(6)3 浸透,通,透彻	
bai	(6)1 供	
	(6)2 拍,顿	(12)1❶动,*vt* 用力拍击(例:桌子)❷动,*vt*(严重地)砸
	(6)4 掌	
		(12)2 动,*vt* 摆

续表

词语	《词汇》	《词典》
bail	(6)2 筹办	
	(6)3 惩罚、惩办	
	(7)4 办	
bal	(7)3 钵,盆,碗	(13)1❶名,*n*<liu>大碗❷量,*mv* 大碗❸名,*n*<liu>盆
	(7)2 砍,劈	
	(7)4 辫子	
	(7)5 纳西披肩星盘	
	(7)6 地方,处所	
	(8)7 柄,蒂	
		(13)2❶名,*n*<keep>瓢子❷量,*mv* 瓢
		(13)4 动,*vt* 刨(树根)
		(14)5 量,*cls* 座(用于楼梯)
balyil	(8)故意	(14)副,*adv*❶故意❷假装,做作
baq	(8)2 大	
		(14)2 动,*vt* 背(重叠动词用的多)
baqleil	(8)饼	(14)名,*n*<leil>粑粑
bba	(18)2 委屈,冤屈	
	(18)3 瘿,瘤	
	(18)4 项圈	
		(14)1 形,*adj* 情有可原
bbabbaq	(19)喊叫	(14)动,*vi* 吼,叫喊(重叠表示动作的持续)
bbai	(19)1 草坪,草地	(15)3❶名,*n*<bbai>空地❷量,*cls* 块(用于空地)
	(19)3 蜜蜂	
	(19)5 野鸭,雁	
	(19)6 眩目	
		(15)1❸纳西族的月饼

续表

词语	《词汇》	《词典》
bbaimei	(20)蜂王	(16)名,*n*<*mei*>蜜蜂
bbaiq	(21)2 喜欢	
	(21)4 草坪	
		(16)3 形,*adj* 骚(指举止轻佻、作风下流)
bbaita	(22)月饼	(17)名,*n*<leil>纳西式月饼
bbajjiq	(22)庄稼,粮食,收成	(17)名,*n*<bbaq>庄稼
bba²laq	(22)衣服	(17)名,*n* ❶<lvl>有袖子的衣服,上装 ❷<lvl>衣服,衣着
bbaq	(22)1 花,朵	(18)1❶动,*vt* 开(花)❷量,*cls* 朵 ❸尾,*suf* 花❹动,*vt* 出(天花)
	(23)2 开	
	(23)3 光彩	
	(23)4 苤	
	(23)5 岁(专用于牛马)	
	(23)6 根	
	(23)7 吼,叫	(18)2❶动,*vt* 吼,叫喊 ❷量,*cls* 场(用于雨、雪、霜等),阵(用于风)
	(23)8 光线	
	(23)9 阳光	
	(23)10 脉,管	
	(23)11 阵,场	
		(19)3 量,*cls* 条,根(例:绳子,鞋带、线等)
		(19)4❶名,*n*<bbaq>庄稼 ❷量,*cls* 熟、造(用于庄稼收成的次数)
		(19)5 名,*n* 太阳

续表

词语	《词汇》	《词典》
bbe	(25)2 掌	(20)2 名,*n*(手、脚)掌,(鞋)底
	(25)3 喂,哺	
	(25)4 浸	
	(25)5 痛打	(20)3 动,*vt* 重敲,重击
	(25)6 加重一方(耕田时)	
		(20)4❶名,*n* 埂,垄❷量,*cls* 行,条(用于田埂)
bbee	(25)1 去	(20)❶动,*vi* 去(非过去时态)❷助动,*auxv* 要,想(干什么事)
	(25)2 女性(古语)	
bbeeq	(25)1 栗树	
	(25)2 绝嗣,断	(21)2 动,*vt* 断(气)
	(25)3 亏本	
	(25)4 破,断	
		(21)1❶形,*adj* 数量大,多❷动,*vi* 增加
bbeesheeq	(26)黄栗树	(22)名,*n* 栎树
bbei	(26)5 村庄	(24)4❶名,*n*<bbei>村寨❷量,*cls* 个(用于村寨)
	(26)6 浅,淡	(23)3 形,*adj*❶薄❷稀少,稀疏❸浅
		(25)6 名,*n* 年
bbeibbeiq	(27)面颊,耳光	(25)名,*n* 面颊
bbeidoq	(27)品行	(25)名,*n*(个人的)行为、习惯、约定俗成的规矩等
bbeigvq bbeeq	(27)折腾	(26)短语,*phr* 多事(做多余的事或不该做的事)
bbeilbbei	(28)冠	(26)名,*n* 鸡冠

续表

词语	《词汇》	《词典》
bbeiq	(28)1 块,文	(26)1 量,*mw* 元,块
	(28)2 豆荚	(26)2❶名,*n* 荚❷量,*cls* 个(用于荚)
		(26)3 量,*cls* 侧(用于面颊)
bbeiqbbi	(28)缺,破缺	(27)形,*adj* 有缺口(的东西),破烂(东西)
bbel	(29)1 涩	
	(29)2 不中用	(27)1❶动,*vi* 发呆,愣住❷形,*adj* 笨,傻
		(27)2 形,*adj* 差劲
		(27)3 助,*ptcl* 助词
bbeq	(29)1 大小合适	(28)4 合适,合身
	(29)2(将)去	(27)1❶动,*vi* 去(非过去时态,表示肯定)❷助动,*auxv* 要,想(干什么事很肯定)
	(29)3 要	
	(29)4 穗	
		(28)2 动,*vt*❶亲吻❷吮(指头)
		(28)5 动,*vt* 抬(头)
bber	(29)1 客人,来宾	(29)1❶名,*n*<gvl>客人❷名 *n*<bber>(一次)客,(一次)喜筵❸量,*cls*(一)次(客)
	(29)3 迁移,搬	(30)4 动,*vt* 搬,迁
	(29)4 化脓	(30)2❶动,*vi* 化脓❷名,*n* 脓
bberbber	(30)迁移	(30)动,*vt* 搬迁,迁移
bberl	(30)2 跑(不回头的)	
bberq	(31)2 沸腾,兴奋	(31)3 助动,*auxv* 兴奋,积极,热衷
	(31)3 脱落,掉	(31)4 动,*vi* 脱(发)
	(31)4 冒出来	(31)2 动,*vi*(开水,泡沫等)涨溢,冒出
	(31)6 烧	(30)1 动,*vt* 烧,烧掉,烧坏

续表

词语	《词汇》	《词典》
bbeye	(32)疮	(31)名,*n* 毒疮,疖
bbi	(32)6 缺	(32)2 动,*vi*(硬的物件因磕碰而)造成缺口
	(32)2 一片,一群	(32)4 量,*cls* 片,丛(用于树林)
	(32)4 太阳(古语)	
	(32)7 使……满足,够条件	
		(32)5 助动,*auxv* 耐(用)
bbibbi	(32)破缺	(32)动,*vi*(较硬的物件因磕碰而)造成缺口
bbibbiq	(32)1 平安	(33)1❶动,*vi* 飞翔(重叠表示动作的持续)❷形,*adj* 冒失,毛躁❸形,*adj* 轻浮,浮躁
	(33)2 飞来飞去	
	(33)3 轻浮	
bbie	(33)罐	(33)❶名,*n*<liu>坛子❷量,*mw* 坛
bbieq	(33)2 横杆	
	(33)3 躲藏	
		(33)2 量,*cls* 个(用于磨盘)
bbiq	(33)1 舒适,安逸,安宁	(33)1❶形,*adj* 平安,舒服❷助动 *auxv* 容易,简单
	(34)3 飞	(34)2 动,*vi*❶飞❷坠(崖)
	(34)5 打(秋千)	
		(34)5 名,*n*<pul>犏牛
bbiu	(34)5 畦	(35)4 量,*mw* 行(例:一行玉米)
bbiubbiuq	(34)粉碎	(35)❶名,*n* 碎片,粉末❷形,*adj* 粉末
bbiuq	(35)1 粉末,面粉	(36)1 名,*n*❶粉❷面粉❸<dduq>面团
	(35)2 圈	(36)2❶名,*n*<bbiuq>(牲口)圈❷量,*cls* 个(用于牲口圈)
	(35)3 外	

续表

词语	《词汇》	《词典》
	(35)4 利息	
bbiuq mal	(35)吃炒面	(36)名, *n* 炒面(如燕麦炒面、青稞炒面等)
bbu	(35)1 福分,分额	
	(35)2 明亮的	(36)1❶动, *vi* 发光,发亮❷形, *adj* 亮,光明
	(36)3 透进	
	(36)4 埂子	(36)2❶名, *n*<bbu>埂,垄❷量, *cls* 行,条(用于田埂)
	(36)5 明白,通晓	
	(36)6 聋	
		(36)3 名, *n* 堤,岸,坝
bbubbu	(36)1 明白	
	(36)2 明亮	(37)❶动, *vi* 闪光,闪烁❷形, *adj* 亮堂,闪亮❸名, *n* 光
bbuq	(37)8 挑,承担	(37)2 动, *vt*❶(肩)扛,挑❷承担
	(36)2 轮值	
	(36)3 吻	
	(36)4 妻(古)	
	(37)5 岭,坡,堤	
	(37)6 叼,衔	
	(37)7 鬃	
bbuqha	(38)猪食	(38)名, *n* 猪食、猪草
bbv	(39)2 锅	
		(38)3❶动, *vt* 堆❷量, *mw* 堆
bbvbbvq	(39)1 钻进钻出	(39)动, *vi* 爬行

续表

词语	《词汇》	《词典》
bbvhul	(40)肠胃	(39)名,*n* 五脏六腑,消化器官(主要指肠胃)
bbvkvq	(40)1 米虫,象鼻虫	(39)名,*n*<mei>象鼻虫
bbv'leiq	(40)魔芋	(39)名,*n* 魔芋豆腐
bbvq	(41)8 淌	(40)5 动,*vt* 流,流出
	(41)4 公	
	(41)7 有便意	
		(40)8 动,*vi* 掉(漆)
		(40)9 动,*vi* 脱(发)
bbvqsseeq	(42)兄	(40)名,*n* 兄弟姐妹
bbvyi	(42)肥胖,肥壮	(41)形,*adj* 肥胖
bbvzzeiq	(42)勺子	(41)名,*n* 大勺子,锅铲
bee	(9)2 调,首	(42)2❶名,*n*<bee>歌,曲,调❷量,*cls* 首,支(用于调子、唱调)
	(9)3 板	
	(9)4 失约	
		(41)1❶量,*mw* 顿(用于打、骂、批评等等)❷量,*cls* 个(办法),种(方式)❸名,*n* 办法
beel	(9)1 出窝	
	(9)2 核,仁	(41)❶名,*n* 果核❷量,*cls* 颗(用于果核、瓜子、火柴等)
	(9)4 紧迫	
beeldo	(9)核,疙瘩	(42)名,*n* 核
beelnaq	(10)青蒿草	(42)名,*n* 一种蒿子,很像蕲艾
beelperq	(10)白蒿草	(42)名,*n* 萎蒿

续表

词语	《词汇》	《词典》
beeq	(10)1 订做	(42)动,*vt*(口头)约定好,预定
	(10)2 寄	
	(10)3 主根	
bef	(10)1 寿白	
	(10)2 白白地	
	(10)3 破绽	
		(42)数,*num* 百(一般跟汉语的量词一起使用)
bei	(11)1 酒渣	
	(11)3 销	(43)2 动,*vt* 闩(门)
beil	(11)2 挑(刺或线)	(43)1 动,*vt* ❶钩,挑❷挖(例:耳朵、鼻孔等),剔(牙)❸钓(鱼)
	(11)5 翘(齿)	
		(44)4 动,*vt* 背诵
beilbei	(11)挖,挑剔,追究	(44)动,*vt* 钩,挑
beq		(46)1❶名,*n* 穗子❷量,*cls* 穗
berl	(12)1 梳子	
	(12)4 纹	
	(12)5 扰	
berller	(12)2 胸脯	
berq	(12)2 扑	
bi		(47)3 名,*n*<gvl>兵
bia	(13)2 裱	
	(13)3 块,团	
biaq	(13)瘪,软下去	(47) 形,*adj* 扁

续表

词语	《词汇》	《词典》
bie	(14)3 成功	(48)4 ❶形,*adj* 好,优秀(一般形容人)❷助动,*auxv* 好,成❸动,*vi* 成功
	(14)4 粉蓝色	(48)3 形,*adj* 藏青(色)
		(48)2 动,*vt* 变成
		(49)6 量,*cls* 个(用于房架的一部分)
		(49)7 量,*cls* 片,团
biel	(14)2 滤,摒水	
bif	(14)1 笔	
	(14)2 逼	
		(49)代,*pron* 别(的),其他(的)
biq	(15)1 辣	(49)形,adj ❶辣 ❷麻(花椒味)❸辣疼(例:烫伤)❹(太阳)辣❺痛苦
	(15)2 痛	
	(15)4 帮辈	
biqnvq	(15)焦味,糊味,刺鼻	(50)形,adj 刺鼻
biqtvl	(15)下毒手,狠狠地	(50)动,*vt* 收拾(人),教训,整治(管束、惩罚、打击等,使吃苦头)
biu	(15)2 笔(古语)	
	(15)3 网	
biubiuq	(15)念经	(51)动,*vt* 念咒
bo	(16)1 祭祀用的烧纸	
	(16)2 宝	
		(51)名,*n* 祖先谱
boq		(52)❶动,*vt* 包❷名,*n* 穗子(包谷)❸量,*cls* 穗(包谷),包(东西)
bu	(16)2 传(开会)	

续表

词语	《词汇》	《词典》
bvl	(17)4 嫁	(53)4 动,*vt*❶推诿,怪罪,把责任转嫁给他人❷借口,以(某事)为理由(非真正的理由)
	(17)8 惹	(54)5 助动,*auxv*(逗引孩子)使(哭)
		(53)2 动,*vt*❸酿(酒)
bvl neiq bbei	(17)村寨,乡亲	(54)名,*n* 父老乡亲
bvlbv	(17)2 闷热	
	(17)3 禽类的胃	(54)2 动,*vt* 褪
bvlzi	(17)甑垫	(54)名,*n*(蒸食物用的)箅子
bvq	(18)4 墙	
	(18)5 扎堆	
cacaq	(43)1 搅拌	(56)1 动,*vt* ❶搅拌,搀和(例:水泥和水——重叠表示动作的持续)❷搀和,搅合(事情)
	(43)2 参与	
	(43)3 挑拨	
		(56)2 动,*vi* 蹚(例:在浅水里)
cai$_2$	(43)树寄生	
cail	(43)2 钻子	
	(43)3 围栏	
cailzee	(43)油菜籽	(57)名,*n* 油菜,油菜籽
caiqpaiq	(43)茶盘	(57)名,*n* 大圆盘子
caq	(44)1 搅	(58)1 动,*vi* 蹚(例:在浅水里)
	(44)2 族	
	(44)3 掺杂	(58)2 动,*vi* ❶混合(例:水泥)❷搀,搀加

续表

词语	《词汇》	《词典》
cee	(45)9 性格敏感	(59)5 形,adj(对某件事)特别敏感,特别介意
	(44)1 素饭	
	(44)3 冬季	
	(44)4 矿物质	(58)2 形,adj 粗,颗粒大
	(44)5 点,些	
	(44)7 湿透	
	(44)8 端	
		(58)4 名,n 午饭
ceeceeq		(59)2 动,vt 塞塞(进空隙里)
ceel	(45)4 建立,建造	(60)3 动,vt 建筑(房屋)
	(46)11 一点(特指时空)	(60)5 量,mw(一)丁点儿
	(45)2 秋天	
	(45)6 刨	
	(45)7 以虹管引出	
	(46)8 刻,印	
	(46)9 栖息	
		(60)6 动,vt 擦(把瓜果等放在礤床上来回摩擦,使成细丝儿)
ceeq	(47)3 细	(61)2 形,adj❶窄
		(61)5❶名,n 词❷量,cls 个(用于词)
		(61)6 动,vi 除
cei	(47)2 削	
		(62)2 数,num 十
cercer	(49)炒热,翻热	(64)动,vt 热一热(饭菜——重叠表示动作的持续)

续表

词语	《词汇》	《词典》
cerl	(49)1 裁	(65)1 动,*vt* ❶裁(断),砍(断),切(断)❷裁(衣)❸过(河),抄(近道)❹赶超
	(49)2 剪,切,锯,砍	
	(49)3 截	
		(65)2 动,*vt* 定(价格、时间等)
ciail		(78)1 量,*mw* 次
cif	(50)漆,上漆	(78)数,*num* 七
ciq	(50)1 肩胛骨	
	(50)2 钱	
		(78)2 动,*vi* 来
ciul	(50)1 小米	
	(50)3 湿地	
co		(79)1 动,*vi*❷跳舞❸跳水❸湍流而下
coco	(50)蹦跳;调皮	(79)动,*vi* ❶跳动❷跳舞(重叠表示动作的持续)
colbbv'lv	(51)盖沿石	(80)名,*n* 台阶
copul xiq	(51)养小神子	(80)形,*adj* 养蛊
coq	(51)1 赊	
	(52)3 人类(古语)	
	(52)4 拼凑,参与	
cozil	(52)草席,草帘子	(81)名,*n* 草席
chee	(53)2 今,此	
	(53)1 这	(67)1 代,*pron* 这,那
	(53)4 码	(67)3❶动,*vt* 垛,摞,码❷量,*cls* 垛
		(67)2❶动,*vt* 悬挂,吊❷动,*vi* 垂下,挂
cheechee	(53)2 往下拉	(68)1❶动,*vt* 悬挂,吊❷动,*vi* 垂下,挂
cheekap	(53)此刻	(70)副,*adv*❶现在,这时❷的时候

续表

词语	《词汇》	《词典》
cheel	(53)2 睁开	
	(54)3 瞅	
	(54)4 开垦	
	(54)5 擘开	
cheelchee	(54)破烂	(70)形,*adj* 受伤,(旧衣服)破烂
cheeq	(54)讥笑	(71)动,vt 嘲笑,讥讽
cheq	(55)1 这儿,这里	
	(55)2 叉	
	(55)3 叶轮	
	(55)4 跨	(72)1 动,*vt* 抬(脚),迈开
		(72)2 名,*n* 绸子
cher	(56)4 洗	(72)1 动,*vt* ❶洗❷加(水),掺(水)❸擤❹洗(牌)
	(55)1 颜料	
	(55)1 药	
	(56)5 添	
	(56)6 孤	
chercher	(56)1 洗涤	(73)动,*vt* ❶洗❷洗(牌)
cher'ee	(56)药	(73)名,*n* ❶药❷农药
cherl	(56)4 拿	(73)1 动,*vt* ❶握,拿(东西)❷握(拳)
	(57)7 塑	(73)2 动,*vt* 捏,做(泥塑)
	(56)2 代,辈	(74)❶名,*n*<cherl>代,辈分❷量,*mw* 代,辈❸量,*mw*(一)生,一(辈子)
	(56)3 把	
	(57)5 用力挤	
	(57)6 憋闷	

词语	《词汇》	《词典》
cherlko	(57)气管	(74)名,*n* 喉咙
chermei	(57)媳妇	(75)名,*n* ❶儿媳❷妻子
cherpiel	(58)诽谤,诋毁	(75)动,*vt* 辱骂,诽谤,斥责
cherq	(58)1 快乐	(75)形,*adj* 舒服,愉快,幸福
	(58)2 条件好,富有	
	(58)3 肥肉	
chu	(58)2 恶	(76)5 形,*adj* ❶泼辣,蛮横❷凶恶(多指狗)
		(76)4 动,*vi*(向前)冲
chualmei	(59)2 六只	
chul	(60)2 串门子	
	(60)3 冲	
	(60)4 说白话	
	(60)5 祭献	
chuq	(61)4 墨玉	
da	(61)2 当,抵押	
	(61)3 挑,担	
	(61)4 刀,打	
da bberl	(61)倾斜,不正	(82)动,*vi*(一头)翘起
daidaiq	(62)双方互拉,挑剔缺点	(82)动,*vt* 拉扯(重叠表示动作的持续)
daildai	(63)粘稠	(83)❶动,*vt* 粘,粘连❷动,*vi* 交界,相邻❸形,*adj* 粘稠

续表

词语	《词汇》	《词典》
dal	(63)1 小柜	(84)8 名,*n* 箱子
	(63)3 附和	(84)5 动,*vi* 附加
	(63)4 根,包	(84)7 量,*cls* 条(用语胡子、辫子)
	(63)8 跑婚,到别处安家(或窝)	(84)4 动,*vt* ❶嫁,出嫁❷作为(一家人过日子),(跟某人)一起过❸帮腔
	(63)2 添补,加上	
	(63)6 做	(83)2 动,*vt* ❶烙(粑粑)❷焙(摊在干锅里加热)
	(63)7 到	
		(83)3 动,*vt* 遮,挡
		(84)6 动,*vt* 送(命)
		(84)9 动,*vt* 碰
		(85)10 名,*n*(棕树的)枝叶
		(85)11 名,*n* 一般用在领属结构中
daq	(64)2 遮,挡	
	(64)3 坚持,抵挡	
	(64)4 捕(用网)	
	(65)5 横	
		(86)2 动,*vt*(系)围裙
de	(65)1 受苦,受罪,麻烦	
	(65)2 逗	
		(100)形,*adj* 陡
dee	(65)1 起,立	(100)1 动,*vi* ❶起(由坐卧爬伏而站立或由躺而坐)❷出现,产生
	(65)2 抵达,为止,尽头	
	(65)3 剩物	(101)2 助动,*auxv* 剩下未完
deedee	(65)2 尽头,到头	

续表

词语	《词汇》	《词典》
deeq	(66)1 煨	(101)动,*vt* 烧(水),温(水)
	(66)2 公的	
dei	(66)1 踢,蹬	
	(66)2 反常,发疯	
		(101)名,*n*\<liu\>灯
deil	(66)1 澄	
derl	(68)3 有用,中用	
	(68)5 扎	
	(68)6 结	
		(102)3 助动,*auxv* 有资格,配
derlder	(68)关,封闭,不开放	
		(102)1 形,*adj*(鼻)塞
		(102)2 动,*vt* 系(带子)
derq	(68)2 围	
	(68)3 闯入	
	(69)5 陷入	
		(102)3 动,*vt* 充(饥),堵(饥)
di	(69)2 抵	
dial	(69)1 调	
	(69)2 调,首	(103)量,*cls* 场,首(例:电影、跳舞、歌等)
didi	(69)1 比赛	
	(70)3 顶嘴	
die		(103)❷动,*vt* 麻烦,辛苦
diel		(104)动,*vt*❷卷(袖子)
dil	(70)3 漂,浮	
	(70)4 第	

续表

词语	《词汇》	《词典》
diu	(70)2 敲,打	(104)1 动,*vt* ❶敲打,捣❷砸
	(70)1 投掷	
	(71)3 春	
	(71)4 失败,输	
		(105)2 动,*vi*(雨)淋
diudiu	(71)掷,碰撞	(105)❶动,*vt* 敲打,捶打(重叠表示动作的持续)❷动,*vi* 扔,丢,掷(重叠表示互相的意思)
diuq	(71)1 生长	(105)2 形,*adj* 长大成人
	(71)3 舒服,有精神	
do	(71)2 抱	
	(71)3 堵,截	
		(105)2 量,*mw* 捆,束
dof	(72)戳	(106)动,*vt* 按(手印),盖(章)
dol	(72)1 坡	(106)1❶名,*n*<dol>坡❷量,*cls* 道(用于坡)
	(72)4 掷	
	(72)5 剁	
dolmu'fvl	(73)太阳穴	(107)名,*n* 额头
dv	(73)1 斗	
	(73)2 触犯,碰	
	(74)3 发(病)	
		(107)1 动,*vt* 逗弄,逗引
		(107)2 形,*adj*(某种事物)对……病有害处
		(107)3 量,*cls* 堵(用于墙壁)
		(107)4 代,*pron* 自顾自,独自,自己

续表

词语	《词汇》	《词典》
dvf	(74)2 糟糕	
dvl	(74)1 撑,顶住	(108)1 动,*vt* ❶支撑,顶,抵住❷(撑)船❸推(车)❹挑(莽)
	(74)4 强迫	
	(75)5 触犯	
	(75)6 直	
dvldv	(75)1 撑住	
	(75)2 直	(108)1 形,*adj* ❶正直❷副,*adv* 直接
		(109)2 动,*vi* 斗嘴
		(109)3 动,*vt* ❶拼接,组合❷凑份子(钱、物均可)
dvq	(75)4 准确	
	(75)5 陷	
	(75)6 笼,箩	
		(109)5 量,*cls* 个(用于树墩)
		(109)6 量,*cls* 斗(容量单位)
dda	(76)2 地	
ddaddaq	(76)1 飘荡,比喻轻浮	
	(76)3 编结	
ddahamei	(77)主妇	(87)名,*n* ❶女主人❷妻子
ddai	(77)1 绷	
ddaiq	(77)2 能干	
		(87)2 副,*adv* 马上,立即
ddal	(78)2 吃	
	(78)3 截	
	(78)5 说	

续表

词语	《词汇》	《词典》
ddaq	(79)2 游	
	(79)3 翱翔,飘	(88)2 动,*vi* ❶漂浮❷飘浮(例:心思意念)
	(79)4 合意,如意	
	(79)5 痰	
	(79)7 比较,比	
	(79)8 镰刀	
	(79)9 镞	
	(79)10 背阴	
	(80)11 疑问词	
		(88)3 名,*n* ❶田❷田野
		(88)5 助,*ptcl*(用于强调主语的行为选择权)
ddee	(80)2 匹	
		(89)1 数,*num*❶一(用于不在数的时候)❷全,整,满
		(90)3 动,*vi* 来
		(90)4 名,*n*❶田❷地
		(90)5 形,*adj* 重
ddeekaq	(81)一刻	(91)名,*n* 一会儿
ddeelddee	(82)整齐,均匀,平等	(92)形,*adj*❶相称,相仿(大小、年龄等)❷双全(例:父母等),均匀
ddeeni	(82)一天	(92)数,*num* 几

续表

词语	《词汇》	《词典》
ddeeq	(82)1 大	(92)1❶形,*adj* 大❷形,*adj*(排行大的)长❸形,*adj* 重要❹动,*vi* 长(大)
	(82)2 尊重	
	(82)3 沉	(92)3 动,*vi* 下沉
	(82)4 卷	
		(92)2 数,*num* 一(数的时候)
		(93)4 名,*n* 蕨
dder	(83)2 芽	(94)3 动,*vi* 发(芽),长(例:树、叶等)
	(83)3 年轻	
	(83)5 轮着	(94)5 动,*vi* 轮到,遇到
	(83)6 池塘	(94)4❶名,*n* 池,坑❷量,*cls* 个(用于各种池子)
	(83)7 错误	(93)2❶动,*vt* 出错,犯错❷形,*adj* 错
	(83)8 中	
	(84)9 要紧,需要	(94)6 助动,*auxv* 必须,需要
		(94)7 动,*vt*(蜜蜂等)蛰
ddernil	(84)2 损失	
dderq	(84)2 泡沫	
	(84)3 肥料	(94)5 名,*n* 肥料,圈肥
	(84)6 喘气	
	(84)7 云集	(94)4 动,*vi* 聚集(贬义),蜂拥
		(95)6 动,*vt* 叫,喊,呼喊
ddilli	(85)小团,小坨	(95)名,*n* 花苞,花骨朵
ddiul	(86)1 赶	(95)动,*vt*❶赶(例:牲口)❷催促❸追赶❹赶走,撵❺赶(车)
	(86)2 紧急请来	
ddiulddiu	(86)追赶	(96)动,*vt* 催促(重叠表示动作的持续)

续表

词语	《词汇》	《词典》
ddiuq	(86)1 地方,地区	(96)1❶名,n 地球❷名,n<ddiuq>地方❸量,cls 个(用于地方)❹名,n 平原,坝子
	(86)2 棍子,竿子	(96)2❶名,n 棍子❷量,cls 根(例:棍子)
ddo	(87)1 涨价	
	(87)4 长矛(古语)	
		(96)3 动,vt(蜜蜂等)蛰
ddol		(97)2❷动,vi(突然张大嘴)咬住❸动,vt 打(赤脚)
ddoq	(88)1 见,看见	(98)1❶动,vt 见❷动,vt 觉得❸动,vi 出现
		(98)3 名,n 臀
	(88)3 忙	
ddu		(99)2 动,vt 来,过来(命令式)
		(99)3 数,num 四
dduq	(89)2 门神(男的)	
dduqzzeeq	(89)坐禅(静坐)	(99)2 动,vt 打坐,呆坐
ddv	(89)5 秃,断,缺	(99)4 动,vt(物体)失去(尖端部分)
		(99)2 名,n 犁(的一种)
ddvq	(90)3 支,股	
	(91)6 处(地方)	
		(100)2 名,n 肚子(作为食物用的动物的胃)
		(100)4 动,vt 抬,提(重物)
ebbei sherbbei	(92)从前	(111)副,adv❶很久以前,古时候❷很久很久以前(一般用于传统故事的开关)
ee	(93)4 守望	
	(93)5 织品	

续表

词语	《词汇》	《词典》
eel'ee	(94)围绕	
eeljuq	(95)火灰	(113)名,*n* 灶灰
eepiq	(96)皮子	(113)名,*n*<peil>皮,皮肤
eeq	(96)2 倒嚼	
	(96)4 合抱	
	(96)5 捞	
	(96)6 拦	
	(96)7 轮	
ee'rerq	(96)斗牛,壮公牛	(113)名,*n* 公犊
el	(97)2 阿,加在亲戚称谓前表示尊敬或亲昵	
elddai	(97)蚱蜢	(115)名,*n* 蝗虫
eni	(99)1 姑母、伯母、叔母、舅母、姨母的总称	
eq		(118)1 动,*vt* 捞
erq	(100)2 吊	
ewef	(101)杜鹃鸟	(120)1 名,*n* 鹧鸪
faf	(102)罚	(121)❶动,*vt* 分发,下发❷动,*vi* 发(食物因发酵或水浸而膨胀)
feil	(102)1 浪费,费	
	(102)2 份	
		(121)1 量,*mw* 倍
		(122)2 量,*cls* 种,种类
fv	(103)4 白腐病	
		(122)4 名,*n* 芦苇
fvl		(123)4 动,*vt* 入赘,做(上门女婿)

续表

词语	《词汇》	《词典》
fvq	(104)3 符咒	
	(104)4 填(坑)	
	(104)5 熟睡	
	(104)6 半篮	
	(104)7 专心	
ga		(123)3❶量,*cls* 座❷名,*n* 坟墓
	(105)5 可以	
		(124)2 形,*adj*(刀具)快,锋利
gai	(106)5 边……边……	
		(126)1❻副,*adv*(用于祈使句中使建议或命令的语气稍微缓和)
		(127)3 量,*cls* 间(用于房间)
		(127)5 名,*n* 钢
		(127)6 动,*vt* 换(牙、毛等)
gaigai	(107)2 刚刚	
gail	(107)2 超过	
	(107)3 押	
gailgai	(107)4 秋千	
	(107)3 裥子	
gaiq	(108)1 精神	
	(108)3 关	
gal	(109)3 崖	
		(129)3 名,*n* 粮架,架
ga'la	(109)1 流浪	(129)动,*vt* 游逛,闲逛,东游西荡
galga		(130)2 动,*vt* 帮助
gaq	(110)2 无法	
		(130)2 形,*adj* 醉
gatvl		(131)2 动,*vi* 答应
ga'vq	(110)1 积极	
	(110)2 高兴	
		(131)形,*adj* 起劲,来劲(gavq)

续表

词语	《词汇》	《词典》
gayi	(110)有气力	(131)形,adj❶有力,强❷胖
gee	(111)2 伸	
	(111)3 个	
geel	(111)3 炙	
	(111)4 震	
		(132)2 动,vi 不停地大声叫唤,呻吟
geeq	(112)3 胆量,胆子	
gel	(113)3 咬	
	(113)5 树枝	
	(113)6 推让	
		(133)4 量,cls 个(用于汉语名词前)
getaq	(114)玻璃瓶	(135)名,n<liu>瓶子
go	(114)4 公	
gof	(115)各	(149)量,cls 个(用于角落)
gogoq	(115)3 假装	
gojiq		(150)动,vi❶(婴儿)打嗝
gol	(115)1 粮架	
	(115)2 干涸	(151)3❶动,vi(水、汤)煮干❷动,vi 干,干涸,枯竭
	(115)3 过	
	(115)4 同,与,和	
	(115)5 之间	(150)2 后置,postp 里,中,间
	(116)7 撒,流	
	(116)8 滑行	
		(151)4❶名,n 小巷❷量,cls 条(用于小巷)
		(151)5 动,vt 度过
		(151)6 形,adj 凹
go'lo	(116)寂寞,想念	(151)形,adj❶伤心,难过❷孤单寂寞
goperq	(116)1 白鹤	

续表

词语	《词汇》	《词典》
goq	(117)4 怒视	
		(152)4 名,*n* 家里
gua	(118)1 欺骗	
	(118)3 管……者	
gual		(154)2 ❶名,*n*<gual>粮架❷量,*cls* 架(用于粮架)
		(154)4 形,*adj* 亲,亲生
guaq	(119)2 控诉,控告	
		(154)1 动,*vt* 约同,邀约
gueq	(119)卷	
		(155)1 ❶量,*mw* 段(时间)❷量,*cls* 根(用于米灌肠)
guguq	(120)传递	(155)动,*vt* 交(给),拿(给),给
gul	(120)2 做	
	(120)3 摆	
	(120)4 供	
		(156)2 动,*vt* 灌(米灌肠、香肠等)
		(156)3 动,*vt* 建立,打(基础)
		(156)4 量,*cls* 个(用于烟斗),根(香烟)
		(156)5 名,*n* 嘴巴
gulgu	(120)1 摔跤	
		(157)2 动,*vt* 摆(饭桌),上(菜)
guq	(121)3 翘	
	(121)4 期间	
	(121)5 要害	
	(122)6 村,哨	
		(158)3 量,*mw* ❶段❷根

续表

词语	《词汇》	《词典》
guzhee	(122)工整,认真	(158)副,*adv* 合乎标准
gv	(122)6 强迫	
		(159)6 名,*n* 头发
gvl	(123)1 会	
	(123)2 壳	(162)3 名,*n* ❶外表,外层,外面 ❷壳,外皮
	(124)3 罩	
	(124)4 顾	
		(161)1 量,*cls* 位,个(用于人)
		(161)2 助动,*auxv* 会
		(162)4 动,*vt* 倒(过来)
gvlgv	(124)2 互相照顾	
gvmai	(125)1 头尾	
gvq	(125)4 发酸	
		(163)4 尾,*suf* 地方,处(形容词后缀)
gvyi	(126)头生癞疮,癞痢头	(163)形,*adj* 秃顶
gvyuq	(126)2 开头	
gga	(127)2 难	
ggai	(127)2 旱	
	(127)4 电	
ggaicai	(127)寄生树	(136)名,*n* 金龟子
ggaiggaiq	(127)1 裁剪	
	(127)2 夹	
		(136)动,*vi* 散,散架
ggaiq	(127)1 刀,剑	
gge	(128)2 蹦跳	

续表

词语	《词汇》	《词典》
ggee	(128)2 下	
	(128)3 相信	
	(128)5 裂	
	(129)6 半	(138)5 量,*mw* 半,等分
		(138)2 动,*vt* 落,下(例:雨、雪、霜、冰雹等)
		(138)3 形,*adj* 饱
		(138)6 形,*adj* 皴(皮肤因受冻而裂开)
ggeeq	(129)2 真的	
	(129)3 木板	
	(130)5 打赌	
ggeggeq	(130)1 固执	
	(130)2 反驳,矛盾	
		(140)1 形,*adj* 心满意足
		(140)2 形,*adj*❶(身体、动作)生硬不灵活❷固执,倔强
		(140)3 动,*vi* 争论,争辩
ggel	(130)2 死	
	(130)3 语尾词	
ggoq	(133)3 离别	
	(133)4 疯	
ggumu		(143)1 名,*n* 身体
gguq	(134)2 蒸	
	(134)3 唱	
	(134)4 瓷	
	(134)5 粮仓	
	(134)7 马(古语)	
	(135)9 复,又	
		(143)2 后置,*postp*❷之后

续表

词语	《词汇》	《词典》
gguqqil	(135)纳西族唱山歌	(144)名,*n* 纳西民歌的一种形式
ggv	(136)7 如,比得上	
	(136)8 的,感觉……	
	(136)10 槽	
	(136)11 劈	
	(136)12 石	
	(137)13 筋	
ggvq	(137)2 落	
	(137)4 驼	
	(138)6 贿赂	
ha		(165)名,*n*❷米饭❸粮食
habvl	(139)1 蒸饭	
hai	(140)2 愚,钝	
		(165)2 名,*n* 风
haihaiq	(140)买卖	(166)动,*vt* 买(一些)(泛指)
hail	(166)2 动,*vt* 割,切	
haiq		(166)2 名,*n*❷宝贝
		(166)3 量,*mw* 行(例:一行玉米)
		(166)4 名,*n* 石灰
hal	(141)1 晚,夜	
		(167)1 量,*mw* 个(晚上),天
hameil	(142)乞丐,讨饭	(168)4 名,*n*<gvl>乞丐
he	(142)2 一些,等等	
	(143)3 喷,洒	
hee	(143)4 讽刺	
hee'ail	(143)凉粉,拌凉粉	
heekee		(169)1 名,*n*❷刀口,刀刃

续表

词语	《词汇》	《词典》
heel		(170)1❸量,*cls* 个(用于湖)
hei	(145)3 魂	
		(171)3 动,*vi*❷枕,放下(背上的重物)
		(171)4 叹,*interj* 嘿
herl	(148)3 截	
herq	(149)2 绿	(174)1 形,*adj*❶青(绿色或蓝色)❷青紫,青淤❸厚脸皮,不知羞耻
	(149)3 得志,发展	
ho	(149)2 逃(不告而辞)	
hof		(176)1❸形,*adj* 太好了
		(176)2 动,*vt* 沾亲带故
		(177)3 形,*adj* 随和,好相处
		(177)5 动,*vt* 位于,在
		(177)6 动,*vt* 合(某人的意)
hol	(150)3 深	(178)1 形,*adj*❶深❷茂密
	(150)4 祝	
	(150)6 掺杂	
		(178)3 动,*vt* 准备(主要指置办物品)
hoq	(151)3 禾支系(纳西族四大支系之一)	
	(151)5 撮拢	
	(151)6 赶(古语)	
		(180)1 形,*adj*❶缓慢
		(180)4❶名,*n* 河❷量,*cls* 条(用于河)
		(180)5 动,*vt*(用身体或物体的侧面)碰,擦

续表

词语	《词汇》	《词典》
hu	(152)4 能,兴	
hual	(152)2 锈	
	(153)3 黑霜	
	(153)4 画	
hualleiqddvq	(153)野猫	(182)名,*n*❶<mei>野猫,豹猫❷扫帚星(指人),害人精,养蛊人
huhu	(154)2 阻拦	
jal	(155)1 停在……上	(186)2 动,*vi* 降落
	(155)2 替	
		(186)1 量,*cls* 辆,台
		(186)3 动,*vt* 架,支起,跷(腿)
je	(155)麻风	
		(186)数,*num* 九(一般跟汉语的量词一起使用)
jel		(186)2 名,*n* 钱
		(187)4 动,*vt* 救
jerl	(157)1 脱臼	(188)1 动,*vt* 扭伤(例:脚、腰等)
jerq		(190)4 量,*mw*(一)调羹
ji		(190)2❶动,*vt* 觉得,认为,以为
jil	(159)2 敬	
	(159)5 怕	
		(191)4 量,*mw* 季节
jildderq	(160)驮骡	(192)名,*n* 泡沫,沫子
jiq	(161)5 斤	
		(193)1 形,*adj*❷馊
		(193)6 量,*mw* 拃

续表

词语	《词汇》	《词典》
jul	(162)1 救	
	(162)2 刺	
	(163)3 舅	
	(164)4 里,处	
		(202)1 形,*adj* 麻(感觉轻微的麻木)
		(202)2 后置,*postp*(路)上,(在路途)中
		(202)3 名,*n* 一般用在领属结构中
		(202)4 量,*cls* 句,个(用于句子、短语等)
juq	(162)5 季	
	(162)6 野马	
jjeq	(164)4 兴	
	(164)5 足够,富有	
jjerq	(165)3 美丽	
	(165)4 脂	
jji	(165)1 衣	
	(165)3 试探	
	(165)5 酒曲	
jjiceiq	(165)蓑衣	(196)名,*n*❶棕树❷蓑衣
jjiq	(167)4 细	
jjiq zeiq	(167)2 用水	
jju	(169)1 有	(200)1❶动,*vt* 有,拥有(无生命的)❷动,*vi* 在,存在
jjuq	(170)1 奴隶(古语)	
	(170)2 季	
	(170)3 圈	
		(201)2❸量,*cls* 座(用于山)
kai	(172)3 吊	
	(172)5 嗑	

续表

词语	《词汇》	《词典》
kail	（172）2 弹	
	（172）4 散乱	
		（206）2 动，*vt* 花，花费（含有乱花的意思）
kaq	（174）2 刻	（207）2 量，*mw* 时候，时
kee	（175）4 焖	
	（175）5 人口	
	（175）6 小	
	（175）7 角色	
	（175）8 捂	
		（208）2 后置，*postp* 这儿，那儿（用在名词或代词后表示该人或物近处的区域）
		（209）3 动，*vt* 煮（米饭）
keecee	（175）小口袋	（209）名，*n* 包，袋子
keeddvq	（176）香薷	（209）名，*n* 紫苏
keel	（176）2 染	
	（176）3 寄	
	（176）4 装，添	
		（210）1 动，*vt* ❷使（某个人）待（在某个地方）
		（210）2 动，*vt* ❷呼（气）❹打猎❺使（船）下水，行（船）
		（211）3 动，*vt* ❶生（火），烧（火）❷放（鞭炮）
		（211）6 动，*vt* 使
		（212）7 助，*ptcl*（语气助词表示推测）
keeni	（177）狗	（213）名，*n* ❶<mei>狗，犬❷走狗
keeq	（177）5 井	

续表

词语	《词汇》	《词典》
keke		(215)2 动,*vi* 碎
kel	(178)3 扣	
kelke	(178)2 稳当	
	(178)3 勾结	
ko	(179)4 剥	
	(179)6 猜	
	(179)7 矿	
	(180)8 移植	
	(180)9 半	
		(216)1 ❶名,*n* 声音,嗓子 ❷量,*cls* 个(用于声音)❸名,*n* 声音,消息
		(216)3 ❶量,*cls* 个(用于地方)❷名,*n*(充满沙、石、灌木等某种东西的)小块地方
		(216)2 名,*n*<ko>动物头上的角
kol	(181)4 鳞	
	(181)5 课	
	(181)6 剥开,裂开	
	(181)7 五幅冠	
		(217)4 量,*cls* 头(用于姜),朵(蘑菇)
		(217)5 量,*cls* 床,幅(例:毯子、被子等)
koq	(181)1 园子	(217)❶动,*vt*(用篱笆等)围住,扎 ❷名,*n*<koq>园子 ❸量,*cls* 个(用于园子)
	(181)2 亲戚	
	(182)3 缺	
	(182)4 蓬	
	(182)5 围栏	

续表

词语	《词汇》	《词典》
ku		(218)1❷量,*cls* 扇(用于门)
		(218)2 后置,*postp* 边(例:河、路也)
kua	(183)1 蹄子	
	(183)2 心服	
		(219)2 名,*n* 动物头上的角
kual	(183)2 碗,扇	
		(219)2 量,*cls* 床,幅(例:毯子、被子等)
		(219)3 后置,postp 里,中(用以表示在某个较大的区域里,例如,在田里,在院子里)
kuaq	(183)2 歉收	
		(219)形,*adj*❷聪明,狡猾
kuddeeq		(220)2 名,*n* 大门
kuddu		(220)2 名,*n* 褥子
kuel	(184)1 征兆	
	(184)2 范围	
	(184)3 从容	
		(220)名,*n* 礼仪,规矩
kuq		(221)2 名,*n* 里面
kvl	(185)1 年	(221)1 ❶量,*mw* 岁,年❷名,*n* 年(生肖)
	(185)2 啄	(222)2 动,*vt* ❶(鸡)啄❷(蛇)咬
	(185)3 驼	
	(186)4 垂穗	
kvlkv	(186)1 摩擦	
	(186)3 索取钱物	
kvqxi	(187)内人,亲人	(222)名,*n* 亲戚

续表

词语	《词汇》	《词典》
la	(187)2 贩卖	
	(187)3 也	(224)1 副,*adv*❶也❷连,都
lal	(188)1 打	(225)1 动,*vt*❶打❷(用连枷、打谷板)打(谷)❸(风)吹(使顶风而行)❹中(风)❺打(水)❻打(鱼)❼打(球)❽打(牌)
	(188)2 厚	(225)3 形,*adj*❶厚❷密集,稠密
	(188)3 吗	
	(188)4 打,量	
	(188)5 相比	
		(225)2 动,*vi* 出(芽)
		(226)4 助,*ptcl*❶吗❷么
la'laq	(188)健康	(226)形,*adj*❶健康❷体力好
lalba	(189)阔叶	(226)名,*n* 栎叶
lalla	(189)2 比得上	
laniq	(189)食指	(226)名,*n* 拇指(一般不包括大拇指)
laq	(189)1 手	(226)1❶名,*n*<pul>手❷名,*n* 手指❸名,*n*<pul>(动物的)前脚和腿❹名,*n* 树枝,树杈❺量,*cls* 根(用于树枝)
	(189)2 枝	
	(189)3(向外)伸展,散	
	(190)4 伙	
		(227)3 量,*cls* 些(用于人)
laqcherl	(190)火枪	(228)名,*n*<ba>手枪
laqpu	(191)手里	(229)名,*n*❶手中,手上❷(在人)手下,(在别人)管辖下

续表

词语	《词汇》	《词典》
lee	（192）2 箭	
	（193）5 来（将来时）	（230）1 动,*vi* 来（非过去时代）
	（193）4 迟钝	
	（193）6 杉	
leel	（193）2 苗	
lei	（196）5 呢	（232）3 助,*ptcl* ❶呢（疑问式）❷呀（句尾语气助词，表达因某事未做而有的遗憾、失望等情绪）
lei'ee	（197）黄牛	（233）名,*n* 犍牛（阉割过的公牛）
leil	（197）1 茶	（234）1 名,*n*❶茶❷茶叶
	（197）2 揭开,翻开	（234）3 动,*vt*❶剥（皮）❷翻（书页）❸掀开
	（197）4 固执己见	
leilgv	（198）麝香	（235）名,*n* 麝
leiq	（198）2 贫瘠	
	（198）3 月亮（古语）	
	（199）5 呼牛声	
lerl	（199）3 瞄	
	（199）1 种子	（236）1 名,*n*❶<liu>种子❷<derl>种苗,籽苗
ler'lerq	（199）喊叫	（236）动,*vt*❶喊叫（重叠表示动作的持续）❷叫嚷
lerller		（236）1 动,*vt* 量（长度——重叠表示动作的重复）
		（236）3 动,*vt* 比（划）
		（237）4 形,*adj* 犹豫

续表

词语	《词汇》	《词典》
lerq	(200)2 行	
		(237)2 动,*vt* 扬(场)
		(237)3 动,*vi* 泡(温泉)
lil	(200)1 滤	
	(200)2 粗磨	
lilli	(201)互相影响,互相鼓励	(238)动,*vi*(互相)鼓动
liq	(201)灵敏,聪明,灵巧,聪颖	(238)数,*num* 零
liu	(201)1 颗,粒	(238)❶量,*cls* 个,粒,颗(最普及的量词)❷名,*n* 颗粒❸名,*n* 果子
	(201)2 个,支	
	(201)3 矛(古语)	
liul	(201)1 中,中等	(239)名,*n* 中间
	(201)2 举行	
	(201)3 牧马	
liu'liuq	(202)观看,观望	(239)动,*vt* 观察(重叠表示动作的持续)
liulliu	(202)动	(239)❶动,*vi* 动❷动,*vi* 震❸动,*vt* 动(心,脑筋)
liuq	(202)3 方,面	
lo	(202)2 腮	
	(202)4 盘	
lobeiq	(203)木盆	(241)名,*n* 腮帮
logee	(203)朋友	(241)名,*n*<gvl>结拜的异性朋友
lol	(203)1 溜索	
	(203)2 过,去	
	(203)3 跨过,翻越	
	(203)4 捆	(241)2❶动,*vt* 擦❷量,*mw* 捆
	(203)5 飞越	
	(203)6 擦,互赠,互帮	

续表

词语	《词汇》	《词典》
lollo	(204)1 跨过	
	(204)2 礼尚往来	(242)动,*vt* 换工,抵工(纳西农作风俗,指农忙时互相抵换劳力做活)
loq	(204)1 箐,涧	(243)5❶名,*n*<loq>山谷,峡谷❷量,*cls* 条(用于山谷)
	(204)2 能	
	(204)3 黑麂	
	(204)4 犁杆	
	(204)5 冲洗	(243)3 动,*vt* 漂清,冲洗,涮
	(204)6 里	(242)1 后置,*postp*❶里,中(内部,范围内)❷在(用在建筑物、学校、工作单位等后面,表示在某个位置)
		(242)2 助动,*auxv* 表示有能力,能够
		(243)4 名,*n*<liu>牛轭
loyu	(204)朋友	(243)名,*n*<gvl>结拜的异性朋友
lu	(204)1 饲料	
luf	(205)语尾助词	(244)数,*num* 六(一般跟汉语的量词一起使用)
luq	(205)1 游玩	
	(205)2 炉	(244)名,*n* 风箱
lv	(205)石	(244)2 量,*mw* 市两
lvbbv	(206)2 火烧石(除秽用)	
lvkee	(206)石脚	(244)名,*n* 基石,基脚
lvku	(206)墓碑	(244)名,*n* 墓碑,墓门,石门

续表

词语	《词汇》	《词典》
lvl	(206)2 放牧	(245)1 动,*vt*❶放牧❷遛(例:狗)
		(245)2 量,*cls* 件(用于衣服)
		(245)3 件,个,块(用于酥油、馒头、石头等)
		(245)4 名,*n* 阉
lvllv	(207)2 亲近,团结	
	(207)3 混血	
		(245)1 动,*vt* 盖,扣
lv'lvq	(207)1 抬,搬	
lvq	(207)2 暖和,温暖	
	(207)5 够	
mail	(208)1 后,后面	(248)1❶后置,*postp* 后❷形,*adj* 下(用于时间)❸副,*adv* 掉,开(表示除去或离开)
	(209)2 故意避开	
	(209)3 过时了的,过季的	
	(209)4 尾,底	(248)2 名,*n* 最后,末尾
maildal	(209)到底	(248)副,*adv* 整(例:天、年等)
mailgguq	(209)跟后	(249)副,*adv*❶跟(随),跟着(做)❷继续
maiq	(210)1 来得及,赶得上,拿得到	(250)1 动,*vi*❶有时间(做某事),来得及(做某事)❷赶上,跟上
	(211)2 被……	
	(211)3 埋怨	
mal		(251)2 量,*mw* 点
	(211)2 抓了吃	(251)2 动,*vt* 干吃(粉末状的食物,如吃炒面粉)
	(211)3 绒毛	
	(211)4 一口	

续表

词语	《词汇》	《词典》
malma	(211)制造,建设,修理	(251)动,*vt*❶做,制作❷修理,修缮❸做(食物)❹制造(假象、机会等),捏造❺治疗
mee	(214)1 天	(254)1 名,*n*❶天,天空❷天堂❸老天爷
	(214)3 疤	(254)2❶名,*n*痕迹,印迹❷量,*cls* 道,条(用于疤痕、痕迹等)
meeddvq	(215)2 腻烦	
meel	(216)2 熏燎	(255)3 动,*vt*(烟气)刺激(眼睛)
		(255)2 动,*vt*(把冷菜冷饭)蒸热
meel'ee	(216)女婿	(255)名,*n*❶丈夫❷女婿
meelmee	(217)1 预热,蒸热	
	(217)2 闷	
	(217)3 熟悉,密切	
		(256)动,*vt* 弥漫
mef	(220)2 默想	
mei	(221)5 月份	
	(221)6 妻	
		(258)4❶名,*n*<mei>辣椒❷量,*cls* 只
		(258)3 助,*ptcl*(名词化词——使分句成为名词性分句,有主题标记的功能)
meiq	(222)2 寻找	
	(222)3 刺,芒	
		(260)2 动,*vt*❶提醒或催促别人归还东西❷缠着某人要某物(多指孩子缠母亲)
meq	(222)语气词	(260)1 助,*ptcl*(更)肯定(陈述式)
		(260)2 名,*n* 下
mi		(262)3 量,*mw* 米(等于一百公分)
miail		(262)名,*n* 面(条)

续表

词语	《词汇》	《词典》
mie	(224)1 命	(262)❶名,*n* 生命❷量,cls 条(用于命)
mienaq	(224)1 黑眼睛	
mieq	(225)2 扣子	
		(262)名,*n*❷孔,眼
mieqbbiuq	(225)危险	(263)形,*adj* 恐高
mieqddoq	(225)天亮,黎明	(263)动,*vi* 天亮
miezeeqfv	(226)眉毛	(264)名,*n*❶<beq>睫毛❷<beq>眉毛
mil		(264)2❶形,*adj*(植物)成熟❸动,*vt* 出产(例:庄稼)
miq	(227)名字	(265)❶动,*vt*(名字)叫……❷名,*n* 名字,姓名❸量,cls 个(用于名字)
miqtv	(228)橘子	(265)名,*n*<liu>黄果(有时也叫桔子)
mo	(228)1 母亲	
	(228)2 摸	
		(266)名,*n* 一般用在领属结构中
mu	(228)1 指望	(267)1 动,*vt* 渴望(别人的东西),觊觎
	(229)2 用于祭祀之牛羊	
		(267)2 动,*vi* 溺(死)
		(267)3 量,*mw* 亩
		(267)4 名,*n* 母亲
mumuq	(229)1 吹奏	
muq	(230)5 模型	
	(230)6 兵(古语)	
		(268)3 量,*mw* 点(液体)
na	(231)深入,渗透	(271)尾,*suf* 程度(形容词后缀)
nai		(271)2 名,*n* 一般用在领属结构中
		(271)3 尾,*suf* 尾

续表

词语	《词汇》	《词典》
nal		(272)3 名,*n*❶肉❷母系亲戚❸同辈中的姐妹
	(232)2 纳	(272)4 动,*vt* 纺
naq	(232)1 黑,乌	(272)1 形,*adj*❶黑,黑色❷暗(色),深(色)❸黑着脸,拉着脸❹脏
	(232)2 严肃	
	(232)3 件,根	(272)2❶名,*n* 大的木材❷量,*cls* 根(用于木材)
nee	(233)1 少	(275)2❶形,*adj* 数量小,少❷动,*vi* 减少
	(233)2 你	(275)3 代,*pron*❶你❷你的
	(233)3 心	
neel	(234)1 绞	
	(234)2 扭,拧	(276)1❶动,*vt* 拧,扭❷动,*vi* 绕行
	(234)3 扭痛	
		(276)3 助词,*ptcl*
neelnee	(234)2 起漩涡	(276)❶形,*adj* 卷(例:发),弯曲❷动,*vi* 绕行
	(234)3 生气	
neeq		(276)2 助词,*ptcl*
		(276)3 连词,*conj*
nef	(235)2 请,语尾词	
		(276)连词,*conj* 连词
nerl	(235)2 榨	
	(235)3 做,拓	
	(235)4 上	
	(236)5 帮	
		(277)2 动,*vt* 缴纳(税款)

续表

词语	《词汇》	《词典》
nerlner	(236)拥挤	(277)❶动,*vi* 挤,压(重叠表示互相的意思)❷形,*adj* 拥挤
nil	(236)呢	
		(282)1 动,*vt* ❶托付 ❷归还(例:钱、东西等)❸邮寄,邮汇
		(282)2 名,*n*<ba>鼻涕
		(282)3 形,*adj* 空
		(283)4 名,*n* ❶白天 ❷下午
		(283)5 名,*n* 人乳,母乳
no	(236)1 奶	
	(236)2 知道	(286)1 ❷动,*vt* 知道,获悉,听说 ❸动,*vt* 告知,使知道
	(236)3 醒	
		(286)2 名,*n* 糯米,糯食
		(287)3 名,*n*<beq>杂草,猪草
		(287)4 名,*n* 动物的奶
nol	(236)闹,乱闹	(287)名,*n* 牲畜
nolno	(236)1 杂乱	(287)形,*adj* 缠结,纠结,混乱,紊乱
	(237)2 干预	
nvl	(238)4 佐餐食物	
		(288)2 动,*vt* 垫(手)
nvlnv		(292)2 形,*adj* 缠结,纠结,混乱,紊乱
nvq	(240)3 你	
ngaiq	(241)1 挨	
	(241)3 研	

续表

词语	《词汇》	《词典》
nge	(241)1 我	(278)代,*pron* ❶这是"ngeq"的变体,用于后置词前 ❷我的
	(241)2 靠	
	(241)3 受折磨	
ngel	(242)1 怄气,生闷气	
	(242)2 胀	
ngvl	(242)2 超度	
ni	(243)2 两	(280)5 数,*num* 二(用于非数数目的时候)
	(243)6 剥,削	
	(243)7 损失	
niai	(243)2 娘	
niaiq	(244)2 奋拉	
nielnie		(281)1 ❸动,*vt* 与某人有不正当的男女关系
		(281)3 名,*n* 人乳,母乳
nieq	(245)3 表示受格的助词	
	(245)4 眼(古语)	
nikol	(245)2 剖鱼	
nil	(245)2 寄	(282)1 动,*vt* ❶托付 ❷归还(例:钱、东西等)
	(245)4 昼	(283)4 名,*n* ❶白天 ❷下午
	(245)5 搓	
		(283)5 名,*n* 人乳,母乳
		(283)6 助词,*ptcl*
ni'leilggv	(246)白天	(283)名,*n* ❶白天 ❷下午
nilmerq		(283)2 名,*n* 蜻蜓
nilni	(246)1 往日	(284)1 动,*vt* ❶委托,托付 ❷祷告
nimeiggvq	(247)西方;日落	(285)名,*n* 西

续表

词语	《词汇》	《词典》
nimeitv	(247)1 东方；日出	(285)名,*n* 东
	(247)2 天晴	
niq	(247)1 要	
	(247)2 男生殖器	
		(285)数,*num* 二
o	(248)1 骨头	(294)1 名,*n*❶骨,骨干❷父系宗族❸同辈中的兄弟
	(248)2 杆	(294)2 名,*n*❶茎,干❷(农具的)柄
	(248)3 财产	
		(294)3 叹,*interj* 哦(表示理解,也有"原来如此"的意思)
ol	(249)2 拔毒	
	(249)3 颚	
oq	(249)3 影子	
	(250)4 玉	
	(250)5 魂魄	
	(250)6 啃	(295)4 动,*vt*(牲畜在田野里)吃(草)
		(295)3 动,*vt* 隐蔽,遮蔽,使背阴
		(295)5 叹,*interj* 哦(表示理解,也有"原来如此"的意思)
oqhei	(250)2 影子	
ozherl	(250)骨节	(295)名,*n*❶(植物的)茎、秆、节❷肢
pa	(251)1 面,脸	(296)1❷量,*cls* 张(用于脸)
		(296)3 形,*adj* 蓬松,虚而柔软
		(296)4 动,*vi* 泡起(因发酵而膨胀)
	(251)3 发霉	
	(251)5 呛	

续表

词语	《词汇》	《词典》
pabbei	(251)1 面愧,惭愧	
	(251)2 谄媚	
pai		(297)量,*mw* 庹
paijimei	(251)姑娘	(297)名,*n* 姑娘,未婚女子
paq	(252)1 狼	
	(252)2 打	(298)2 动,*vi*(挥舞着棍棒等)乱打
	(252)3 乱翻	
	(252)4 顺手	(298)1 助动,*anxv* 顺(口、手等),顺(耳、眼等),习惯
	(252)5 占卜	
	(253)6 跳神	
paqkee	(253)豺狗	(298)名,*n*<mei>狼
pee	(253)2 言语	
peel	(253)1 摘	
	(253)2 能干	(298)1 形,*adj* ❶勤快❷能干❸乖(用于小孩)
	(252)3 断	
peelpee	(253)解决,断成碎片	(299)1 动,*vt* 断开,掰开(重叠表示动作的持续)
		(299)2 副,*adv*(说话)清楚明了,干脆利落,(发音)清晰
peelpee ddaldda	(253)一刀两断,果断	(299)形,*adj* 果断
peiq		(300)3 量,*mw* 盆
perller	(255)挣扎,挣脱	(301)动,*vt* 扭伤(脚踝或手腕)
perq	(255)4 公	
pilpi	(257)2 离婚	

续表

词语	《词汇》	《词典》
piq	(258)1 腿	
	(258)2 臂	
	(258)3 皮	
	(258)4 评	
		(305)3 量,*cls* 只(用于翅膀),条(用于大腿、上臂、火腿)
		(305)4 量,*cls* ❶张(用于大而宽薄的东西。例:大块塑料布、帆布等)❷块(用于水果的外皮)
piul	(258)2 醅(酒料)	
	(258)3 獐子	
	(258)4 吐露	
pol	(259)1 炮	(306)2❶名,*n*<pol>炸药,爆炸品❷量,*cls*发(用于炮)
	(259)3 回	
	(259)4 解答,启发	
pu	(260)2 通	
pul	(260)1 头,只	(307)1 量,*cls* ❶头、只(用于牛、虎、鹿等)❷个(用于鸡蛋)
	(260)2 半	
	(260)3 边	
pv	(261)6 祖父	
	(261)7 吹牛	
pvf		(308)1 动,*vt* 仆,俯伏
pvl		(308)5 助动,*auxv*(洗得)干净
		(309)6 动,*vt* 掉(漆)
		(309)7 量,*cls* 个、间(用于店铺)
pv'laq	(261)菩萨	(309)名,*n*<zzer>神,偶像

续表

词语	《词汇》	《词典》
pvlpv	(261)1 把袋子等腾空	(309)动,*vt* 倾(使器物反转或歪斜,尽数倒出里面的东西)
	(261)2 泼水(互相)	
	(261)3 曾祖父	
qel		(311)2 形,*adj* 合适,合身
qelqe	(263)1 亲近	
	(263)3 粘贴	
qer		(311)3 名,*n* 口音,腔调
qertiu	(264)半截	(312)量,*mw*❶(半)截❷(一)小段(话)
qi	(264)3 余地	
qil	(265)1 冷,凉	(313)1 形,*adj*❶冷❷伤心,悲哀
	(265)3 拴,捆	
qilqi	(265)1 包扎	
	(265)3 气息	
qiq	(266)4 旗子	
	(266)5 棋	
	(266)6 痛	
	(266)7 粮食	
	(266)8 大竹刺	
qu	(267)1 宗族	(315)2 名,*n* 家系,家族特征
	(267)2 钻	
	(267)3 指点	
		(315)1 量,*mw* 帮(贬义,用于团伙)
qucaq	(267)亲戚,宗族	(315)名,*n* 家族
re	(268)1 饲养	
ree		(317)2 动,*vt* 忍让
reegeq	(269)酒坛	(317)名,*n*❶酒缸❷酒鬼

续表

词语	《词汇》	《词典》
reejji		(317)2 名,*n* 酒母,酒曲
reeq		(317)1 动,*vt* 缝
rer	(270)3 柳树	
	(270)4 瞒藏,暗算	
rerq	(270)1 柱子	
	(270)2 搓,揉	
	(271)4 豹子	
	(271)5 雄健	
		(319)3 动,*vt* 被某种强大的力量迅速而猛烈地攻击
rhee	(273)2 沾	
	(274)7 骄傲	
	(274)8 假装	
	(274)9 滴	
rheeq	(275)1 时候	(320)1 量,*mw* ❶(旧)时辰,(今)小时 ❷名,*n*<rheeq>时代 ❸量,*mw* 时代 ❹量,*mw* 时候(离现在较远的过去或将来的一段时期)❺名,*n* 时节 ❻名,*n* 时间
	(275)3 花费,用时	
		(321)2 名,*n* 福气
	(275)2 煮	(321)3 动 *vt* 焯(蔬菜),把(米)煮的半熟
rher	(276)1 畏光,眯	
	(276)2 露	
	(276)4 炼	
		(322)4 动,*vi*(唠唠叨叨地)说(无意义的或使人厌烦的话)

续表

词语	《词汇》	《词典》
rhu	(278)2 开线	
	(278)3 拉伸,松	
		(322)1 助,*ptcl* 为,替
		(323)3 名,*n* 投石器
		(323)4 名,*n*❶集市,小城市❷场
rhual	(278)1 争夺	
	(278)2 抢先,夺味	
		(323)动,*vt* 赶超
rhuq	(279)1 手绷(投掷飞石击人的工具)	
	(279)2 伤风	
	(279)3 掉,落,坠	(324)1 动,*vt*❶掉❷(头发)掉落❸应验
	(279)4 村名后缀	
		(324)2 量,*cls* 词,句
sai	(279)2 荛	
		(328)2 动,*vt* 间(苗)
		(328)3 数,*num* 三(一般和汉语的量词一起使用)
sal		(330)2 动,*vt*❶卸(下)❷断(枝)
		(330)3 名,*n*❶<lo>气息❷蒸气
	(281)3 砍	
	(281)4 解	
	(281)5 追	
	(281)6 迎请	
see	(282)2 脊背	(332)5 名,*n* 脊椎骨
		(332)8 助词,*ptcl*(未完成体,用在否定动词后及疑问句)
		(332)9 助词,*ptcl*(通常本词前一个中调或低调的音节要发升词)

续表

词语	《词汇》	《词典》
seebvq	(283)1 野木瓜	
seel	(283)1 拾	(333)2 动,*vt*❶收捡,拾取❷拾
	(283)4 展示	
	(283)5 塑	
	(283)6 嘶哑	
	(283)7 家神	
		(333)5 量,*mw* 窝,胎
		(333)6 数,*num* 四
		(334)7 数,*num* 三
seelgv	(283)1 三个	
seelsee		(334)2 动,*vt* 擦(重叠表示动作的持续)
seeq	(284)2 骰子	
	(284)3 索要	
	(284)4 选	
	(284)6 纯	(335)1 动,*vt* ❶选择,拣选,选举❷择(菜),挑出(坏的或差的)❸择(席),怕(生)
seesee	(284)相识,相爱	(336)1❶动,*vt* 认识(重叠表示相互的意思)❷形,*adj*(关系)亲密,要好
		(336)2 动,*vt* 带领(重叠表示动作的持续)
		(336)3 动,*vt* 用挑火,加火等方法使火烧旺
seeseeq		(336)2❶动,*vt* 拖曳(重叠表示动作的持续)❷ 动,*vi*(从高处垂下)拖在(地面——重叠表示动作的持续)

续表

词语	《词汇》	《词典》
sei		(337)2 副,*adv*❶先❷才
		(337)3 助词,*ptcl*
ser	(286)1 柴	(340)名,*n*❶\<gel>木头❷\<gel>柴
serl		(340)4 数,*num* 四
she		(341)2 动,*vt*❶收获,收割❷收
shee	(291)3 送	
	(291)4 让价	
sheel	(291)1 干	(342)3 动,*vt* 捋起(袖子)
shel	(293)2 杉	
sher	(294)4 袭击	(345)1❷量,*cls* 件(用于事)
sherddeeq	(294)1 大事情	
	(294)2 名人	(346)名,*n*\<gvl>头头,领导
sherl		(347)3 名,*n* 石灰
shersherq	(296)1 牵手	(348)1 动,*vt*❶握(手,重叠表示互相的意思)❷拉(手,重叠表示动作的持续)
		(348)3 形,*adj* 长长
shu	(296)2 铸	(348)1 动,*vt* 抚摸
shual	(296)楔子	(349)❶名,*n*\<shual>橛子❷量,*cls* 个,坨(用于橛子或橛状东西)
shuaq	(296)2 腿	
shuaqqi	(297)贪吃	(349)动,*vt*(看见好吃的东西)眼馋
shuashua	(297)整理;整齐	(349)副,*adv* 一齐,并肩
shue	(297)干	(349)动,*vt* 抚摸
shul	(298)5 修	
shuq		(350)1 动,*vt*❺娶

续表

词语	《词汇》	《词典》
si		(351)1 动,*vt* 知道,了解
		(351)2 动,*vt* 磨
	(287)穷	
sil	(288)1 性情	
		(352)2 名,*n* 书信
		(352)3 形,*adj* 细,颗粒小
silliq	(288)梨子	(353)名,*n*<fvq>木楞
siq	(288)1 惹	
	(288)2 犀牛	
		(353)形,*adj* 生
siuq	(289)1 萧	
so	(289)2 高地	
	(289)3 搜	
	(289)4 咳嗽(马)	
		(354)2 动,*vi* 挪动,(后)缩
solso	(290)1 搓	(355)动,*vt*❶搓,揉(重叠表示动作的持续)❷滥用,乱花(钱财),挥霍
	(290)2 磨蹭	
soq	(290)3 明天	(355)3 量,*cls* 个,天(用于早晨)
ssaiq	(300)1 笑	(356)❶动,*vi* 笑❷动,*vt* 嘲笑
ssaiqbbvq	(300)好笑,发笑	(357)形,*adj*❶好笑❷奇怪,荒唐可笑
ssaq	(301)下	(357)1 动,*vi*❶下(由高处到低处)❷发(洪水)
		(357)2 名,*n* 流星
ssee	(301)2 柳	
	(301)4 寿岁	
	(301)5 世,永远	

续表

词语	《词汇》	《词典》
sseel	(302)1 皱	(358)1 动,*vi* 退缩,缩回
sseelssee	(302)2 愁眉不展	
		(358)动,*vi* 把身子缩成一团
sseeq	(302)3 痢	
	(302)4 纹	
	(303)7 滤	(359)5 动,*vt*❶淘(米)❷淘(金)
	(303)8 伺候,待人	(359)4 动,*vt*❷在与人相处的过程中,注意使自己的言行举止合乎别人的期望,使之满意,有时也指看别人的脸色过日子
sseiggv	(304)3 很好	
sseil	(304)认	(362)助,*ptcl*
ta	(306)1 呆	(366)2 动,*vt* 凑近
taiq	(307)回,桩	(367)动,*vt* 托,抬
tamuq		(368)名,*n*❶模子❷模型
teeq		(369)尾,*suf* 柜
tei'ee	(309)书	(369)名,*n*❶<peil>写有内容的纸张(例如:文件、信件等)❷<cai>书❸<fvq>书信❹<zziuq>字符,字词
tei'eesoqxi	(310)学者,知识分子	(369)名,*n*<gvl>学生,读书人
terlter	(311)1 撕咬	
tiq	(311)2 刨,推	(370)3 动,*vi* 停
to		(371)2 形,*adj*(穿着打扮)合适
		(371)3 动,*vt* 训斥
	(312)2 通	
	(312)3 要	
	(312)4 渗透	
tobbai	(312)1 松林	

续表

词语	《词汇》	《词典》
tol	(313)2 铺	
toq	(313)3 筒	
tv		(372)1❶动,*vt* 到(某一地点或时间)❷动,*vt*(穿过某种障碍)进入❸动,*vi* 轮到,遇到❹助动,*auxv* 懂❺助动,*auxv* 好,成,完成
tvl	(315)6 挖出来	
tvl	(315)7 修,开	
tvltv	(315)2 出钱	
verl'ver	(316)生气的,撒娇	(375)形,*adj* 弯斜(verlver)
vq	(317)1 伏日(阴历六月)	
vq	(317)2 想,以为	(375)动,*vt* 认为
vq	(317)3 透,入	
vq	(317)4 在心	
vqree	(317)侍奉,招待	(375)动,*vt*❶侍奉,侍养,服侍❷饲养,喂养(牲畜家禽)
wail	(318)2 秤杆翘起	
wal	(319)1 五	(377)代,*pron* 你(对同辈的尊称)
wal	(319)2 你的	
wal	(319)3 你家	
walmei	(319)2 五只	
we		(378)3 名,*n*❶茎❷柄
welwe		(379)1❶动,*vt* 堆(重叠表示动作的持续)❷动,*vt* 赶拢,聚拢❸动,*vi* 聚一起,聚集❹动,*vt* 持(家)

续表

词语	《词汇》	《词典》
weq	(320)2 动听	
	(321)4 般	
	(321)5 和	
	(321)6 割	
		(380)4 形,adj(交谈)投机,(闲聊)愉快
	(321)8 语尾助词	
wu	(321)3 自己	
		(380)3 数,num 五(一般和汉语的量词使用)
wul	(322)1 耽误	
	(322)2 远指	
	(322)3 呼应声	(381)1 副,adv 回
		(382)2 动,vt 打(例:女)
wuq	(322)1 奴隶	
	(322)2 汲	
	(322)3 对,组	
	(322)4 块	
xel	(323)1 涂	
	(323)2 竖	
	(323)3 占卜	
		(383)❶动,vi 贴❷动,vt 抹
xal	(323)1 干	
	(323)2 孝敬	
		(383)名<liu>,n(孝)布
xeq	(323)休息	(383)动,vi❶休息,闲❷停(用于风、雨、雪等天气现象)

续表

词语	《词汇》	《词典》
xi	(324)4 皮	
	(324)5 兴	
xiddeef	(325)长辈	(385)名,*n* 大人,成人
xil	(325)2 戏	
	(325)3 赢	
	(325)4 够	
xiq	(327)3 找	(386)动,*vt* ❶养❷带(孩子)❸招(上门女婿)
	(327)4 森林(古语)	
	(327)5 村	
xisi	(327)穷人	(387)❶形,*adj* 贫穷❷名,*n*<gvl>穷人
xixiq	(328)养活,抚养	(387)动,*vt* 养(重叠表示动作的持续)
xul	(329)1 站,停	
	(329)2 蘸	
	(329)3 住	
	(329)4 做帮工	
xulkee	(329)1 柏树根	
xuq	(329)2 矮	
	(330)4 累,疲倦	
yai'aiq	(330)香油	(389)名,*n* 菜油,植物油
yail	(331)1 酽,味浓	
	(331)2 验	
		(389)动,*vi* 蜇(某些物质刺激皮肤或粘膜使发生微痛)

续表

词语	《词汇》	《词典》
yel	(331)1 给	(391)1❶动,*vt* 给❷动,*vt* 喂(食)❸动,*vt* 许配❹助动,*auxv* 为某人做某事的意思
	(331)2 请	
		(391)2 连,*conj* 所以,因此
yeq	(332)2 抿	
	(332)4 情死	
		(391)2 动,*vt* 抹,刷(墙)
		(392)4 名,*n* 绵羊
yeyeq	(333)腐烂	(392)2 形,*adj* 烂,化
		(392)1 动,*vt* 添(重叠表示动作的反复)
yi	(333)1 山驴	
	(333)2 陶器	
	(333)3 油漆	
	(333)4 釉	
	(333)6 比……强	
	(333)7 淌	(393)2 动,*vt* 流,流动
	(333)8 的	
	(333)9 倒是	
		(393)3 助,*ptcl*(在祈使句中,用以缓和命令语气的语气助词)
		(393)4 助,*ptcl*(主题标记——跟随句子成分,就是话语层分离点的所指点,用于强调整句子成分)
yibbiq	(333)大江	(393)名,*n*<hoq>长江,金沙江
yil		(395)5 数,*num* 一(用于一些汉语的量词)
yildee	(334)3 起夜	

续表

词语	《词汇》	《词典》
yilkeeq	(334)卧具	(396)名,*n*❶<pvl>被褥❷窝,巢
yilngvq	(335)打瞌睡	(396)❶动,*vt* 睡着,入睡❷形,*adj* 瞌睡,困乏想睡
yilsee		(396)1 名,*n*❶意思❷意愿,愿望
	(335)唤醒	(396)2 动,*vt*❶唤醒,叫醒,弄醒❷提醒
yilser	(335)爱睡	(397)名,*n*❶意思❷意愿,愿望
yiyi	(335)2 漏	
		(398)2 动,*vt* 流,流动(重叠表示动作的持续)
yul	(336)2 晕	
yuq	(336)3 长	
	(336)4 轻	
	(337)5 活,生存	
	(337)6 祖先(古语)	
	(337)8 突出	
za	(338)搬运,背	(401)动,*vt* 背
zai		(401)1 动,*vt* 节制,使定时定量,使适度
	(338)1 对联,画轴	
zail		(402)3 量 *mw* 次,下
zailzai	(338)重叠	(402)动,*vt*❶放,置(重叠表示动作的持续)❷(事情或工作)堆积
zal	(339)2 拉,找	
	(339)3 浪费	
		(402)1 动,*vt* 戴(例:眼镜)
		(402)3 动,*vt* 耙,搂
		(402)4 动,*vt* 做(窝),筑(巢)
		(402)5 动,*vt* 挥霍

续表

词语	《词汇》	《词典》
zeel	(340)2 传染	
	(340)3 米酒	(404)4 名,*n* 江米酒,醪糟,甜白酒
		(404)5 动,*vt* 钉(纽扣)
		(404)7 助,*ptcl*(间接引语式)
	(340)6 据说	
	(340)7 取	
	(340)8 水鸟	(404)6 名,*n* 凫翁,黑水鸡,董鸡
zeelzee	(341)3 修理,组装	
		(405)形,*adj*(鼻)塞
zeeser	(341)漆木	(406)名,*n*<derl>紫苏
zeezee	(341)1 迎接	
		(406)动,*vt*❶扎,捆(重叠表示动作的反复)❷扎(头发)
zeezeeq	(341)计算	(406)动,*vt*❶计算(数目、账目等)❷理睬❸算计,计较,盘算
zei	(341)忌讳	(407)1❶名,*n*<zei>针剂,注射剂❷量,*cls* 针(用于针剂)
zeil	(342)2 遍,尽	
	(342)5 喝	
	(342)6 喂	
		(407)4 助,*ptcl*(间接引语式)
zeiq	(342)2 洗	
zhe	(346)1 福分	(408)2 动,*vt* 扶
	(346)2 伤	
		(408)1 量,*mw* 周,个(星期)

续表

词语	《词汇》	《词典》
zhee	(346)3 诬陷	
	(346)4 磨人	
	(346)5 只	(408)2 动,*vt* 指
	(346)6 次	
zheel	(347)1 痣	
	(347)2 点	(409)1 动,*vt* ❶照(例:电筒)❷开(例:灯)
	(347)3 筛	
	(347)4 折磨	(409)2 动,*vt* ❶制伏❷惩治❸折磨
zheelsheeq	(347)黄土	(409)名,*n*<mei>马蜂,胡蜂,黄蜂
zheeq	(347)3 真	
zhelshu	(348)打扮	(410)动,*vi* 梳洗打扮,装饰
zhelzhe	(348)1 胡乱	
	(348)2 估量,试	(410)动,*vt* ❶摸,(黑暗中)摸索❷试探(深浅、冷热等),掂量(物体轻重)
zheq	(348)2 鹌鹑	
	(348)3 索取	
zher	(348)2 栗树	
	(348)3 猴子	
zherl	(349)2 时段	
zherqzher	(350)1 乱戳	(411)动,*vt*(用棍子等随意)搅动,捅
	(350)2 挑拨	
zhua	(350)床,灶席	(412)❶名,*n*<zhuq>床❷量,*cls* 张(用于床)
zhuaf	(350)便宜,幸运	(412)名,*n* 桌子,桌

续表

词语	《词汇》	《词典》
zhual	(350)1 厢房,闺房	(412)1❶名,*n*<gai>厢房(堂屋两侧的房间)❷量,*cls* 间(用于厢房)
zhul	(351)2 跟	(413)4 动,*vt* 扎根
	(351)3 接	
	(351)4 敬	
	(351)5 册,卷	
	(351)6 经历过	
	(351)7 季	
	(351)8 地区	
	(352)9 水草,水藻	
		(412)1 动,*vt*❶效法,按照……做❷重复,模仿
		(413)2 动,*vt* 连接,接续
zhuq	(352)2 租	
	(352)3 缝制	
zi	(343) 姐姐	(414)名,*n* 一般用在领属结构中
zif	(343) 虫子(儿语)	(415)❶量,*mw* 节(例:课程)❷量,*cls* 节(著作或文章的组成部分)
zil		(415)3 动,*vt* 报答
ziul	(344)1 罪	
zo	(345)1 灶神	
	(345)2 的	
		(416)1 尾,*suf* 用来做……的东西(动词后缀)
	(345)4 件,桩	
		(416)4 动,*vt* 推,搡

续表

词语	《词汇》	《词典》
zol	(345)1 耙	
	(345)2 陷落	
zoq	(345)1 干	
	(345)2 壁虎	
		(416)1 助动,*anxv*(肯定的语气)会
		(416)2 动,*vt* 对着
zza	(352)3 长出	
zzai	(353)2 去	
zzaiq		(417)6 名,*n*❶树,灌木
	(353)2 成功	
	(353)4 杂色,花的	(417)5 形,*adj* 花(颜色杂)
	(353)5 犬齿	(417)4 名,*n*<liu>獠牙,长牙
	(353)6 麻雀	
		(417)1 助动,*auxv* 成
zzaiqzzai	(354)2 扁	
zzee	(354)1 闯祸	
	(354)2 豆腐	
	(355)3 增加	
	(355)5 吃	(418)1 动,*vt*❶吃❷取,拿,得
	(355)6 伙伴,对象	(418)2 名,*n*<gvl>朋友,伙伴
	(355)8 替	(419)3 助,*ptcl* 为,替
	(355)9 由	
	(355)10 渗透	

续表

词语	《词汇》	《词典》
zzeeq	(356)2 有(表示存在)	
	(356)3 价格	
	(356)5 坏	
	(357)7 坐	(419)1❶动,*vi* 坐❷动,*vt* 乘(车)❸动,*vi* 住❹动,*vt* 做(客)❺动,*vi* 坐落于,位于❻动,*vi* 有(……的地方)❼助动,*auxv*(记得)牢
	(357)8 梗	
		(420)2 动,*vt* 长(例:胡子、头发等)
		(420)4 动,*vt* 戴(例:耳环、手表、手镯、眼镜等)
zzeeteeq	(357)营养	(421)名,*n* 饮食,吃喝儿
zzeezzee	(357)1 结交	(421)动,*vt*❶相处❷谈恋爱,处(对象)
	(357)2 渗透	
zzei'ee	(358)侄子	(421)名,*n*<gvl>侄子,外甥
zzeimal	(358)麦麸	(422)名,*n* 细糠
zzeiq	(359)2 劝解	
	(359)3 解	
	(359)5 合适	(422)3 形,*adj* 严丝合缝,恰到好处
	(359)6 辞	
		(422)1 动,*vt* 平整(地,用锄头、钉耙等)
zzerbee	(359)子	(423)<bee>名,*n*(民歌的)曲调
zzerco	(359)歌舞	(423)动,*vi* 打跳(一种少数民族传统的集体歌舞)
zzerl	(359)1 跳	
	(359)2 抽,猛拉	
		(423)动,*vt* 眨(眼)

续表

词语	《词汇》	《词典》
zzerlzzer	(360)1 急躁	
	(360)2 抽动,跳	(424)2 动,*vi* ❶挣(用力使自己摆脱束缚)❷痉挛
		(423)1 动,*vt* ❶眨(眼睛——重叠表示动作的持续)❷使眼色
zziu	(361)1 山冈,坡	
	(361)2 逃跑	
	(361)3 掉,落,溅	
		(425)动,*vt* 迸射,弹射
zziuq	(361)2 滤	

第三节　本章小结

　　词是语言要素中发展最快的,不同时期的词汇数量和词音、词义和词形可能会发生改变,所以词典的编纂应对收词范围进行限定,并且对词在不同时期的形、音、义尽可能地予以说明,但在实际编纂中,由于缺乏充足的文献佐证,说明词语的历时变化难以实现,所以应尽可能地对现代使用的词语进行收录,对词的说明应该尽量详尽,但是比较两本词典可知,收录词语的范围和释义都需要进一步完善。

　　对于多义词,义项应该按照基本义、引申义、假借义的顺序进行排列,但是两本词典中并没有对词义类型进行说明,也没有对排列顺序进行说明。这主要和词源以及词义发展过程的判定困难有关。

　　两本词典的编纂也有一些不足之处,比如,《词典》的正文部分常有互见方式,例如词条 chee 中注明和 tee 相同,但是两个条目中都没有对意义进行说明,并且互见条目中没有注明页码,致使查找起来比较困难。两本词典的索引中都没有注明页码,降低了查检效率。

词典中一些词的释义还需要确定,比如 zzeezzee,《词汇》(357 页)的释义为"结伴",《词典》(421 页)的释义为"❶相处❷谈恋爱,处(对象),相好",《谱》(461 页)的释义为"结伴",《词汇》和《谱》的释义是相同的,《词典》的释义和其他两本不同,说明这个词的释义还需要进一步确定。

第六章

字词典编纂的探索

字词典是人们知识获取的重要渠道,是科学研究的重要参照。字词典收录的内容是否系统、全面,字词典的编纂方法是否科学、合理,直接影响到字词典的使用效率。在这些方面,目前已经出版的字词典均已取得了很多突破,但是仍然存在一些不足,比如编纂规则的不统一,释义内容的前后差异等。为了让使用者能够方便快捷地使用东巴文字词典,正确地把握纳西族的文化语言,需要对现有的东巴文字词典的编纂规则和编辑内容进行研究。

第一节　编纂统一性研究

在几本字词典中,《谱》的收录范围较为全面,释义内容也较为详尽,基本能够体现纳西东巴文的核心面貌,所以下文将以《谱》为对象探索东巴文字词典编纂的统一性问题。

一、条目设立方面

《谱》的"纳西象形文字简谱"部分按照意义类属归纳条目,但是有些条目的处理尚待商议,具体情况如下:

1.应该处理为不同的条目

不同的词应该分立为不同的条目,但是《谱》将有些不同的词归入了一个条目,这些词应该分立。

(1)形体不同、读音不同、意义是上下语义场关系

符合这种关系的词语,《谱》一般将它们立为不同的条目,但有些词语却被收到一个条目中,条目收录的原则不统一。

比如条目 23 和条目 24。条目 23 ☰☰☰,读音为[hər^{33}],释义为"风"。条目 24,义项一的形体为 🌀,读音为[hər^{33}to^{33}lo^{21}],意义为"旋风"。条目 23 和条目 24 的形体不同,但两者之间有联系,条目 24 🌀 是条目 23 ☰☰☰ 的形体的变形。条目 23 和条目 24 的读音不同,意义是上下位语义场的关系,《谱》将它们设立为不同的条目。但是《谱》的这条原则并没有全面贯彻。比如条目 24,除了上文提到的义项一外,还收录了义项二。义项二的形体为 ☰●☰,读音为[hər^{33}na^{21}],意义为大旋风。义项一和义项二的形体不同,读音不同,意义上是上下位关系,应该设为不同的条目,《谱》将它们归入了一个条目。

再如条目 79 和条目 80。条目 79 ⚞⚟,读音为[dər^{21}]、[lɯ^{33}],意义是"田";条目 80 ⚞⚟,读音为[dər^{21}]、[lɯ^{33}ka^{33}],意义是"良田"。两者读音不同、形体不同、意义是上下语义场关系,被立为了不同的条目。但是条目 79 中还有另外一个词 ⚞⚟,读音是[dər^{33} lɯ^{33} kʰɯ^{21}lɯ^{33}],释义为"轮歇的(荒地)",它和义项一的读音、形体、意义都不同。两个词应该列为不同的条目,《谱》却将它们立于一个条目中。

此外,条目 27,义项一的形体为 ✧,读音为[bu^{33}],意义为"光";义项二的形体为 ⚶,读音为[mi^{33} bu^{33}],意义为"火光"。两个词是上下位关系,当立为不同的义项。

(2)形体不同、读音不同、同属于同一语义场

几个词属于同一语义场,《谱》一般将它们分别设立为条目。比如条目

359 🐃，释义为水牛，读音为[tɕi⁵⁵]、[dʐi²¹ɣɯ³³]；条目 360 🐃，释义为"牦牛"，读音为[bər²¹]；条目 361 🐃，释义为"犏牛"，读音为[dʐŋ²¹]，这三个词都属于"牛"这一语义场，但音形义皆不同，《谱》将它们分列为不同条目。

但是，《谱》中有些词语的处理不是这样的。比如条目 176，义项一的形体是 🌿，读音为[dzər²¹kʰɯ³³]，意义是"树根"；义项二的形体是 🌿，读音为[mɯ⁵⁵kʰɯ³³]，意义是"竹根"。树根和竹根同属于"根"这一语义场，是不同的词，应该分列为不同的条目。

（3）形体相关、读音不同、意义不同

符合这种条件的词，《谱》将它们分列为不同的条目。比如条目 191 🌲，意义为松，读音为[tʰo³³]；条目 192 🌲，意义为"松子"，读音为[se²¹tʰo²¹]；条目 193 🌲，意义为"松脂"，读音为[tʰo³³dzer²¹]，三者形体相关，都有 🌲 这个形体，但是读音不同，意义也不同，《谱》将它们分列为不同的条目。

但是，《谱》有时对类似的词语采取了不同的处理方式。比如：条目 42，义项一的读音是[dɑ²¹]，形体是 🌿，意义是"月色"；义项二的读音是[dɑ²¹pʰu⁵⁵]，形体是 🌿，意义是"背阴之处"。义项一和义项二的形体都有 🌿，但是读音、意义都不同。因此，不应归入一个词条下，应该分立词条。

《谱》中应该分别立目的还有：

条目 524，义项一的形体是 🌿，读音为[be²¹dæ³³]、[be²¹zo³³]，意义为"勇士"；义项二的形体为 ♯，读音为[be²¹]，意义为"铁冠"。

条目 122，义项一的形体为 〰，读音为[dzi²¹]，意义为"冰"；义项二的形体为 〰、〰，读音为[dzŋ²¹kʰo²¹y²¹]，意义为"结冰柱"。

条目 197，义项一的形体为 🌲，读音为[lɯ³³]，意义为"杉"；义项二的形体为 🌲，读音为[lɯ³³nɑ²¹bi³³]，意义为"大杉林"。

条目573,义项一的形体为 ▱◁╾ ,读音为[ʂʅ³³],意义为"死";义项二的形体为 ▱◁ ,读音为[ʂʅ³³mu²¹],意义为"尸体"。

条目707,义项一的形体为 ✐ ,读音为[tʰɯ⁵⁵],意义为"腰";义项二的形体为 ✐ ,读音为[tʰɯ⁵⁵gv²¹],意义为"弯腰"。

条目714,义项一的形体为 ∽ ,读音为[ŋ̩i⁵⁵],[ŋ̩i⁵⁵ mər²¹],意义为"鼻";义项二的形体为 ∽ ,读音为[ŋ̩i⁵⁵ mər²¹kʰo³³],意义为"鼻孔";义项三的形体为 ♨ ,读音为[ŋ̩i⁵⁵],意义为"鼻涕"。

2.应该处理为互见形式的条目

互见形式应该主要应用于异体字的处理。比如条目5的附录中列有北方七座的星名,字体都为象形字。条目6的附录中也列出了北方七座的星名,字体都属于形声字,且都以字形 ♦○ 为形符。这种分立条目的处理方式有一定的合理性,可以系统地说明某类东巴文的字体构造,但不利于系统地把握异体字。为了扬长避短,可以将这些异体字处理为互见的形式。《谱》中应该处理为互见形式的条目如下:

条目224 ⚘ ,释义为"野杜鹃",读音为[mu²¹]、[mu²¹kə⁵⁵]。条目269的附录条目中收录了 ⚘ ,没有标明读音,解释为"野杜鹃",并说明"从 ▦ ([mu²¹]簸箕)声",即 ⚘ 为形符, ▦ 为声符。 ⚘ 和 ▦ 意义相同,读音相同或相近,形体不同,属于异体字,在《谱》中的位置距离较远,应该处理为互见的形式。

条目647 ✗ 和条目763 ✗ ,读音都为[dzər³³],意义都为"唱",两者为异体字, ✗ 为会意字, ✗ 为形声字。条目647中列出了异体字 ✗ ,而条目763中没有列出异体字 ✗ ,两个条目没有形成完整的互见,应该在条目763中列出异体字。

条目855 ⚊⊥ ,读音为[tsʰər],意义为"切",此条目中列出两个异体字

中和 ⚟ 。《谱》将这两个异体字分别立为条目 1084 ⚟ 和条目 1085 中，但是这两个条目中都没有列出异体字。条目 1084 中 和条目 1085 ⚟ 位置相邻，比较容易发现它们是异体字，但是它们和条目 855 ⚟ 的距离较远，如果不处理为互见的形式，不容易发现它们的异体字关系，因此这三个条目都应该分别列出各自的异体字。

3.应该归并为一个条目的

东巴文的异体字分为部分异体字和完全异体字。《谱》一般将部分异体字分立条目，将完全异体字归入一个条目。比如条目 77 ⚟ 和条目 79 ⚟ ，它们有相同的读音[lɯ³³]，释义分别是"地"和"田"，《谱》进一步解释"地"为"地方载物"，"田"为"地上生长植物"，也就是说"地"是"田"的上位义，泛指所有土地，而田为下位义，专指生长有植物的地。"地"和"田"有共同的意义——"生长植物的地"，在表示这个意义的时候，两者是异体字，在其他意义上两者不构成异体字关系，因此，地和田是部分异体字，《谱》将它们分立为不同的条目。再如条目 1 中收录了 ⚟ 、⚟ 、⚟ 、⚟ ，它们是完全异体字，所以归到一个条目中；条目 57，既收录了象形字 ⚟ ，也收录了形声字 ⚟ 、⚟ 和 ⚟ 是完全异体字，归到一个条目中。

但是，《谱》中有些完全异体字没有归入一个条目。比如，条目 446 ⚟ 、⚟ 、⚟ 和条目 447 ⚟ ，读音都为[çi³³]，意义都为人，条目 446 都为象形字，分别为人的正视和侧视之形；条目 447 ⚟ 为形声字，从人 ⚟ （[çi³³]稻)声，和条目 446 中的字是完全异体字的关系。再比如，条目 975 ⚟ 和条目 976 ⚟ ，读音都为[tsʰo³³]，释义都为楼，条目 975 ⚟ ，《谱》分析为"屋有层板"，是会意字，条目 976 ⚟ ，《谱》分析为"从屋 ⚟ （[tsʰo³³]跳)声"，是形声字，条目 975 和条目 976 中的字也是完全异体字。以上完全异体字都归入了不同的条目,为了条目设立的统一性,它们应该归到一个条目中。

二、条目归类方面

《谱》按义类给条目归部,如将表示人称的词归入"人称之属";每一类中凡是和本类事物相关的词语也归到这一类中,比如"劈"因为和"雷"有关,所以归入"天象之属";此外,《谱》常常在一个条目下设立附录条目,这些附录条目或与主条目有关,或与主条目所属的类属中的某个条目有关。然而,《谱》中有些条目的归类没有遵循以上规则,违反了归类的统一性,需要重新归类。

条目1192 🔶,读音为[iə^{55}],解释为"给、归",归入第十五类"形状之属"。这个字与形状的关系不大,归入此类不妥,需要重新归类。研究发现,条目1192 🔶和条目925 🔶是完全异体字,两者音义皆同,形体不同,都是形声字,声符相同,形符不同,分别是 🔶 和 ▭。条目1192 🔶归入第十一类"饮食之属",因而925 🔶也可归入"饮食之属",不用单独设立条目,只需归并到条目1192 🔶中即可。

条目1193 ▱,读音为[tɕi^{33}],释义为"置",字形为"从物置于地"。《谱》将其归入第十五类"形状之属"。形状之属收录的多是与形状有关的词,如表示形体、颜色等的词。条目1193 ▱的意义和字形都与形状无关,归入此类不合理,需要重新归部。根据《谱》的归类原则,可以将条目1193 ▱归入与它意义相关的类别中,因为它与 ▱▱ 有关,所以可以将其归入 ▱▱ 所属的"地理之属"。

条目782下面列有附录条目,并说明纳入附录条目的条件是"按:凡意识之字,一般从心,加声符字"。但是附录中的 🔶魂魄、🔶招魂和🔶心没有关系,也不是由🔶加声符字得来,因而列在附录中比较牵强,需要另外归部。《谱》第十七类"宗教之属"中收录了1267"魂魄"和1268"招魂"两个条目,和 728 附录中的两个条目魂魄、招魂分别是异体字的关系,所以把 728 附录中的表示"魂魄"和"招魂"两个条目分别归到条目 1267 和条目 1268 中比较好。

三、条目内容方面

这一部分主要从字形的收录、释义用语的选择、注释内容的统一性等方面对《谱》的条目内容的统一性进行分析。

1.字形收录方面

有些字在单独使用时,其形体与它作为构字部件时的形体是不同的,《谱》中只列出单独使用时的字形,没有列出作为构字部件时的形体。其实完全可以参照汉语字词典的编纂体例,在单独使用的字形下注明作为构字部件时的字形,方便辨识,比如:

条目 270 ,解释为"鸟总名",收录的异体字有和,但是作为构字部件,鸟的形体写为或,比如条目 272 (棲)和条目 278 (捕、抓),但是条目 270 中并没有收录这两个字形,为了有效识别,应将构字部件的形体或在"鸟总名"的条目下予以说明并列出。

再如,在作为构字部件时常常写作,比如在(日光所至)、(晒)、(日没)等字中的写法,该写法在条目中可以予以说明。

2.释义用语方面

字和其作为字素释义时用语要统一。

总的来说,《谱》中的字,与该字作为字素释义时的用语是比较统一的。比如条目 170 树,读音为[dzər^{21}];条目 174 树干,读音为[dzər^{21} o^{33}];175 树枝,读音为[dzər^{21}kə^{55} dər^{33}la^{21}];176 树根,读音为[dzər^{21}k^{h}ɯ^{33}]。

字形上 174 ﷼、175 ﷼、176 ﷼ 的形体都由 ﷼ 和其他符号组合而成;读音上四者的读音都包含[dzər²¹];释义方面,它们都有义素"树"。

但是,在《谱》中,有些字和该字作为字素释义时的用语不统一,具体情况如下:

①用语不同,但科学有据

条目 647 ﷼,读音为[dzər³³],释义为"唱",以它为字素组成的字中,释义或解释为"唱"或解释为"歌"。条目 649 ﷼,读音为[kʰuə⁵⁵dzər³³]、[kʰuə⁵⁵ʂə⁵⁵],释为"歌咏";条目 650 ﷼,释为"唱山歌",读音为[gu²¹tɕʰi⁵⁵]、[gu²¹dzər³³];条目 651 ﷼,读音为[ho²¹dzər³³],释义为"踏歌"。条目 649、650、651 的形体都是由 ﷼ 和其他符号组合而成,读音中都包含[dzər³³]。﷼ 作为义素,在条目 650 中释义为"唱",在条目 649 和条目 651 中释义为"歌"。虽然 ﷼ 在条目 649 和条目 651 中的释义发生了改变,但是因为"歌咏""踏歌"在现代汉语中已经成为固定词语,有固定的意义,因而释义用语的改变是科学合理的。

②用语不同,可稍加修改

有些字单独使用和它作为字素释义时的用语为同义词。

比如条目 728 ﷼,释义为"足",在由 ﷼ 构成的字符中,﷼ 释义为"足"或"脚"。释义为"足"的:条目 779 ﷼ 压,字形分析为"从足镇物";条目 780 ﷼ 去,字形为"从足从路"。释义为"脚"的:条目 598 ﷼,释义为"脚镣";条目 671 ﷼,释义为"跛脚";条目 37 ﷼ 的字形分析是"从日光从 ﷼(脚)";条目 43 ﷼ 的字形分析为"从月光从脚﷼";条目 99 ﷼ 的字形分析是"从山 ﷼([kʰɯ³³]脚)声"。"足"和"脚"的关系是什么?

"足",《说文解字》"人之足也,在下"①,和现代汉语的"脚"意义相同。脚,《说文解字》"胫也"②,即小腿。由此可见,古代汉语中"足"和"脚"意义不同。现代汉语中脚指"人和动物的腿的下端,接触地面支撑身体的部分"③。因此,在现代汉语中,足和脚的意义基本相同,只不过在某些词语中不能换用,如"足不出户""脚踏实地""脚镣"等。为了释义的统一性,条目 728 ⿰ 的释义应该增加"脚",即解释为"足,脚"。

条目 42 ⿱, 解释为"月色"。条目 43 ⿱, 解释为"月光所至",在此字符中 ⿱ 解释为"月光"。"月色"即"月光"④。但是日常用语中,月光的用法更通俗,所以条目 42 解释为"月光"更好。

③用语不同,情况复杂

有些条目具有多个义项,每一个义项的形义都可参与造字,从而形成不同的构字系列。在这种情况下,每一个义项的用语和作为义素的用语应该相同,以避免因为字形相同而造成义项之间的混淆。

比如条目 450 ⿱ 有三个义项,分别是:子,男,丈夫。其中"子"和"男"分别参与造字。

义项"子"做义符的:

条目 461 ⿰, 父子也,从父子合文。

条目 463 ⿱, 孙男也,从子……

条目 465 ⿱, 曾孙男也,从子……

条目 467 ⿱ 兄也,从子……

---

① 许慎:《说文解字》,北京:中华书局,1963 年,第 45 页。
② 许慎:《说文解字》,北京:中华书局,1963 年,第 88 页。
③ 中国社会科学院语言研究所词典编辑室:《现代汉语词典》,北京:商务印书馆,2005 年,第 686 页。
④ 中国社会科学院语言研究所词典编辑室:《现代汉语词典》,北京:商务印书馆,2005 年,第 1687 页。

条目 468 弟也,从子……

条目 475 ,侄(姪)男也,又甥也,从子……

条目 479 ,婿也,从子……

由条目 461 和条目 479 得出"子"表示"儿子";由条目 463、465、475 得出"子"表示"有血缘关系的后辈";由条目 467、468 得出"子"表示"有血缘关系的同辈",所以这里的"子"应指"有血缘关系的男性,多指晚辈"。

义项"男"做义符的:

条目 452 ,叟也,祖父也,字从男……

条目 498 ,男奴也,奴隶也,从男……

由条目 452、498 可知"男"的意义指"男性"。如果有血缘关系,多指长辈。

条目 450 中的丈夫指"男性配偶",没有参与造字。

因此,条目 450 的意义是"有血缘关系的男性,多指晚辈;男性,男性长辈;男性配偶"。

和条目 450 相对应的是条目 451 ,它的释义为:"女也,妇也,妻也。"条目 451 的三个义项应该分别和条目 450 的三个义项相对应,如下表中所释。

字符	意义一	意义二	意义三
	有血缘关系的男性,多指晚辈	男性,男性长辈	男性配偶
	有血缘关系的女性,多指晚辈	女性,女性长辈	女性配偶

但是考察与 形义有关的条目,发现这些条目的形体分析都只用了"从女……"这样的表述,具体如下:

条目 462 ⿰母女，母女也，从母女合文。

条目 464 ⿰女，孙女也，从女……

条目 466 ⿰女，曾孙女也，从女……

条目 470 ⿰女，姐也，从女……

条目 471 ⿰女，妹也，从女……

条目 476 ⿰女，侄女也，又甥女也，从女……

条目 480 ⿰女，媳也，从女……

条目 453 ⿰女，妪也，祖母也，字从女……

条目 460 ⿰女，母也，从女……

条目 474 "⿰女"，姑母也，从女……

条目 499 ⿰女，女奴也，从女……

条目 500 ⿰女，背水之女家奴也，字从女……

其中条目 462、464、466、470、471、476、480 的字形分析用"从女……"是正确的,因为这些条目与义项"女"存在形义关系。条目 453、460、474、499、500 的字形分析用"从女……"不妥,因为它们是和义项"妇"有形义方面的关系,所以条目 453、460、474、499、500 的字形分析表述用语应该修改为"从妇……"。

3.注释内容方面

《谱》的"纳西象形文字简谱"部分分析了东巴文的注音、释义、字形,"纳西标音文字简谱"部分列出了标音文字对应的读音、记录的词语。两部分中都收录了东巴文的音和义,但是有时相同的词语在前后两部分中的读音和意义并不相同。例如:"纳西象形文字简谱"中的条目 89 的注音为 $z̩ə^{33}$

$y^{21}dy^{21}\m$r^{55}$,释义为"草满大地"。"纳西标音文字简谱"中"草满大地"(451页)的注音为$z_{\partial}^{21}y^{21}dy^{21}\m$r^{55}$。前者第一个音节是中平调,后者第一个音节是中降调,前后两部分的注音不完全相同。"纳西象形文字简谱"中条目224的注音为mu^{21},释义为"野杜鹃","纳西标音文字简谱"中注音mu^{21}(385页)对应的释义为"杜鹃树",释义不同。注释内容不统一,不利于对正确信息的获取,需要对不统一的原因进行分析,因为疏忽造成的不统一应该改正,符合语言规律的应予以说明。

四、编纂统一性的作用

首先,字词典编纂的统一性是字词典编纂规范化的一部分。目前,《辞书编纂的一般原则与方法》已经出台,该原则与方法为辞书编纂的规范化指明了方向。编纂者要对编纂体例、编纂用语、释义内容等方面进行设计和选择,反复地论证和推敲并在具体操作中不断修正,才能够保证编纂的统一性,提高字词典编纂的规范化。

其次,编纂的统一性可以帮助使用者系统地了解纳西语,发现纳西语的发展规律。《谱》将一千多个条目按类排列,方便我们了解词性、区别义素、把握词义发展脉络。比如"居住之属"中收录了与"房"有关的词语,使用者可以系统地了解房屋的结构、种类及其衍生系列。

再次,编纂的系统性有利于考察释义的准确性。比如条目201 🌰,解释为"板栗也,实有刺"。单独看释义,不知道"板栗"指的是果实还是树木,但是因为《谱》是按类编纂的,条目201 🌰归入的是"植物之属",与201 🌰相邻的条目大多解释为"……树",因此,🌰指的是"板栗树"。同理,条目202 🌸指的是"黄栗树",条目204 🌿指的是"核桃树"。所以在编纂字词典时,词语的释义要保持前后统一,如果不统一会造成释义的偏差。

此外,编纂的系统性可以帮助人们了解纳西族的社会文化。比如条目

488 、489 、490 、491 的义符都是 ,这说明纳西族早期社会是母系社会,社会关系的划分都是以母族为依据,体现出当时女性的崇高地位。

综上所述,字词典在编纂过程中保持统一性非常重要。编纂的统一性贯穿在辞书的各个方面,包括体例设置、内容设定、字形分析、释义等。因此,编写者在编纂字词典时一定要全方位考虑,尽可能地保证编纂的统一性,提高字词典的科学性、系统性。

第二节 字词典的编纂规则研究

字词典在编纂时需要对收录范围、条目内容、排序方式等方面进行设定,东巴文字词典的编纂也不例外。

一、确定收录范围

首先,要确定编纂的字词典的类别,根据编纂的类别选择收录的对象。这部分工作是首要的,在实施过程中也是充满挑战的。比如要编象形文字典,就要确定东巴文,由于"东巴文是语段文字和象形文字混合型的文字,文字经常作图画式排列,要切分成单字比较困难"①,所以东巴文的确定是任重而道远的。编纂词典,要确定词和短语的差异,要尽量保证词语收集内容的全面。

其次,要确定收录的范围。字词典的语料来源,可以是口语材料也可以是书面语材料。对于口语材料而言,纳西语存在方言土语的差异,对于书面语材料而言,不同时期的语料存在着发展变化,对于文字而言,文字也存在着历时变化、地域差异以及个人书写风格差别,所以在选择收录范围时,要

---

① 喻遂生:《纳西东巴文研究丛稿》,成都:巴蜀书社,2003 年,第 24 页。

确定语料的来源并予以注明。

再次,语料的收录要尽可能全面。常见字词要收录其中。比如《谱》的"纳西象形文字简谱"部分收录的条目为 1340 个,收录的范围较广,比较全面系统地介绍了纳西东巴文,但是一些与生活关系密切、经常使用的字却没有收录,比如记录"难""滑""瘦"等词语的东巴文《谱》没有收录,但在《么象》中却收录了这些字。

此外,语料的收录要尽可能系统。如果一个字作为构字部件经常出现在其他东巴文中,而该字在字典中却没有收录,这显然是不妥当的,不利于使用者对东巴文的系统把握。比如 这个字素是鸟 的变体,在很多东巴文中都有它的身影,比如 (鸠)、 (鸽)等,但是这个变体字素没有作为字形收录到《谱》中。

《谱》的条目 270 (鸟总名)中收录了另外"鸟"的其他字形 ,虽然这个符号与 很相近,只是方向发生了改变,但是作为字素构字时,用的是 而不是 。因而, 在"鸟总名"的字体中应该列出。

二、检索方式的设定

选定的收录内容需要设定检索方式,一是方便收录内容的排序,二是方便检索。现有字词典的检索方式都有不足之处,所以在设定检索方式时可以选用多种检索方式,比如《么些标音文字字典》中就采用了音序法和笔画法两种检索方式。东巴文字典可以采用义类法和部首笔画法两种检索方式,纳西语词典可以采用音序法和部首笔画法两种检索方式。

三、条目内容的设定

字词典条目中包括的内容主要有条头、注音、释义、文献佐证。

1.条头的设定

东巴文中有的字只有一个字形,这个字形就设定为条头;有些字的字形还没有固定,异体较多,将哪个字形作为条头就需要衡量。通过对字词典中有异体字的条头进行分析,可以得出以下规律:

(1)参与造字的字形做条头

异体字中有些字作为构字部件参与造字,比如 $dz_{z}y^{21}$(山)的字形有△、△、△、△,其中△参与造字,如△、△、△,所以选择△做条头。

(2)使用频率高的字形做条头

比如◎——的使用频率高于其他异体字,比如《纳西东巴古籍译注全集》中多用◎——,试看例子□(1-1-3-4)以及□(1-94-1-4)中都用到了◎——,所以在几个异体字中用◎——做条头。

(3)能够反映造字理据的字形做条头

比如◁(瀑布),这个字是会意字,表达了瀑布形成的原因,表明水从岩上流下,而其他字形▥虽然也表达了瀑布是高处流下的水,但是不能体现造字理据,所以选择◁作为条头。

(4)使用时间长的字作为条头

比如◝和◞,◝在任何时期都在使用,◞只在一段时间内使用,◞的使用时间短,现在的文献中◞几乎不使用了,所以选择◝做条头。

2.注音要说明时间、地域

(1)读音存在古今差异,要注明

有些字的读音,古音和今音不同,在注音时要予以说明。比如⊕,古音读作 bi^{33},今音读作 $ni^{33}me^{33}$。注音时对于古今读音发生变化的词,应该分别列出古今音,并且进行说明。

（2）方言土语的读音存在差异,要予以说明

字词典的材料来源不同,调查人不同,词语的读音存在地域差异,所以在编纂字词典时要对材料来源进行说明,注音时尽可能地说明方言土语的差异以方便查检者对照使用。

3.释义及相关问题的研究

（1）释义方式的选择

现有的字词典的释义方式既有描写式,比如《么象》解释为"冬三月",也有下定义的方式,比如《谱》解释为"冬季"。描写式能够反映字形构造,但在意义的明确表述方面稍有欠缺,所以在字词典的释义方式的选择上,要从表意明确的目标出发,选择合适的释义方式。

（2）释义内容的限定

每个条目的内容不完全相同,以《谱》为例,该书设立了 1340 个条目,有些条目下列有附录条目,附录条目有 278 个,条目共计 1618 个。条目中没有收录义项的有 33 个,收录单个义项的有 1450 个,收录多个义项的有 168 个,这些条目的情况如下:

①没有收录义项的条目

没有收录义项的条目主要集中在条目 5 和条目 6 的附录条目中。

条目 5 ,释义为"星名也,或曰凶星、彗星",附录二十八座星名条目。条目中只有两个条目列出了意义,分别是",直译墨池"、",直译红眼"。其余 26 个条目只列出了形体和读音,没有释义。没有列义项的原因是人们无法将它们与天上的星座对应,"此二十八星名,据东巴和士贵说,画星座之形状,在择辰书中记载如此,但他不能分辨在天空之星座。"①

———————

① 方国瑜编撰、和志武参订:《纳西象形文字谱》,昆明:云南人民出版社,2005 年,第 95 页。

条目 6 ,释义为"星名"。后面的 7 个附加条目没有列出义项,这 7 个附加条目是北方 7 座的另外的写法,没有列出义项的原因同样是因为人们不能将它们与天上的星座对应。

②收录单个义项的条目

《谱》中收录的单个义项的条目,在全部条目中所占的比重超过了 90%,这些词主要包括专有名词和基本词汇。单个义项数量居多的原因可能是因为大部分核心词汇只有单个义项,也可能是因为编纂者只收录了基本义。所以在义项的设定时还需要通过田野调查、文献佐证等予以确定。

③多个义项的情况

有些条目下有多个义项,它们之间的关系复杂,有的是同义关系,有的是上下位关系,有的是本义和引申义的关系,有的是本义和假借义的关系,但是因为缺乏语料来源,无法确定义项的数量,也无法对义项的关系进行全面、系统性的判定。所以,字词典在设立义项时,应该增加语料说明。此外,字词典在设立义项时,也要合理安排义项的排列顺序,并注意原则的统一。

(3)释义用语的选择

字词典中用到了多种术语,有些术语的使用还须规范。比如《谱》的释义用语中的"某,某也",这种释义方式是用单音节词解释被释词。单音节词是古代汉语词汇的主体,但是随着社会的发展、新事物的产生,有些单音节词会出现表意不清的情况,为达到准确交流的目的,双音节词逐渐出现并在后来占据优势地位。因此《谱》用单音节文言词释义,如果这个单音节词古今词义没有发生改变,这个释义就是精简准确的;但是如果这个单义词古今词义发生改变,就会出现有些字的释义不明晰的情况。

再如"又作"。"又作"在辞书中一般表示字的异体,但是《谱》中的"又作"不仅指异体也指不同的意义,"又作"指向的内容比较复杂,需要使用者作出判定。

释义用语中存在文白杂糅的情况。比如《谱》的条目450 ⚹ 解释为："子也,男也,丈夫也",其中的"子"为文言,"男"和"丈夫"为白话。同样《谱》的条目451 ⚹ 的释义中的"女"为文言,"妇"和"妻"为白话。文白杂糅造成释义不准确,释义用语的语体色彩应该统一,要能够准确表达意义范畴。

(4)释义应该准确

现有的东巴文字词典中,有些条目的释义不是十分准确,需要进一步分析。

例一:《谱》的条目224 ⚘,释义为"野杜鹃",并进一步解释说"叶大花白"。"野杜鹃"既可以指花也可以指树。条目注明"又一种称[mɯ³³ ky̠³³ mɯ³³ hy²¹ ba²¹],即映山红也","又一种称[ʂua³³ba²¹],即璧樱花也"。从释义分析 ⚘ 指的是花而不是树。但是 ⚘ 的上下条目都收录的是树,⚘ 应该也不例外,并且"纳西标音文字简谱"中[mu²¹]对应的意义是"杜鹃树"。其他字词典如《么象》中与该字符对应的条目的释义也是"杜鹃树"。所以,《谱》中 ⚘ 指的是"野杜鹃树",释义出现偏差。

例二:《谱》的条目197 🌴 释义为"杉",《么象》的条目981 🌿 释义为"冷杉"。其实,两者读音和形体都相近,指称的对象应为一个事物。"杉"的种类较多,从符号的形体考察,更多地指向"冷杉",因而《么象》的释义更加明确。

(5)释义应注意条目之间的关系

《谱》中有很多条目,相互之间是反义词的关系,为了充分体现编纂的系统性、一致性、稳定性,也为了便于使用者理解和掌握,这些具有翻译条目的释义用语应该统一。比如条目528"贫"和条目867"富,丰",释义用语的词语个数不匹配,应该进行修改,使条目的释义相对应。

4.文献佐证的使用

编纂一部科学、系统的字词典,显然离不开语料的坚实支撑,语料的一个重要来源是文献资料,它对于字词典的编纂具有重大的意义。然而,现有的纳西语字词典,却很少在条目中列出文献来源,从而导致字词典中文献佐证缺失或匮乏,使得人们对纳西语言文字的使用情况知之甚少,为了增强字词典释义的说服力,文献佐证也应该予以补充。

上文对字词典编纂的方法、程序和注意事项进行了分析。学者们已有的编纂实践是字词典编纂工作的巨大财富,他们创立的编纂方法值得我们认真借鉴,他们实践中的不尽人意之处给予我们思考的空间和探索的动力。字词典的编纂从来都是一项艰巨的任务,既要保证收录对象的丰富全面,又要保证条目排序的科学合理,还要保证条目内容的准确客观,此外还要充分考虑到查阅的方便快捷,所以每一部字词典都凝聚着编纂者辛勤的汗水,耗费了编纂者大量的精力,纳西东巴文字词典的编纂更是如此。纳西族创制文字的时间较早,但是对于纳西族语言文字的研究直到二十世纪才逐渐展开,纳西东巴文献的数量虽多但是出版刊布的较少,所以编纂者不但要通过各种方式搜集资料,而且要对诸多问题开展研究,其中的艰辛不言而喻。正是由于纳西族语言文字的诸多问题有待于进一步研究,所以字词典的编纂也需要持续进行。

在对已有的东巴文字词典进行考察的基础上我们可以对字词典的编纂提出如下设想:首先,字词典的编纂需注意统一性,无论是体例还是内容都需要前后一致;其次,字词典的编纂要对收录范围、条目内容、排序方式进行合理规划,保证字词典的效度和信度;最后,字词典的编纂要高度重视文献用例,借助文献来提升释义的准确性,增强字词典的说服力。

结　语

纳西字词典是编纂者智慧的结晶,体现了编纂者的编纂理念。字词典汇集了编纂者掌握的资料,展现了编纂者对纳西族文化、语言文字研究的结果。由于编纂者掌握的材料不同,分析问题的方法和角度不同,编纂思想和原则也不相同,所以字词典的内容也不尽相同,使用者从现有的字词典中得出的结论也不统一,如下所述。

一、纳西东巴文、哥巴文的数量

编纂者依据收集的材料来确定纳西文字的收录范围,所以字词典中的文字数量并不相同。纳西东巴文献是文字的重要来源,但是很多文献还没有收集整理,其中的文字还没有统计,所以纳西文字的数量还无法确定。有些东巴文与字组的区分比较困难,现有字词典中既收录文字也收录了字组,使用者很难判定字词典的收字数量。

二、词语的准确释义

编纂者的释义方式不同,概括意义的角度不同,造成一些词语的释义存在差异,使用者无法得出统一的结论,降低了辞书的使用效率。有些文字的字源不明确,文字的释义存在差异,影响了使用者对文字释义的掌握。

三、文字的字形

纳西文字尚未实现规范化,并且存在历时变化、地域差异和个人书写特色,所以在不同的字词典中,同一个文字的字形,有可能是不同的,使用者可能无法确定统一的字形。还有一些字的写法在文献中出现了,但是没有收录于辞书,导致使用者无法通过字词典获取文字信息,不利于对文献用字的判定。

为了增强字词典的查检和学习功能,提高字词典的使用效率,从而使查检者得到更加全面的信息,字词典可以在已有的基础上做一些补充和完善。

1.扩大收录范围

编纂者只是按照编纂时所掌握的资料进行编纂,随着时间的推移,资料会有变化,字词典的收录范围也要与时俱进,尽可能收录更多的字和词。

2.语音文字信息要予以说明

纳西语言文字会随着时间的发展而变化,不同地域的字、词会存在差异,读音也存在着方言土语的区别,所以应该在字词典中对语音、文字的时代性和地域性予以说明,充分展现纳西语言文字的特点。

3.规范释义用语及释义方式

字词典的重要功能是为使用者提供信息,所以使用的语言、阐释词语的方式应该方便使用者阅读,释义用语应该尽量使用现代汉语,确保释义能够准确表达语义。字词典中的释义方式有定义法、描写法等,释义方式的不同可能造成释义内容的差异,所以字词典的释义方式要尽量规范、统一,使得释义符合词义系统的发展,从而满足语言学习、文献阅读的需要。

4.增加文献用例

文献是语料的重要来源,文献用例可以为字、词提供理据,增强字词典的说服力,体现纳西语语言文字的发展脉络,彰显纳西语语言文字的特点,所以字词典在编纂时要尽可能地表明文献来源。

5.设定多种检字法

现有字词典的检字法不统一,而且存在不足,从而增加了字词典的使用难度,降低了检索效率。为了方便人们使用,字词典在编纂时可以采用多种检字方式,弥补单一查检方式的不足。

6.编纂时注意统一性

字词典的编纂过程中要保证编纂原则和内容的统一,但是现有字词典在注音、释义、条目设立、条目内容等方面存在着不够统一的情形,不利于使用者对信息的准确把握,因此,在字词典的编纂时,须注重统一。

字词典的编纂从来都是一项艰巨的任务,既要保证收录对象的丰富全面,又要保证条目排序的科学合理,还要保证条目内容的准确,此外,还要充分考虑查阅的方便快捷,所以每一部字词典都凝结着编纂者辛勤的汗水,耗费了编纂者大量的精力,纳西东巴文字词典的编纂更是如此。我们相信,随着纳西东巴文献的持续刊布和纳西语言文字研究的不断深入,在不久的将来,一定会涌现出更多、更完善的纳西语字词典! 纳西语辞书编纂事业必定会更上一层楼!

附　录

附录一　《谱》的部首及属字

1. ⌒：⌒、[图形]、[图形]、[图形]、[图形]、[图形]、[图形]、[图形]、[图形]、

[图形]、[图形]、[图形]、[图形]、[图形]、[图形]、[图形]、[图形]、[图形]、

[图形]、[图形]、[图形]、[图形]、[图形]、[图形]。

[图形]：[图形]。

[图形]：[图形]、[图形]、[图形]。

2. [图形]：[图形]、[图形]、[图形]、[图形]、[图形]、[图形]、[图形]、[图形]、[图形]、[图形]、[图形]、

[图形]、[图形]、[图形]、[图形]、[图形]。

[图形]：[图形]。

3. [图形]：[图形]、[图形]、[图形]、[图形]、[图形]、[图形]、[图形]、[图形]、

[图形]、[图形]、[图形]、[图形]、[图形]、[图形]、[图形]、[图形]、[图形]、[图形]、

[图形]、[图形]、[图形]、[图形]（[图形]）、[图形]、[图形]。

4. [图形]：[图形]、[图形]、[图形]。

5. [图形]：[图形]、[图形]、[图形]、[图形]、[图形]、[图形]。

6. ⌢ : ⌢ 、 ⌢ 、 ⌢ 、 ⌢ 、 ⌢ 。

7. ☒ : ☒ 、 ☒ 。

8. ⌒ : ⌒ 、 ⌒ 、 ⌒ 、 ⌒ 。

9. ⬇（笔）: ⬇ 、 ☀ 、 ⬇ 。

10. ● : ● 、 ⋯ 、 ⌂ 、 ⌂ 。

11. ⌇ : ⌇ 、 ⌀ 、 ⌘ 、 ⌀ 。

12. ○（星）: ○ 、 ○ 、 ○ 、 ○ 、 ○ 、 ○ 、 ⋋ 、 ⌇ 、 ⊹ 、 ⋏ 、 ⋏ 、 ⋏ 、
    ⋏ 、 ⋏ 、 ⋏ 、 ⋏ 、 ⋏ 、 ⋏ 、 ∴ 、 ∴ 、 ∴ 、
    ∴ 、 ∴ 、 ∘∘ 、 ∘ 、 ⊙ 、 ∴ 、 ∴ 、 ∴ 、 ∴ 、
    ∴ 、 ∴ 、 ⊡ 、 ⋔ 、 ⋈ 、 ⊡ 、 ⬡ 、 ⬡ 、 ⋇ 、
    ⊗ 、 ∘∘ 、 ⊡ 、 ⌇ 、 ⌇ 、 ⌇ 、 ✢ 、 ✦ 。

    ⬭（蛋）: ◉ 、 ⋒ 、 ⋒ 、 ⌇ 、 ⌇ 、 ⋒ 、 ◉ 、 ⌇ 、 ⌇ 、 ◈ 、
    ⌇ 、 ⌣ 、 ⌣ 、 ⌇ 。

    ◯（镜）: ⊛ 、 ⊠ 、 ⊚ 。

    ⬮（兆）。

    ⬮ : ⌇ 、 ⌇ 。

    ◎（油）: ⌇ 。

13. ⌢ : ⌢ 、 ⌢ 、 ⌢ 。

14. ⬯ : ⬯ 、 ⬯ 、 ⌇ 、 ⬯ 、 ⌇ 。

15. 川（汽）：〣、〣、〔鸟形〕。

16. 禾：〔一系列禾苗象形字〕。

17. 〔象形字〕。

18. 〔象形字〕。

19. 〔象形字〕。

20. 〔象形字〕。

21. 〔象形字〕。

22. 〔象形字〕。

23. 〔象形字〕。

24.

25.

26.

27.

28.

29.

30.

31.

32.

33.

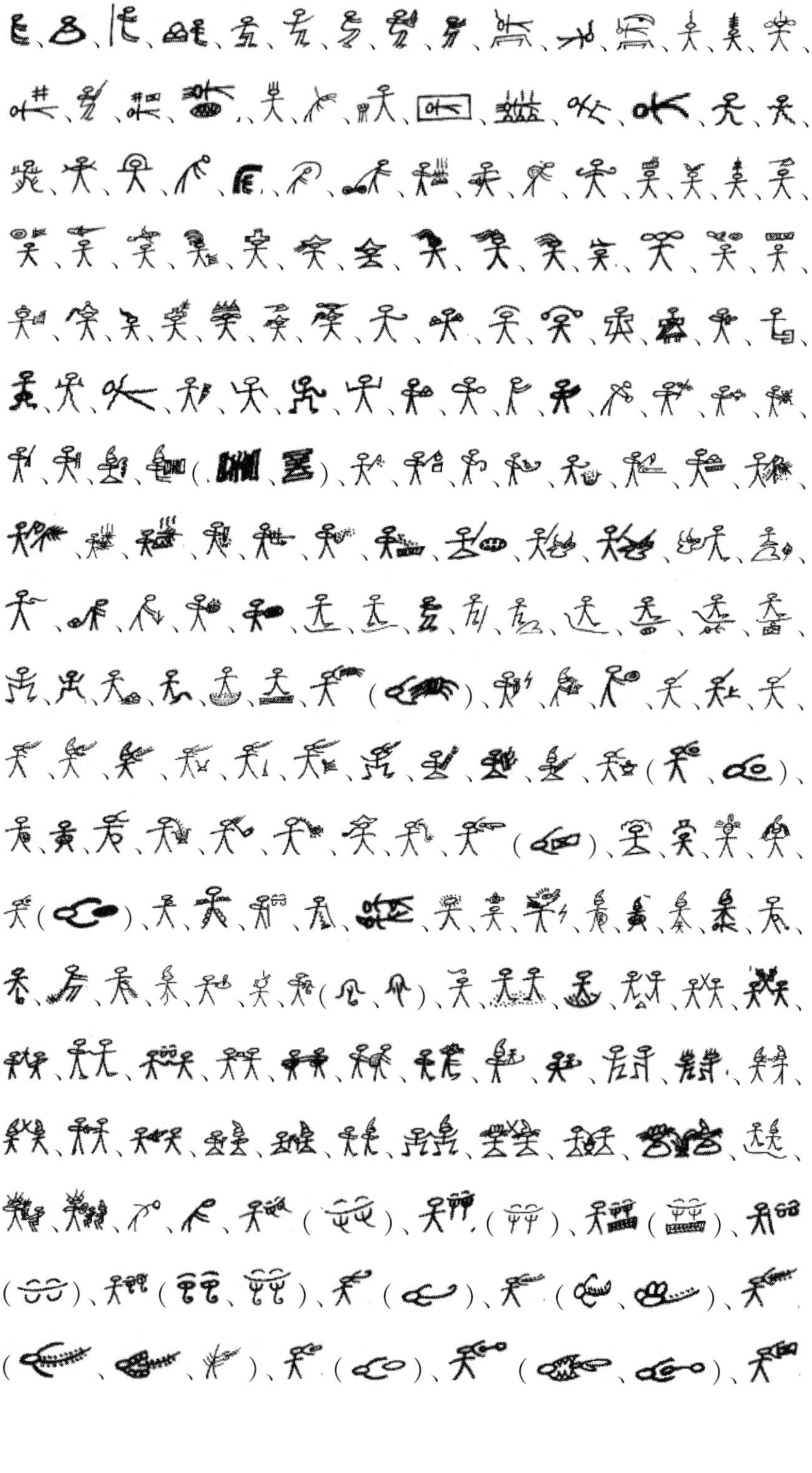

34.

35.

36.

（沙）：

37.

38.

39.

40.

41.

42.

43.

44.

45.

46.

47.

48.

49.

50.

51.

52.

53.

54.

55.

56.

57.

58.

59.

60.

61.

62.

63. （ ）。

64.

65.

66. （ ）、 （ ）。

67.

68.

69.

70.

 （蚕）： 、 。

71.

72.

73.

74.

75.

76.

77.

78.（艹）、。

（十）：、、、、、。

79.

80.

81.（）、。

82.

83.（）、（）、、。

84.

85.

86.

87.

88.

89.

90.（、）。

91. ▭（板）：▭、▯、⫿⫿、◫、⊶、⌂、⌂、⩌、⋈（⊓）、⧖。

　　▯（柱）：▯、⫟。

　　▭（糖）：⊟、⊡。

　　▭（棺）：◫。

92. ◿：◿、◭、◁、◭。

93. ⌐：⌐、⌐、⌐、⌐。

94. ⫙：⫙、⫙、⫙、⫙、⫙、⫙、⊻、⫙、⫙、⫙、⌣、⫙。

　　⫙、⫙、⫙、⫙、⫙、⫙、⫙、⫙、⫙、⫙、⫙。

　　⫙、⫙、⫙、⫙、⫙、⫙、⫙、⫙、⫙、⫙。

　　⫙、⫙。

95. ⌣：⫷、⫸、⊶、⊷。

96. ʊ：ʊ、ʊ、ʊ、ʊ、ʊ、ʊ、ʊ、ʊ、ʊ、ʊ。

　　⩌、⩌。

97. ⫣：⫣、⊶。

98. ʊ：ʊ、⊞、ʊ、（⫙）、⫸、⫙。

99. ⫙、⫙、⫙、⫙。

100. ⌣：⌣、⌣、⌣、⫙。

101. ⋈：⋈、⋈、⋈、⋈。

102. 干：⫙、干、干、⫙、干、干）⫙。

103. ▨：▨、▨、⫙、⫙、⫙、⫙、⫙、⫙。

104.

105.

106.

107.

108.

109.

110.

111.

112.

113.

114.

115.

116.

117.

118.

119.

120.

121.

122.

123.

124.

125.

126.

127.

128.

129.

130.

131.

132.

133.

134.

135.

136.

137.

138.

139.

140.

141.

142.

143.

144. （珊瑚）：

（鹿茸）：

145.

146.

147.

148.

149. （粮架）：

（围栏）：

150.

151. （砧）：

152.

153.

154.

155.

156.

157.

158.

159.

160. ： 、 。

161. ： 、 。

162. ： 、 。

163. ： 、 、 。

164. ： 、 。

165. ： 、 、 。

166. ： 、 。

167. ： 、 、 、 。

168. ： 、 、 。

169. ： 、 。

170. ： 、 、 。

171. ： 、 、 。

172. ： 、 、 。

173. ： 、 。

174. ： 、 。

175. ： 、 。

176. ： 、 、 。

177. ： 、 。

178. ： 、 、 。

179. ： 、 、 、 、 。

180. 

181. 

182. 

183. 

184. 

185. 

186. 

187. 

188. 

189. 

190. 

191. 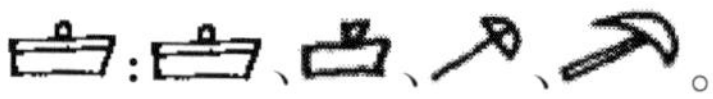

192. 

193. 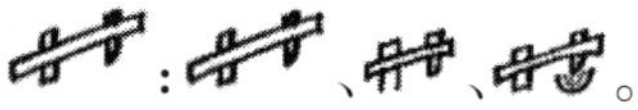

194. 

195. 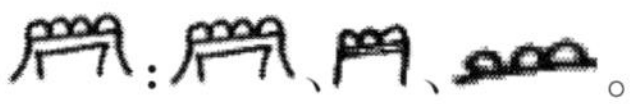

196. 

197. 

198. 

199. (酒药)

200. 

201. ⌐⌐ : ⌐⌐ 、 ↤ 。

202. ▽ : ▽ 、 ⚱ 。

203. ⊽ : ⊽ 、 ⚲ 。

204. ⊞ : ⊞ 、 ⊞ 。

205. ⊽ : ⊽ 、 ⊽ 、 ⊞ 。

206. ⛰ : ⛰ 、 ⛰ 、 ⛰ 。

207. ⋔⋔ : ⋔⋔ 、 ⊓⊓ 。

208. ⊓⊓ : ⊓⊓ 、 ⊓⊓ 、 ⬠ 。

209. ◠◠ : ◠◠ 、 ◠◠ 、 ◡ 。

210. ☼ : ☼ 、 ☼ 。

211. ⧯ : ⧯ 、 ⊟ 。

212. ⊟ : ⊟ 、 ⊟ 、 ⊶ 。

213. ⚶ : ⚶ 、 ⵀ 。

214. ⵂ : ⵂ 、 ⑂ 、 ⑂ 、 ⑂ 。

215. ⛺ : ⛺ 、 ⛺ 。

216. ⊖ : ⊖ 、 ⛢ 。

217. ⊓ : ⊓ 、 ⟋ 。

218. ⫝ : ⫝ 、 ⛫ 。

219. ⋃ : ⋃ 、 ⋃ 。

220. ⛄ : ⛄ 、 ⛄ 、 ⛄ 。

221. 👤 ：👤 、👤 。

222. 🌿 ：🌿 、🌿 。

223. 🏺 ：🏺 、🦐 。

224. 🌾 ：🌾 、🌾 。

225. ∂ ：∂ 、🍃 。

226. ∽∽∽ ：∽∽∽ 、⋔ 、⋔ 。

227. 🌷 ：🌷 、🌿 。

228. ⌗ ：⌗ 、🌿 。

229. ⋔ ：⋔ 、⋔ 。

230. 🎐 ：🎐 、🎐 。

231. ∫ ：∫ 、∾ 。

232. 🐜 ：🐜 、🐜 。

233. 🦎 ：🦎 、🦎 。

234. 🐸 ：🐸 、🦋 、🐗 。

235. 🦆 ：🦆 、🐉 。

236. 🦐 ：🦐 、🐉 。

237. 🕷 ：🕷 、🕷 。

238. 🦗 ：🦗 、🦗 。

239. 🐝 ：🐝 、🐝 。

240. 🦗 ：🦗 、🦗 。

241. ✳ : ✳ 、✳ 。

242. 🐜 : 🐜 、🐜 。

243. 🐟 : 🐟 、🐟 。

244. 🐠 : 🐠 、🐠 。

245. ∫ : ∫ 、⊙ 。

246. 🐛 : 🐛 、🐛 、🐛 。

还有些东巴文无法归入其他部首,于是归入起笔所在的笔画。

247. ▱ : 🐚 、🦅 、🐟 、⛩ 、🐦 、🔺 、⛩ 、🪑 、⛩ 、🔺 、

🍥 、🦐 、🔵 、🔔 、🌸 、🔱 。

248. ⌒ (曲笔): 🌱 、🌿 、🌾 、🌹 、🌹 、🎃 、🎀 、🌻 、🐦 、🐙 、🐛 、

🦌 、🐐 、🐏 、🐉 、🐦 、🐮 、🦎 、🐦 、🦆 、🐦 、

🦋 、丨 、🐄 、🐇 、🦁 、🐭 、🌼 、✳ 、✳ 、

✳ 、🐟 、🦋 、木 、⌣ 、▦ 、🦐 、🔷 、⛺ 、

◗ 、🐛 、🦪 、🕳 、🍵 、⌒ 、🦐 、🍶 、

∫ 、⛲ 、⛲ 、🏛 、🐛 、🍐 、🍄 、🍆 、🌙 、🌳 、🌀 、

🔲 、🔲 、🐛 、🎺 、🐛 、🥕 、🪔 、🕸 、丨 、

🐟 、🦋 、🦪 、🌿 、🍵 、🌿 、🌸 、🔶 、🚰 、🌻 、

⌣ 、🙏 、🏺 、🐦 、🌾 、✝ 、⌒ 。

249. 丿 : ⛩ 、🪶 、🐛 、⫽ 、🦐 、🐂 、🦀 、🐟 、🦞 、⫽ 、廾 、

⛩ 、✚ 。

250.一:🐦、🐦、🐦、🐦、🐦、🐦、🐦、🐦、🐦、🐦、🐦、🐦、
🐦、🐦、🔸、🌾、🌿、🦅、🌿、🌿。

251. | :🌾、🐦、🐦、🐦、🐦、🐦、🐦、🎋、🕯、🌿、🌿、🔲、🏔、
🌥、🏠、🔸、🔸、🥄、🔲、🔲、🔲、🔲、🔸、🔲、🔲、
🔸、🔸、🔸、🔸、🔸、🔸、🔸、🔸、🔸、🔸、🔸、🔸、🔸。

252.一:🔸、🔸、🔸、🔸、🔸、🔸、🔸、🔸、🔸、🔸。

附录二 《谱》和《么象》释义的差异

序号	《纳西象形文字谱》	《么些象形文字字典》
1	4 ○ ° □,星也,散布于天	59 ○ ° □,星也,象星之形,此专指恒星
2	5 ⟋,星名也,或曰凶星、彗星	60 ⟋,彗星也
3	24 ⊚（旋风）	98 ⊚ 灰土之山被风吹去
4	27 ✦,光也,象光芒四射	59 异体 ✛,星也
		94 ✦ 光明也,明亮也
5	34 ✸,晕也	32 ⊕,云绕起太阳
6	35 ☀,明也,从日月发光照耀	34 ⊕ ☺,亮也,象日月明亮之形
7	36 ⊗,光线也,从日光射	23 ⊛,光芒也,光亮也
8	37 ☋,日光所至也	37 ☋,日光也
9	40 ⊕,晒也	35 ⊡,晒太阳也
10	42 ⟋,月色也	52 ☾,月亮生胡子,此指月亮初升,或月亮将落时所生之霞辉
11	43 ☾,月光所至,从月光从脚	54 ☾,月亮光也
12	44 ☼,曙光也,朝也	31 ⊞,早上也
13	47 ☁,日出也	40 ⊞,太阳从山头出来
14	48 ☁,日没也	42 ☁,太阳由坡后落下
15	52 ☀,月晕也,气围绕日,周匝有光	51 ◗,云围绕月亮也

续表

序号	《纳西象形文字谱》	《么些象形文字字典》
16	60 〔图〕, 春季也	99 〔图〕, 春三月
17	61 〔图〕, 夏季也	101 〔图〕, 夏三月也
18	62 〔图〕, 秋季也	102 〔图〕, 秋三月也
19	63 〔图〕, 冬季也	104 〔图〕, 冬三月也
20	64 〔图〕, 时也	114 〔图〕, 时刻
		115 〔图〕, 时刻
21	66 〔图〕, 昼也, 从日省	28 〔图〕, 西方也
22	77 〔图〕, 地也	118 〔图〕, 大地
		119 〔图〕, 土地
23	95 〔图〕, 深山也, 草原也	162 〔图〕, 场也, 此专指高山小平原之草坪
24	97 〔图〕, 巅也	146 〔图〕, 场上之山也
25	105 〔图〕, 岩也	175 〔图〕, 山崖也
26	111 〔图〕, 居那什罗山也	149 〔图〕, 么些经典中之神圣之山也
27	126 中〔图〕, 传说之大海也, 水天相接之大海也	217 〔图〕, 么些经典中"神湖"之名也
28	135 〔图〕, 金锭也	1440 〔图〕, 金银生眼也
29	188 〔图〕, 风吹落叶也	964 〔图〕, 狂风暴雨也
30	195 〔图〕, 细叶香木也	989 〔图〕, 楷木也, 或称小叶黄莲木

续表

序号	《纳西象形文字字谱》	《么些象形文字字典》
31	210 ,椒树也	991 、,花椒
32	224 ,碧缨花	1003 ,小叶杜鹃花
33	235 ,毒草也,毒也	1002 ,毒液
34	269 中 ,树也	941 ,唱也
35	269 ,黑白交界处之梅花也	1007 ,阴阳交界处之梅花树也
36	335 ,神鸟附,鬼鸡也	693 ,鬼的黑鸡之名
37	297 ,鸽也	729 ,斑鸠,鸽子
38	356 ,驮也	821 ,驮子也
39	450 ,子也,男也,丈夫也	379 ,结婚后之男子也
40	452 ,叟也,祖父也	385 ,老人 385 ,祖父
41	512 ,官也,统治者也	390 ,官也,大官也
42	513 ,吏也	391 ,小官也,吏也
43	515 ,奴隶主也	482 ,王子也,大官长也
44	528 ,贫也,贫户也	377 ,穷也
45	529 ,匪也	340 ,强盗也
46	552 ,蒙古族也	496 ,人种名,居么些人之北方,或云即今青海一带之郭洛人也

续表

序号	《纳西象形文字谱》	《么些象形文字字典》
47	584 [字],象人摇手而来	252 [字],一攀也
48	585 [字],游也	253 [字],一攀也
49	588 [字],钻也	309 [字],钻过去也
50	595 [字],戴也	393 [字],戴帽也
51	596 [字],穿也	334 [字],穿也,披也
52	603 [字],举也	250 [字],抬也
53	611 [字],纺也,搓也	299 [字],搓也
54	627 [字],打猎也	351 [字],放犬行猎也
55	639 [字],踏也,拌也	374 [字],和泥也
56	667 [字],骂也,怒言也	313 [字],苦也
57	684 [字],火罐取血医病	378 [字],用火罐吸疮病也
58	688 [字],斗也	419 [字],打架也
59	694 [字],踢也	423 [字],互踢也
60	693 [字],抱也	429 [字],哄逗小儿也
61	699 [字],伴歌也	544 [字],唱且舞也
62	715 [字],齿也	612 [字],牙也,齿也
63	725 [字],膀也	627 [字],下臂也
64	745 [字],骨架也	668 [字],骨节或关节也

续表

序号	《纳西象形文字谱》	《么些象形文字字典》
65	755 🔣, 读也	366 🔣, 学习也
66	781 🔣, 秽气也	663 🔣, 秽气也
67	825 🔣, 腰带也	1392 🔣, 带子也
68	857 🔣, 粮架也	1096 🔣, 麦架也
69	897 🔣, 滤子也	1307 🔣, 竹漏勺也
70	926 🔣, 苦也	1270 🔣, 难也
71	915 🔣, 炒也	1302 🔣, 炒菜也
72	920 🔣, 酒药也	1330 🔣, 酒菜也
73	924 🔣, 足食也	1271 🔣, 有饭吃
74	938 🔣, 饮酒也	1336 🔣, 饮也
75	969 🔣, 塞也	1198 🔣, 打椿子
76	970 🔣, 划刀也	1211 🔣, 刮刨也
77	993 🔣, 围墙也	1531 🔣, 村庄也
78	1064 🔣, 镞也, 箭头也	1494 🔣, 毒箭头
79	1078 🔣, 剑也	1454 🔣, 刀也
80	1098 🔣, 量粟也	1144 🔣, 量也
81	1100 🔣, 秤砣也	1181 🔣, 砝码也, 戥锤也
82	111 1 🔣, 铃也	1218 🔣, 马铃也

续表

序号	《纳西象形文字谱》	《么些象形文字字典》
83	1132 ⺄ ,叉路口也	224 ⺅ ,岔路、义路
84	1208 ⬤ ,兆也	1550 ⬤ ,万
85	1231 ⼁ ,打鬼竹杈也	1730 ⼁ ,打鬼竹片也

参考文献

工具书类

[1] 方国瑜,和志武.纳西象形文字谱[M].3版.昆明:云南人民出版社,2005.

[2] 李霖灿,张琨,和才.么些象形文字 标音文字字典[M].台北:文史哲出版社,1972.

[3] 李霖灿,张琨,和才.纳西族象形标音文字字典[M].昆明:云南民族出版社,2001.

[4] 洛克.纳西语英语汉语语汇:第一卷[M].和匠宇,译.郭大烈,和力民,校.昆明:云南教育出版社,2004.

[5] 和宝林.纳西象形文字实用注解[M].昆明:云南人民出版社,2007.

[6] 和即仁,赵庆莲,和洁珍.纳西语常用词汇[M].昆明:云南民族出版社,2011.

[7] 孙堂茂.纳西汉英词典[M].昆明:云南民族出版社,2012.

[8] 习煜华.东巴象形文字异写汇编[M].昆明:云南美术出版社,2003.

[9] 中国社会科学院语言研究所.新华字典[M].9版.北京:商务印书馆,1998.

[10] 徐中舒.甲骨文字典[M].3版.成都:四川辞书出版社,2014.

[11] 赵净修.纳西象形文实用字词注释[M].昆明:云南民族出版社,2003.

[12] 赵净修.东巴象形文常用字词译注[M].李茂春,译.昆明:云南人民出版社,2011.

[13] [清]张玉书,等.康熙字典[M].王引之,校改.上海:上海古籍出版社,1996.

[14] 中国社会科学院语言研究所词典编辑室.现代汉语词典[M].5 版.北京:商务印书馆,2005.

专著类

[1] 白庚胜,和自兴.玉振金声探东巴:国际东巴文化艺术学术研讨会论文集[M].北京:社会科学出版社,2002.

[2] 陈晓芬,徐儒宗.论语大学中庸[M].2 版.北京:中华书局,2015.

[3] 东巴文化研究所.纳西东巴古籍译注全集[M].昆明:云南人民出版社,1999,2000.

[4] 许慎.说文解字[M].北京:中华书局,1963.

[5] 郭大烈,杨世光.东巴文化论集[M].昆明:云南人民出版社,1985.

[6] 郭大烈,杨世光.东巴文化论[M].昆明:云南人民出版社,1999.

[7] 和即仁,姜竹仪.纳西语简志[M].北京:民族出版社,1985.

[8] 和志武.纳西东巴文化[M].长春:吉林教育出版社,1989.

[9] 和志武.纳西语基础语法[M].昆明:云南民族出版社,1987.

[10] 丽江东巴文化学校,木琛.纳西象形文字[M].昆明:云南人民出版社,2003.

[11] 钱剑夫.中国古代字典辞典概论[M].北京:商务印书馆,1986.

[12] 许慎,段玉裁.说文解字注[M].2 版.上海:上海古籍出版社,1988.

[13] 王念孙.广雅疏证[M].上海:上海古籍出版社,2017.

[14] 孙佳琪.玉龙山下的村庄:一个美国家庭亲历的纳西生活[M].赵庆莲,和丽峰,译.昆明:云南民族出版社,2006.

[15] 喻遂生.纳西东巴文研究丛稿[M].成都:巴蜀书社,2003.

[16] 王元鹿.汉古文字和纳西东巴文字比较研究[M].上海:华东师范大学

出版社,1988.

[17] 王娟.纳西东巴文辞书研究:方国瑜、李霖灿、洛克字词典的比较[M].北京:民族出版社,2018.

学位论文类

[1] 曹萱.纳西哥巴文造字研究[D].上海:华东师范大学,2004.

[2] 马文丽.李霖灿的东巴文化研究[D].重庆:西南大学,2013.

[3] 李晓亮.洛克《纳西语英语百科辞典》研究[D].重庆:西南大学,2011.

[4] 李晓兰.哥巴文字源考释[D].上海:华东师范大学,2014.

[5] 刘悦.基于异体现象描述的东巴文字发展研究[D].上海:华东师范大学,2010.

[6] 刘婕.哥巴文异体字研究[D].重庆:西南大学,2015.

[7] 甘露.纳西东巴文假借字研究[D].上海:华东师范大学,2004.

[8] 王敬婷.东巴文象形字研究[D].上海:华东师范大学,2017.

[9] 郑飞洲.纳西东巴文字字素研究[D].上海:华东师范大学,2003.

[10] 周斌.东巴文异体字研究[D].上海:华东师范大学,2004.

[11] 周寅.纳西东巴文构形分域研究[D].重庆:西南大学,2015.

期刊论文类

[1] 白小丽.东巴文记录语段向记录词语的发展趋势探析[J].西北民族大学学报(哲学社会科学版),2012(6):147-155.

[2] 白小丽.从文献角度考察东巴文字符演变[J].中央民族大学学报,2013(4):125-132.

[3] 陈燕.汉字部首法取部位置的研究[J].语言文字应用,2006(3):49-56.

[4] 邓章应,白小丽.纳西东巴文语境异体字及其演变[J].中央民族大学学报(哲学社会科学版),2009(4):82-86.

[5] 邓章应.东巴文研究的新趋势[J].兰州学刊,2011（12）:131-135.

[6] 邓章应,杨四梅.国立丽江师范学校校舍奠基纪念碑民族文字考释[J]. 中国文字研究,2018(2):173-180.

[7] 甘露.纳西东巴文假借字研究述评[J].中央民族大学学报,2005(4):104- 108.

[8] 甘露.纳西东巴经中假借字的地域研究:以白地、丽江、鲁甸为例[J].昆 明学院学报,2009(5):117-121.

[9] 甘露.建立东巴文象形字典语料库的构想[J].中国文字研究,2003:234- 239.

[10] 郭大烈.评《纳西象形文字谱》[J].思想战线,1982(3):33-37.

[11] 和志武.试论纳西象形文字的特点:兼论原始图画字、象形文字和表意 文字的区别[J].云南社会科学,1981(3):67-78.

[12] 和志武.纳西族古文字概论[J].云南社会科学,1982(5):84-91.

[13] 黄思贤.从异体字的差异看纳西东巴文的发展[J].甘肃联合大学学报 (社会科学版),2010(3):78-81.

[14] 黄思贤.《纳西象形文字谱》质疑[J].中央民族大学学报(哲学社会科 学版),2007(5):69-73.

[15] 李晓亮.对东巴文字词典注音的几点建议[J].学行堂语言文字论丛, 2013(2):357-367.

[16] 李晓亮.洛克、方国瑜、李霖灿纳西东巴文比较研究[J].西南学刊,2012 (2):252-261.

[17] 刘悦.黄思贤:《纳西东巴文献用字研究》[J].华西语文学刊,2011(1): 237-240+270.

[18] 刘悦.纳西东巴文异体字研究述评[J].中国海洋学院学报(社会科学 版),2011(3):95-98.

[19] 林向萧.关于"东巴文是什么文字"的再探讨[J].云南民族学院学报

（哲学社会科学版）,2002(5)：83-89.

[20] 木仕华.纳西东巴象形文字辞典说略[J].辞书研究,1997(4):177-122.

[21] 许嘉璐.辞书编纂工作的意义及其面临的问题[J].民主,2007(7)：
34-35.

[22] 杨林军.修铸一书五十载 彰显大师治学魂:记《纳西象形文字谱》成书
始末[J].保山师专学报,2009(1):45-48.

[23] 杨亦花,喻遂生.纳西东巴文石刻述略[J].云南社会科学,2013(2):
53-57.

[24] 喻遂生.甲骨文、纳西东巴文的合文和形声字的起源[J].中央民族学院
学报,1990(1):85-89.

[25] 喻遂生.纳西东巴象形文字辞典说略补正[J].辞书研究,1999(4):
77-80.

[26] 喻遂生.纳西东巴文本有其字假借原因初探[J].中央民族大学学报(哲
学社会科学版),2002(1):123-127.

[27] 喻遂生.白地阿明灵洞李霖灿题词考释[J].华西语文学刊,2016(2):
66-71+414.

[28] 喻遂生.纳西东巴文大字典编纂的几个问题[J].辞书研究,2020(5):
58-70.

[29] 王元鹿.纳西象形文字谱评介[J].辞书研究,1987(4):121-129.

[30] 王娟.纳西东巴文字典研究述评[J].名作欣赏,2016(20):165-166.

[31] 王娟.纳西东巴文字典编纂研究[J].太原师范学院学报(社会科学版),
2016(4):90-92.

[32] 王娟.东巴文字典异体字的整理与编纂规范[J].中北大学学报(社会科
学版),2022(1):81-86.

[33] 王娟.从东巴文字典所收字条音义看单字与非单字的划分标准[J].中
央民族大学学报(哲学社会科学版),2017(1):135-139.

［34］王娟.东巴文通行字典的疏失与理想字典的编纂构想［J］.中国文字研究,2016(1):200-206.

［35］王娟.纳西象形文字谱 ✦（秤）系字订补［J］.中国文字研究,2021(2):208-212.

［36］魏治臻.一部研究纳西族文字的词典［J］.辞书研究,1980(1):185-186.

［37］周斌.东巴文异体字形成原因初探［J］.西北民族大学学报（哲学社会科学版）,2005(5):153-156.